湯浅赳男

コミュニティと文明

自発性・共同知・共同性の統合の論理

新評論

まえおき――文明史の現段階

人類は文明史の中で、いま折り返し地点に差しかかっているように思われる。もしこのことに気づかないならば、人類はポイント・オブ・ノーリターンを踏み越えてしまうかもしれない。

これまで人間の努力は地球の生態的秩序を踏みにじることに向けられてきたようである。それは一万年前の農耕の開始とともに速度を速め、二五〇年前からの工業化＝化石燃料の大量消費――数億年前の長期にわたる太陽エネルギーのストックの費消――によってクライマックスに到達した。そしてアメリカ文明の創造した大量生産＝大量消費＝大量廃棄の行動様式によって人類がいっせいに疾走している状況はただごとでは済まないところまで来ているのである。

この過程は人類がその母胎から飛び出し、大地から浮き上がってゆく歴史であった。自然から社会が浮き上がり、社会から経済が浮き上がり、コミュニティから人間が浮き上がる過程だったのである。その結果、地質時代のエネルギーの化石である石炭・石油のあっと言う間の消費による廃棄物、放出物は地上を汚染して、人類にとって住みにくくした。このように勝手気ままに振舞うばかりか、人類は種として誕生以来、人口を増加させ、特に二〇世紀には爆発的になって、その存在の場である地球の限界と衝突する寸前にまで来ているのである。

もはや人間にはこれまでの、とりわけ二〇世紀におけるような生活態度は許されなくなっているのである。その歩みの方向を変えなくてはならない。変えなければ、自然の法則は人間の生活を容赦なく強引に従属させるだけである。それを避けるためにも、浮き上がった社会を自然に埋め戻し、浮き上がった経済を社会に埋め戻し、浮き上がった人間をコミュニティに埋め戻すことが、人類が生きのびるための課題となっているのである。

もちろん、埋め戻すといっても、歴史をフィルムのように巻き戻すことができないことは明らかである。文明の誕生以来、身につけた経験、知識、技術、組織を、捨てるものは捨てるが必要なものは持ったうえで方向転換するのである。それ故、この過程は超大型タンカーがUターンするときのように、惰性を少しずつたわめながらなされるのであるから、一〇年、いや一〇〇年、二〇〇年、そして一〇〇〇年の単位で考えなければならない問題である。このことについては、革命に夢中になった二〇世紀後半の知識人に未来のヴィジョンについて目測する訓練ができていないので特に強調しておきたい。

それにしても、当面、ヴィジョンを持って座視していればよいというものでもない。今すぐにできること、今すでに始まっていることを促進することはなされねばならない。そして、その場合、自然、社会、コミュニティのいずれから手をつければよいのかということもない。この三つは間違いなく違ったレヴェルのものであるが、しかし、不可分のものである。一つに手をつけることは、不可避的に他のレヴェルにも作用することとなるだろう。もとより、この三つのレヴェルを同時に語ることは不可能である。とりあえず、本書ではコミュニティについて問題を解明してみたい。

今なぜコミュニティなのか

これまで何の説明もせず、コミュニティの用語を使ってきたが、それは何を意味し、また何を意味させているか。この言葉はマッキーヴァによるコミュニティ／アソシエーション（とりあえず地域集団／目的集団と訳しておく）の対概念として拡まったものである。しかし、その内容を厳密に詰めてゆくと、千差万別、社会学者ごとに違っているといってよかろう。その難しさの原因は、この対概念はテンニスのゲマインシャフト／ゲゼルシャフトの英語訳という側面があるところにあるだろう。ふつう「共同社会／利益社会」と訳されているこの対概念については後に詳述するつもりであるが、それによってコミュニティに単なる地理的用語ではない意味合いが持たせられることになったのであろう。

本書ではこの言葉が地域社会を意味することはもとよりであるが、その中で自発性・共同知・共同性の三つの契機が統合されているものを指すこととする。それは人間をコミュニティに埋め戻すという課題よりして選びとられたものである。すなわち、それは地域社会ではあるが、そこに住んでいる人びとは人間として対面的に協力しあっていなければならない。（フェイス・トゥ・フェイス＝対面性。）しかもこの関係は決して外側から押しつけられたものではなく、人びとの内面から自発的にあふれ出たものでなければならない。そしてこの共同性と自発性とを結びつけているものは共通の知識、経験、文化、伝統、さらにノウハウをも含んだ共同知＝コモンズ（共同地）であると考えている。

近代社会はこうした意味を持ったコミュニティのなれの果てである共同体を押しつぶすことによって成立してきたのである。それは西ヨーロッパにおいては特に経済的なコミュニティを抹殺することによって国内市場＝国民経済を提供してきた。それは近代国家を建設することによって、国民共同体として多くの人たちに国民としての自覚を持たせ、国として人びとの運命を改善するため努力させてきた。そして、国民が広い国民経済の中で自由にのびのびと活動することができるように、言葉を統一して国語とし、伝統を統合して国民の歴史として、教育や言論や文化を一国的規模のものにし、それを物質的に支える一国的な交通、通信の設備（ＩＴ革命に至るまで）も整えて、さらにこの国を支点として国際的、世界的交流を可能にしてきたのである。

それは素晴らしいことであった。いまだ世界のすべての民族がこの近代国家＝近代社会を手に入れているわけではないが、まだ手に入れていない人びとも、これに向かって努力することがもはや動かすことのできない方向性となっているといってよかろう。しかし、反面において人類は近代化することによって大きなものを失ってしまった。それはかつて自らが押しつぶしたコミュニティが提供していたもので、端的にいえば、対面的な関係、構造的には、自発性・共同知・共同性の三つの統合が失われてしまったのである。確かに自発性もまだまだ健在である。共同知は一国的規模にまで拡大し、いよいよ盛んである。共同性も個人主義のために息の根を止められることはなかった。一時的には「福祉国家」の夢さえ実現した。しかし、この三つの契機を統合する軸である人間の対面性が抜けてしまい、バラバラになって、いずれももどかしいものとなっている。

共同性のために、国家は社会福祉に多大の予算を割いている。にもかかわらず、いま人間は人間らしく死ねるかどうか不安を感じている。特に最近の人間の生物学的な条件の変化はこの不安をより深刻にしている。例えば、家族の絆の弛緩、未婚・生別・死別による高齢者の一人暮し、孤独死、寝たきり老人等の問題はもはや例外ではなくなった。かつては幸いにして稀に長寿に恵まれたときは家族が扶養し、介護し、見取ってくれたものである。しかし、いまようやく明らかになったことは、家族もコミュニティの中にあってこそ充分に機能しうるものであるということである。

こうした状況の中において、人間はいまコミュニティを求めはじめているわけである。これまで日本の社会科学の多くはコミュニティに共同体の訳語をあて、その共同性を口実として個人の自由、競争、自発性を抑圧するものとして批判してきた。もっとも、このことは今日においても、いささかも撤回する必要はない。しかし、いま求めているものは、この種の共同体ではない。私たちは専制権力によって仕立てあげられた共同体――ピープルズ＝コンミューン――のあまりにも悲惨な実例をも見ているのである。人間がいま求めはじめているコミュニティは近代社会＝国民国家をいささかも否定するものではない。むしろそれを補足するものである。言い換えるならば、それは近代において達成した良いものを維持し、充実させるためにも、地域社会のコミュニティ化とそこにおける人間の自発性・共同知・共同性の統合をはかろうとするものである。

この本で書かれていること

それにしても、このような試みは可能なのだろうか。果たしてそれは展望を持ちうるのであろうか。これに応えるために、すなわち、コミュニティ形成の論理を把握するために、以下の順序でコミュニティの段階あるいは類型を歴史的に分析してみたい。なぜならば、人類の知性は共通の年輪によって構成されているのであって、いま求められているものの論理も歴史によって説明されるからである。

一、人類誕生以来の歴史の大部分を占める狩猟採集の生活が行きづまって、農耕の生活に入ったことは衝撃的な変化であった。このショックを癒すために、一定地域に定住した人間集団が共同社会として本源的なコミュニティを作った。この社会化は人間の力量を累積的（複利的）に拡大させ、その活動領域を分業的に多様化させ、文明＝都市を生み出すに至る。そしてコミュニティもこの都市の基盤とされる。

二、この古代都市は相互の競争の中で巨大帝国を成立させるが、その支配をまぬがれた亜周辺（その文明の影響を受けるが、政治的＝軍事的に支配されなかった地域）に専制官僚体制に対抗する新しいコミュニティができる。この政治的コミュニティがグレコ＝ローマ型の都市国家を形成する。この型の都市は始めコミュニティとしての活力をのびのびと展開させるが、やがて巨大都市＝巨大帝国となり、それまで対立していた専制官僚体制に同化して、ヘレニズム都市、ローマ帝国、ビザンツ帝国となる。そこではコミュニティはもはや形骸化している。

三、以上の古代の経験を根底的に批判することによって二つのタイプのコミュニティが生まれた。この二つはユダヤ教に由来する一神教を軸とするもので、ともに軍事活動をおろそかにしないまでも、宗教活動と経済活動に重点を置く点で古代都市と違っていた。その第一がイスラームのウンマ共同体であり、第二が西ヨーロッパ中世のギルドに基盤を持つ自治都市である。前者は今日に至るまで存在しているが、後者はルネサンス都市で頂点に達し、解体した。

四、この解体は、自治都市のエネルギーを利用しながら近代社会＝国民国家へ向かって西ヨーロッパが歩みはじめたということで、その中で絶対主義国家から議会主義国家へと発展し、「産業革命」とエンクロージャー（囲い込み）によって、都市と農村の共同体は破壊された。

五、この共同体の破壊は同時に近代社会＝国民国家が完成してゆく道でもあった。この過程の中でコミュニティの三つの契機である自発性・共同知・共同性がバラバラに分解して、自発性は各種のアソシエーションへと、共同知はパブ、コーヒー店、博物館、百科全書、マスコミ、そしてインターネットへと、共同性は工場法から選挙法改正、そして福祉国家へと展開してゆく。

六、以上はユーラシア大陸の西側を中心とした事情であるが、日本を含む東アジアにおいても歴史はある程度、併行していたといえる。中国においてはオリエントと基本的に同質な専制官僚制による古代都市＝巨大帝国が成立した。しかし、自然的風土の違いから東地中海におけるようなグレコ＝ローマ型の政治的コミュニティは生まれず、一神教の不在からイスラームの宗教的コミュニティ、西ヨーロッパ中世の経済的コミュニティも生まれなかった。

七、日本においては、中国の亜周辺であったところから、唐型の古代都市が移植されたが、一一世紀には完全に崩壊した。やがて一五世紀には、京都では町衆《まちしゅう》、堺や博多といったところでは自治都市が成立した。そして幕藩体制の長期の平和と安定のもと、一国的な共同知が成熟し、そのエネルギーによって一九世紀後半には欧米に追従して近代化することに成功し、二〇世紀の終わりには近代世界の中心部にまで入り込んでいる。

八、二〇世紀は大変な時代だった。一つには社会主義の名のもとに東洋的専制主義が大陸国家に古色蒼然たる共同体を強引に設定した。これにあおられて近代社会の中の共同性の契機が独走し、国家に一切の責任を負わせる福祉国家を実現する。しかし、コミュニティの諸契機がばらばらにされた社会では、何をやってももの足りないだけで、それも結局は破綻する。しかも、社会主義の崩壊の反動で自己責任、市場原理の台風がグローバリズムの名で暴走し、コミュニティへの期待が一気にふくらみ、エコ・マネー、コミュニティ・ビジネスといったそれを目指すさまざまな活動が芽生えてくる。それは自発性、共同知・共同性の地域社会における再統合の試みだが、かつての共同体の復権ではない。市民社会の中で人間性を実現しようとする人間的コミュニティの形成なのである。

コミュニティと文明／目次

コミュニティと文明

――自発性・共同知・共同性の統合の論理

1章　都市の誕生とコミュニティ

起立、二足歩行を種の特徴とする人類が成立してから生活資料を蓄えうるまでの社会状況は、ただ推測するほかはない。しかしながら、文明成立に先立つこの段階においては、文明の辺境に残存した人たちの人類学的な観察によれば、狩猟採集によって生活し、季節的に移動する、不定形の小集団＝バンドを形成していたといえよう。

この段階では、地域社会は存在していなかった。というのも、狩猟採集は土地から生活資料を手に入れるが、これで生活するには農業と比較すると数十倍、数百倍の面積を必要としたからである。このテリトリーを確保するために、バンドは相互に遠く離れていなければならなかった。もちろん、松の実が大量に実るとき、サケが大量に河を上ってくるときなどには、多くのバンドが一カ所に集まることはあった。しかし、彼らも旬《しゅん》が終わると再び四方に散っていったのである。

ところで、人類には個体数の増加に対する生態学的な歯止めがない。しかも人類は、ほとんどの生態学的条件に適応する能力を持っている。したがって、数百万年前に東アフリカに発生した人類は人口増に比例して広大な土地を必要とした。そして、ついに一万数千年前にアメリカ大陸を占拠し終わったとき、いわば飽和の状態にあった。当時の人類の人口は四〇〇万から一〇〇〇万の間であろう。いまや人口増にブレーキをかけるか、新しい生活技術を創出するかのいずれかしかない。そこで人類の多くは後者を選んだ。このことは一万年前から数千年のうちに、人類史的にはほとんど同時的に、農耕がユーラシア、アフリカ、アメリカの三大陸で始まったことによって知ることができよう。

一　定住から都市へ

この農耕の発明のメカニズムにはここではふれない。ただそのときまでに農耕の前提となる社会と技術は蓄積されていたのである。社会的には血縁や擬制された血縁を絆とする部族が組織されたり、定住して集落も形成されていた。しかし、農耕を営むためには必ず村落に定住しなければならない。焼畑耕作においても、移住はあるにせよ、少なくとも数年は動かないし、移住してもやがて回帰する。さらに定住は、集中した人口を狩猟採集の数十分の一の土地面積で支えることができる農耕以外にも、多くの技術を発展させた。

土器の本格的製作がそうであり、さらに土器の利用は単なる用器としてのみならず、醸造その他加工技術へと展開する。その中の大飛躍は金属の抽出であろう。金属の発見こそ農耕と比較することができる技術である。それは農耕の生産性を高めるほか、石器よりも鋭利で精密な利器を作り出していった。

これら以外にも、定住は植物を作物とするほか、家畜という人間の従属物を作り出す。定住に先立って人間は犬や家鶏といった小家畜を持っていたと思われるが、定住によってさらに豚、羊、牛、馬といった大家畜が作り出されるのである。これらは農民になることによって諦めた動物性蛋白質を与えてくれるばかりでなく、特に馬は人間にとてつもなく巨大な移動力とエネルギーを与えてくれたのである。

人類の苦悩とコミュニティ

これらの技術は素晴らしいものであったが、同時にそれは人間が大きなものを、すなわち、自由というものを失うことでもあったのである。すなわち時間の自由と移動の自由である。農民は長時間労働をしなければならなかった。狩猟採集民が飢えでいつもガツガツしていたというのは俗説で、マーシャル・サーリンズが解説しているように、彼らは短時間の労働で生活することができた。サーリンズの表現を使えば、それは「最初の豊富社会」だったのである。

農耕はあくせくと長時間労働をしなければならないだけではない。農耕のための定住は集団定住、つまり家族やその縁者や気の合った人びとだけでなく、毎日、多数の他人と顔を合わせなければならなかった。それは地域社会の成立であり、男女関係すらも、メイヤスー流にいえば、交合から結婚になった。他人の承認が家族生活の前提となったのである。それはかつての狩猟採集民から見れば、まさに怖るべき不自由な状況であった。このことが大家畜をともなう遊牧民という最初の脱走者を生み出し、『聖書』における兄のカイン（農民の象徴）が弟のアベル（遊牧民の象徴）を殺すという説話を生み出したのである。

しかも農民は、土地の人口扶養力を高めるために自由を犠牲にしなければならなかったばかりでなく、新しいリスクにもさらされることとなった。エリック・ウルフはこれを「淘汰の圧力」であるとして、三つに分類している。

その第一は「農民の特殊なエコタイプに由来する圧力である。これらの圧力は、人間が部分的にしか支配できないか、全然支配できないような環境に由来する」。それは旱魃であるとか、洪水であるとか、蝗害、鳥害なのである。これに耕作の不手際や土壌の侵食なども入ってこよう。

その第二は「農民の社会システムから生まれる圧力である。これらの圧力のいくつかは、個々人の不満や独立への要望を無視して家計を経営し、維持しつづけなければならない必要性に由来している」。それは農民の家計の内外における相互の利害や考え方の違いから生まれている。相変わらず人口増が続いているばかりでなく、技術の進歩も続いているから内外の緊張は避けがたいのである。

その第三は「農民の土地保有がその一部をなしている広い社会から生じる圧力が常時ある」(ウルフ、一二八―九ページ)。これらの圧力は、経済的なものでは賦役、年貢、地代、利子の支払いの要求という形をとることもある。政治的、法律的なものでは農民生活の自律性に対する干渉という形をとることもある。軍事的なものでは男子を労役や兵役に徴発したり、敵国が人を殺したり、動産を奪ったり、収穫物を蹂躪したりすることもある。

これらのリスクに対処する方法こそ、農民の地域社会が共同性を身につけ、コミュニティとなることであったのである。ウルフによれば、これらの「淘汰の圧力」に対処する戦術は次のようになる。「まずは、困難な時には資源を分け合うような機構を発達させることによって、各家族にかかる淘汰の圧力の力を減少することができる。例えば、ある世帯が粉に不足すると、他から借りられるし、種トウモロコシが必要なら、隣から借りられる。もっと耕地が欲しければ、食い口の少ない世帯から借りたり、賃貸しを受けたりできる。軍隊への徴発や徴税に反抗するのを助けてもらうにも、軍用、政府用の年貢の負担を分担してもらうにも、他の世帯を頼りにすることができる。つまり、農民はふりかかってくる淘汰の圧力の衝撃を平均化することによって、淘汰の圧力が及ぼす差別化の効果をくいとめようとする。」(ウルフ、一三〇ページ)

農民は共同体を形成したのである。狩猟採集の段階に持っていたような自由に代わって、人間の交流、精神的・物質的な相互援助によって安全を手に入れようとしたのである。これがコミュニティの原点というものであるが、もちろん、コミュニティは矛盾を内包し、歴史的に変化してゆくものだったのである。

歴史的条件の変化によって共同体の構造は変わらないわけにはゆかない。共同体を構成する者も、いつまでも農民だけではなく、戦士となり、商人になってゆくのである。それに従って共同体が占拠する対象も土地ばかりでなく、人間となり、やがて市場や職業へと広がってゆく。共同性を整理し、確保するためのタガ、すなわち共同体規制も多様化してゆく。しかし、このタガによって逆に共同性の内側や外側にもルールに従いたくない人たちが生まれるということになり、共同性を確保することができなくなるのである。そしてやがてその共同体は崩壊するに至るが、必要があるかぎり再び共同体は再建される。これが共同体にいくつものタイプがある理由である。

大塚久雄は、共同体を構成する世帯と共同体の占拠する土地との関係のタイプによって、それをアジア的共同体、古典古代共同体、ゲルマン共同体の三つの類型に分類している。第一のアジア的共同体においては、村民による土地の共同利用は行われず、世帯別に占有、耕作されているが、所有権は薄弱で、ロシアのミールのように割替えが行われたり、中国のように周期的な革命によって御破算にされたりする。第二の古典古代共同体はグレコ＝ローマ世界に生まれ、土地は公有地と私有地に分かれ、私有地はギリシアのクレーロス、ローマのヘレディウム（いずれも割当て地）のように市民の所有地として分割され、私的所有権は確立している。第三のゲルマン共同体は西ヨーロッパに成立し、後に詳述するが、土地は共同利用の共同地と私的に利用される耕地とに分かれ、ゲヴェーレと呼ばれる所有権は上級と下級というふうに重層的である。

オリエント都市の誕生

大塚の共同体の類型論は分析が土地所有権に偏重しており、さらにアジア→地中海→西ヨーロッパというヘーゲル的な発展段階論に従っている点で偏狭と批判することができるが、ウェーバー的な意味での理念型としては相当に役立つものと思われる。世界史でもっとも早く成立したオリエントの都市を理解するうえでは、アジア的共同体の理念型が大変に便利なのである。

この地域は地中海農耕文化の発生地に近接しており、世界でもっとも早く農民共同体が成立していたところであるが、紀元前第四千年紀から顕著になる西南アジアから北アフリカにかけての乾燥化（これによりサハラ砂漠もできた）により、生活できなくなった狩猟採集民や農民がオアシス、河川、特に大河（ナイル河やティグリス＝エウフラテス河）に集まってきた。当然、部族間の争いが激しくなり、支配する位置についた部族は彼らを使役した治水灌漑によって広大な土地を開発し、その富によって都市を建設する。さらにこの都市間の争いによって大帝国が生まれてくることとなる。

まずメソポタミアでは紀元前六〇〇〇年頃、北部の標高一五〇—三〇〇メートル、年間降雨量二五〇

―三八〇ミリのアッシリア・ステップに人間が進出し、村落を作り、農耕を始めた。その数百年後に灌漑の技術を確立し、それまで砂漠と沼沢のために農耕ができなかった南部メソポタミア平原に進出して、そこに紀元前四〇〇〇年頃から農業の中心を移し、都市を成立させるのである。これがウバイド文化である。

このウバイド文化は一五〇〇年続き、西は地中海沿岸から東はイラン高原、南は湾岸地帯に至るまで多くの都市ができるが、南メソポタミアではいわゆるウルク期（前三五〇〇年頃）、ジェムデット・ナスル期（前三三〇〇年頃）をへて、紀元前三〇〇〇年頃からシュメールの初期王朝が始まるのである。そこにはこれまでと同様に都市の中心に神殿があったが、すでに王がいた。この王は始めは部族長であったが、やがて司祭王となり、ついに神の代理である絶対君主となるのである。この王のもと、治水灌漑の労働集約や四方から貢納される物資の管理・配分のための官僚組織ができ、さらに王の支配する領域を防衛するための軍隊が成立する。

シュメールの最初の中心都市ウルクには、紀元前二七〇〇年頃、二重の城壁がめぐらされており、延長九〇〇〇メートルあった。この頃までに、例外はあるが、おおむね都市は防衛のための城壁を備えるようになっていたのである。この城壁の材料には、メソポタミアには石材がなかったので日乾し煉瓦を使用したが、他の建築物も同様であった。金属用具もあり、文字（楔形文字）も活用されている。このシュメール時代の都市には王や司祭、官吏、軍人、書記、商人のほか、さまざまな手工業者が住んでいたが、その国家の人びとの多くは村落で生活し、社会としてはいわゆるアジア的共同体であった。その原理は血縁制であり、都市住民も基本的に同じであった。自由人のほか奴隷も存在した。

紀元前二五〇〇年頃にはシュメール人のウル第一王朝が起こり、その中心都市となったウルは人口二万五〇〇〇、面積六〇〇ヘクタールの楕円形で、ドック付きの港と運河が設けられていた。洪水を避けるために都市全体が盛土され、その中心には聖域があり、ジグラト（ピラミッド状の神殿）があった。住宅は無秩序に密集していたが、すでに大小の差があり、二階建てで中庭付きの邸宅もあった。この頃、ウル以外にもラガシュ、ウンマ、ウルク、キシュ、マラドなどの都市がすでに建設されていたが、その中でウルはもっとも南、当時のエウフラテス河の河口にあった。そこはノアの洪水伝説の場所であり、ユダヤ人の祖先アブラハムが生まれ、そして旅立った都市であった。

その後ウル第一王朝に続く諸王朝が北のアッカド人に倒され、アッカド王朝が樹立されるが、そのサルゴン王の時代（前二三〇〇年頃）にメソポタミア全体の運河のネットワークがほぼできあがる。そしてこの王朝もまた倒され、シュメール人の王朝が一時再建される。しかしこのような興亡に終止符を打ち、大規模な統一をはかるのは紀元前一九〇〇年頃、セム系の遊牧民が建設したバビロン第一王朝によってであり、このとき首都も北部のバビロンに移されることとなる。この王朝のハムラピ王はその法律によって有名で、いわばメソポタミア文明の最高潮の時代である。ハムラピ法典は国内の法を統一し、社会的制裁を国家が独占したもので、いわばオリエントの理念の確立であった。

南部から北部のバビロンへとメソポタミアの中心が移ったのは、ティグリス＝エウフラテス河の下流の流れの大変動で南部の諸都市が荒廃したためであるが、当時はバビロンの神、マルドゥクの威力によるものと考えられていた。この頃、各都市はそれぞれの神を持ち、これを神殿に祭っていたが、マルドゥクの祭司たちは、バビロンの勃興はこの神の威力によるとし、その祭礼を盛大に行っていたのである。

そもそもバビロンとは「神の門」を意味するバールルーから来ているという。その祭礼は色彩豊かで、都市住民の大々的な参加によって行われ、これによって、それまで各都市の神の上に立つ神、エンリルを祭る聖都ニプールの権威を奪いとった。さらにこの都市は紀元前一五三一年にヘテ族に焼かれ、紀元前一二五〇年にはアッシリア人に占領されてしまう。しかし、紀元前六二五年に再興されたことによって、アテナイ、ローマ以前でもっとも有名な大都市になるのである。

二 古代都市の時代

紀元前第二千年紀と第一千年紀は古代都市の時代である。次のグレコ＝ローマ都市は別として、エジプトからインド、ぽつんと飛んで黄河流域まで都市が栄えたのである。これらはいずれも治水灌漑農業とそれを踏まえた商業の発展によって成立したものであって、住民はそれぞれの部族の絆を持っており、コミュニティとしては未熟なものであった。のみならず、エジプトからイラン高原までオリエントの大部分を統一したアッシリアは、征服した異民族を大量連行したばかりか、紀元前七世紀には都市をつぎつぎと破壊しさえしている。さらにアッシリアの旧領土の多くを奪ったメディアは、アッシリアの代々の首都をすべて破壊している。ここにオリエント古代終末期の一つの特徴があるように思われる。

他の地域については、まず西のエジプトであるが、ここは農耕や文明の歴史でメソポタミアの影響を受けて成立した地域とはいえない。しかも都市の歴史については、それを城壁によって区別し、防衛する地域と見るならば、エジプトには都市がなかったといっても間違いではない。それはエジプトの居住地というものが苛酷な砂漠の中を一本流れるナイル河の沿岸だけに限られていたので、防衛の必要がなかったからだと思われる。また、ナイル河一本で全体が連絡され、このナイル河の氾濫によってのみ農耕が可能になっていただけに、沿岸に集落が点在することにもなったのである。

紀元前二八五〇年頃、ナイル河畔に多数あったノモス（部族国家）がすべて統一され、中心がテーベから下流のメンフィスに移っている。この時代からのものがずっと遺跡として残っているが、その中心は神殿で、住居跡もかすかに残されている。ともかく都市の跡と言いうる最初のものは紀元前二六七〇年頃のイラハーンであるが、これはピラミッド建設のために集められた労働者たちの住居群である。ここには一〇万人の労働力と二〇〇人の石工が集められたというが、存在したのは二一年にすぎなかった。この種の遺跡は多数残っているが、エジプトの特質はそこにネクロポリスがあったことである。

それは死者の都市ということで、生者の都市よりも整然としていた。古代エジプト人は西が死者の国であると考えていたので、その多くはナイル河の西岸にあって、そこにミイラを安置した墓室が建設されたのである。したがって、一〇〇〇年にわたってファラオ（専制君主）の都があったメンフィスの西側には、ギゼー、サカラ、アブシル、ダシュールのピラミッド群のほか大量の墓があるわけである。

反対の東側では、紀元前二三〇〇年頃にインドのインダス河流域に文明が生まれた。それがメソポタミア文明の影響を受けたことは考古学的に確められる。そこには多くの都市が存在したが、初期から焼成煉瓦を使って計画的に市街が作られているのである。いずれも城塞と市街が明確に区分されており、モエンジョ・ダーロ（現在のパキスタン南部）の場合には城塞に大浴場や穀倉など公共施設が集まっていたことから、ここに公共の中心があったと思われる。また、その市街は碁盤目状に作られた大小の舗装道路、煉瓦の堅固な家屋、排水溝からできているが、ここには商人や手工業者が住んでいたと思われる。したがって、全体としてはメソポタミアの専制支配体制とは違った比較的上下格差の少ない都市であったと思われる。

このインダス文明は紀元前一七〇〇年頃から消滅してゆく。それは中央アジアからアーリア系の民族がインドに侵入した結果であるが、これにより、インド・ヨーロッパ語を言語とする全く新しい文明が成立する。この文明はインド西北部のパンジャブ(五河地方)で確立して、ガンジス河流域を東進するのである。今日のインドでは菜食の人が多いが、インドに侵入した人たちはもともと遊牧民で肉食であり、とりわけ牛肉を珍重していた。彼らは東へ、東へと熱帯降雨林を焼き払い、耕地や牧地に変え、紀元前六世紀頃にはいくつもの都市を成立させるのである。なかでもマダカ国のラージャグリハ(王舎城)やコーサラ国のシュラーヴァスティ(舎衛城)が有名で、そこでは商業、手工業が栄えていた。

インド文明は歴史を無視する文明であるから、都市のみでなく、当時の社会についての資料には極めて乏しい。わずかながら紀元前五世紀頃に活動したシャカの仏教やマハーヴィラのジャイナ教の経典から間接的に当時の都市を知ることができる。彼らの時代、ガンジス河流域は森林の消滅によるところの旱魃や洪水による飢餓に苦しめられていたようである。その根源には過剰人口があると思われる。仏教の修行法である出家、すなわち、家族を捨て、財産を捨て、地位を捨てるのはこの状況の陰画であると思われるが、僧侶の生活を可能としたものは都市の存在であり、事実、仏教やジャイナ教の庇護者の多くは王侯とともに商人であった。そしてこれらの都市ネットワークの頂点に立ったのがパータリプトラ(前四世紀―前二世紀、現在のプトナ)である。ここは当時のインドが世界一人口稠密なところであっただけに、世界一人口の多い都市であったと思われる。

古代都市の終焉

これら古代都市の時代を終わらせたのがグレコ＝ローマ都市であるが、それに先立って、古代都市の最後の華を咲かせるのは、第二次バビロンである。先にこの都市は紀元前一二五〇年にアッシリア人に占領されたとしたが、マルドゥク神に対する信仰は終わらなかった。アッシリアの諸王もバビロンのマルドゥク神の地上における代理人となり、町も文化センターとして存続している。しかし、紀元前六八九年にはアッシリア王サンヘリブがその頃この地を占領していたエラム人からバビロンを奪回したものの、その後徹底的に破壊され、住民はすべて殺された。マルドゥクの寺院やジグラトは河の底に沈められ、町の土も北へ船で運ばれて、風に吹き飛ばされた。

暗殺されたサンヘリブの後継者で、エジプトのメンフィスの破壊者であるアサルハドンはバビロンの再建に着手する。しかしこの地は彼の後継者で、テーベの破壊者であるアッスールバニパルによって再び破壊される。再建が本格化するのはバビロン人を率いてナボポラッサルが新バビロニアを建国し、メディア人と協力して、紀元前六一二年にニネヴェを陥落させ、アッシリアを滅亡させてからである。そしてその後継者、ネブカドネザル（在位前六〇五―前五六二年）によって新バビロンは完成する。

この都市の紀元前四五〇年頃の状況はヘロドトスの『歴史』によって詳しく知ることができる（巻一の一七八―二〇〇）。ほぼ正方形をした内城の周辺には一辺が二二五〇メートルの城壁があり、その外側には深い運河があった。さらにその外側にも城壁があり、全体として三角形をしていた。城壁には一〇〇の門があり、門には銅製の扉がつけられていた。町の西側をエウフラテス河が流れていたが、後にはその対岸にも新市街が作られている。

城壁内にも運河が流れているほか、儀式と行進のための大通りが南北に走り、これと交叉あるいは平行して多くの通りがあり、これに面して四、五階の住宅が密集していたという。この新バビロンからメソポタミアの諸都市においては神殿よりも宮殿の方が広くなったようである。しかし、宗教が軽んぜられたということではなく、より多様に、包括的になったのである。都市の神は旧バビロンと同じくマルドゥクであった。冬至の頃のバビロニア暦の元旦には、マルドゥクの神像が内城の北側にあるイシュタル門の華麗なアーチをくぐって、大通りを行進して神殿に到着し、王はこの守護神に礼拝を捧げた。しかし、イシュタル門があることに示されているように、城壁内にはイシュタル女神の神殿もあったのである。イシュタルはエジプトのイシス、パレスティナのバールと同じく、地中海東部の地母神であった。

新バビロンを作ったネブカドネザルは建築狂で、この都市を多彩に飾った。特に有名なのがバベルの塔として知られているジグラトである。これはハムラピ王の塔を再興したものだが、高さが九〇メートルあった。もう一つがセミラミスの懸垂庭園として知られている屋上庭園で、この庭園自体がドームで覆われ、灌水によって冷房されていたという。

この新バビロニアは一〇〇年持たず、紀元前五三八年に滅亡し、その後ペルシアがエジプトからインド東部までアッシリア以上の規模で大帝国を建設する（前五二五年）。ペルシアは自国のスーサを首都としたが、アッシリア、メディア、新バビロニアのように諸都市を破壊したりはしなかった。バビロンも存在し続ける。ペルシア帝国においてはオリエント国家の頂点で専制官僚制、全国的な駅逓制度を完備したばかりでなく、誕生したばかりのコイン貨幣制度を採用するなど新しいものが見られる。このコインはギリシア人によって発明されたものだが、このことはオリエント文明がグレコ＝ローマ文明から挑戦されていたことを教え、いわばこの帝国が文明的には過度的なものであったことを示している。

オリエント文明はやはりバビロンでその頂点を極めたといえる。オリエント都市は周辺部に例外はあるが、熱帯の乾燥地域の大河の畔に建設され、肥沃な農業地帯の中心にあった。都市はこの農業の余剰によって成立し、農民以外の王者、司祭、官僚、近衛兵、書記、商人、手工業者、奴隷が住んでいた。身分差はあるが、彼らは城壁に保護され、城壁内は政治、宗教、商業、文化のセンターとして機能したといえる。しかし、最後まで都市は神殿の附属物という性格から離れることはできなかった。それ故に、国の敗北はその神の敗北であり、多くの場合その神が祭られる神殿を取り囲む都市も破壊され、時には住民も殺されたり、連行されたりしたのである。それでも都市の機能が生み出した成果は、それ自体として存在し、他者によって利用される。そしてその成果はバビロンで総括されたといえる。

ギリシアが生み出したとされる科学、例えば、数学、幾何学、天文学などはその知識のほとんどがバビロンより学んだもので、ギリシア人はこれを体系化したにすぎなかった。プトレマイオスが『アルマゲスト』に体系化した天文学はオリエントの三〇〇〇年の観測の記録を前提としたものである。この天文学と不可分な占星術が集大成されたところとしてバビロンは知られている。バビロンではホロスコープ（星占い図）がマルドゥクの司祭たちによって作られた。その他さまざまな占いがここで集大成されたのであるが、ギリシア的知性からはみ出るということで、バビロンの名が残されているわけである。

三　古典古代の政治的コミュニティ

オリエントの時代は、ペルシア帝国が紀元前四八〇年にサラミスの海戦でギリシアに敗れ、紀元前三三〇年にアレクサンドロス大王によって滅ぼされることでとどめを刺された。しかし、オリエント古代の代表としてペルシア帝国ではなく、むしろバビロンが呪われているのはユダヤ人の経験＝『聖書』の影響である。ローマ帝国時代、迫害されたキリスト教徒がローマの隠語としてバビロンを使ったのも、その影響である。

ユダヤ人は紀元前一二三〇年頃エジプトを脱出し、紀元前一〇二〇年のサウルの即位をもってヘブライ王国を成立させた。そして、ダヴィデ、ソロモンの全盛時代を迎えた後、ソロモンの死（前九三二年）によって分裂、北のイスラエル王国と南のユダ王国に分かれたが、紀元前七二二年にイスラエルはアッシリアによって滅亡させられた。南のユダ王国も新バビロニアのネブカドネザルによって、紀元前五八六年に滅ぼされ、首都イエルサレムは破壊され、ユダヤ人四万五〇〇〇人はバビロンに捕虜として連行、強制移住をさせられた。そして新バビロニアが紀元前五三八年に滅ぼされるまでの五〇年間、いわゆる「バビロン捕囚」を経験したのである。「詩篇」一三七篇には次のようにある。

「われらはバビロンの川のほとりに座り、
シオン（イエルサレム）を思い出して涙を流した。

われらはその中の柳にわれらの琴をかけた。
われらをとりこにした者が、
われらに歌を求めたからである。
われらを苦しめる者が楽しみにしようと、
われらにシオンの歌を一つ歌えと言った。
われらは外国にあって
どうして主の歌を歌えようか。」

そして、オリエント文明の精華バビロンを呪い、その滅亡を願うのである。「イザヤ書」第一三章は言う。

「国々の誉れであり、
カルデヤびとの誇りである麗しのバビロンは、
神に滅ぼされたソドム、ゴモラのようになる。
そこにはながく住む者がなく、
アラビアびともそこに天幕を張らず、
羊飼もそこに群れを伏させることがない。」

オリエントの周辺、亜周辺の新しい原理

オリエント古代の原理に正面から対決する原理が成立していたのである。すなわち、古代都市が人間の共同体に下支えされながら他の共同体を破壊するのに対して、それは社会の共同性でもって対抗し、亜周辺（文明の影響を受けながら、軍事的＝政治的に支配されなかった地域）では抵抗と自立に成功し、新しい国家、コミュニティを骨格とする都市国家を建設したのである。

オリエント古代文明はその周辺の広い地域に激烈な振動を与えた。それは戦争と民族移動という、人間にとって深刻な苦難と混乱をもたらした。多くの部族が壊滅するか四散させられ、それに属していた人間は他の部族に奴隷ないし隷属民として吸収された。このとき、いくつかの部族が自己保全の戦いのために団結したのである。彼らは始めは山野に散住していたが、やがて軍事的必要から集住（シュノイキスモス）し、一つの都市国家を作ってゆく。これがイスラエルであり、ギリシアのポリスであり、ローマのキヴィタスだったのである。

それはオリエントの国家とは全く違った原理に基づくものであった。オリエントにおいては、乾燥地帯における治水灌漑農業の必要から、支配部族の専制君主のもと、広大な地域で多くの部族が官僚制によって古代エジプトのユダヤ人のように底辺に押しつぶされんばかりの状態に置かれる。これがすでに説明したアジア的共同体である。君主はこの共同体から公役制によって労働力を、貢納制によって現物を徴発する。この徴発されたものによって都市が成立し、文明ができるのであるが、農民の共同体はその重圧を受ければ受けるほどいじけて、ひたすら守りの自己保全につとめることとなる。

これに対して、オリエント文明の辺境にあって、その影響を受けはするが若干の降雨（五〇〇ミリ内

外）があるので二圃制（一つの畑で二年に一回の収穫）による天水農業が可能なところでは、海岸平野でオリエントと比較するとはるかに小規模ではあるが、より生き生きした自立した社会を存立させることができる。たしかに文明の中心からの圧力の影響で、軍事的必要からいくつかの部族が団結することになるこうした都市国家では当初は王がいるが、しかし国家の主体はあくまでもコミュニティ、すなわち、民会を構成する市民である。ここではオリエント国家の専制君主から圧えつけられるタテの関係よりも、市民相互の間のヨコの関係の方が重要となる。それ故に、市民は都市の共同性をしっかりと防衛すると同時に、公有地以外の土地を私有地として分割・所有しているように、私権をものびのびと主張できたのである。統治のための法律、ハムラピ法典に対して、ローマ法は市民間の利害を調整するものであったゆえんである。

この二つの対立する原理が地中海東部において衝突する。ユダヤ人は基本的に都市国家の原理によって国家形成をしたが、その論理を展開できずにオリエントの原理と妥協せざるをえず、しかも結局は帝国に押しつぶされてしまうのである。すなわち、イスラエルはモーゼの指導による一二支族のアンフィクティオニー（祭祀共同体）から出発し、イエルサレムを首都としたが、ギリシア、ローマのように王を排除する道をとらず、ヘブライ王国の全盛期はダヴィデ、ソロモンの時代であった。しかし、ソロモンもその支配を公役制国家にまで徹底できなかった。それは市民が成立しており、これを基盤として預言者が君主を批判することができたからである。それを促進したのはヤーヴェ信仰の絶対性によるところが多いが、それはまた、「バビロン捕囚」のような国家壊滅にもかかわらず、ユダヤ人の共同性を解体させず、実に特徴的な歴史を歩ませることとなる。

もう一つ、この二つの原理の中間にあったものがエーゲ海文明である。その地域はクレタ島とキクラデス諸島と小アジア沿岸、そしてギリシア本土である。この地域は紀元前第三千年紀の初めからメソポタミアとエジプトの文明の影響を受けており、多くの都市が生まれた。その代表的なものはクノッソス、フェストス、ティリンス、ミケネ、トロヤなどである。いずれも宮殿中心で、オリエントのように市民のいる都市ではなかった。特にクノッソスは有名で、宮殿を守る城壁はなかった。

オリエントとは違った明るい華麗な雰囲気があるが、それはこの文化が多くの農民の上にではなく、主として海上商業に依拠していたためと推測される。クノッソスには浴室、水洗便所、ゴミ捨て場が整っていたが、なかでも有名なのが迷宮である。エーゲ海文明の他の都市でも迷宮的な構造を持っているところがあった。それは城壁に代わる防衛の目的を持っていたと思われる。(地中海沿岸のカスバは二〇世紀に入るまで存続した。)にもかかわらず、それは紀元前第二千年紀の中頃からつぎつぎとギリシア人によって破壊されてゆくのである。その破壊の状況はホメロスの『イリアス』に描かれている紀元前一二〇〇年頃のトロヤの陥落によっておおむね知ることができよう。このエーゲ海文明を破壊したドーリス人とこれに抵抗して生き残ることができたイオニア人によってギリシアのポリスは建設されるのである。

ギリシアのポリス

ギリシア人が北方からバルカン半島を南下し、さらにエーゲ海の諸島まで散っていったのは紀元前第二千年紀の初めからのことである。南下は数次の波をなして行われ、紀元前二〇〇〇年頃のイオニア人、紀元前一八〇〇年頃のアカイア人から始まり、次に紀元前一二〇〇年頃のエオリア人、紀元前一一〇〇年頃のドーリス人によって終わる。このドーリス人に追われて、アカイア人はクレタ島、キプロス島にまで行き、イオニア人はアッティカに残存したが、多くはアテナイから船出して、小アジアに避難していった。

彼らはエーゲ海文明が破壊しつくされた後、二、三〇〇年のいわゆる暗黒時代をへて、紀元前一〇世紀頃からポリスを建設しはじめてゆく。すでに強調したように、このポリスは民会が主権を持つ共同体であって、部族の枠は取り払われていた。もちろん、ギリシア人にも部族はあった。それはフュレーと呼ばれたが、イオニア人では四フュレーがあり、ドーリス人では三フュレーがあった。

フュレーは都市に統合されたとはいえ、部族として機能をすべて失っていたわけではない。それは部族長を持っているし、部族長は宗教的役割（それぞれの部族の守護神の祭祀が彼の主要な仕事であったようである）を担っていた。しかし、紀元前五〇八年のクリステネスの改革によって、アテナイではフュレーの再編を行い、その結果、血縁的組織というより、地域的組織となった。

ポリスの前期の社会的・政治的構造にとってフュレーよりも重要だったのはフラトリア（胞族）である。これはフュレーの内部の地域的組織として作られた。その機能は宗教的手続きと絡みあっていたが、発生は軍事的組織であったと思われ、市民権に関わる事務を管掌していた。フラトリアの最大の祭りはアパトゥリアで、所属する家長すべてが集まるが、その第三日（クレオティス）では、その年に生まれた子供が家長によってフラトリア全体に紹介された。成年式には再度、二人の証人にともなわれて紹介され、フラトリアの帳簿に記入されて市民権を得た。その妻も養子も同様に紹介されて、フラトリアに承認されなければならなかった。

このフラトリアの構成単位がゲノス（氏族）である。ゲノスは同一の先祖を持つ諸家族によって構成され、ポリスの占拠地の中の私有地としてクレーロス（割当て地）を発足時に持っており、これに基づいてオイコス（家計）が運営された。このゲノスには所属家族のみでなく、奴隷や従属民もその所有物として含まれていた。家長が絶対的権力を持ってこれらを支配管理するとともに、ゲノスの祭祀を主宰していた。戦時には家長はゲノスの戦士たちの統率者であり、ゲノス内の紛争の裁判官であり、ゲノスの発展に努力した。もしゲノス外の者にゲノスの一員が殺害されたり、傷害されたりしたときには、ゲノス全員が報復したものである。

こうした社会構造を持ったポリスは、地域的にギリシア半島のみならず、小アジア、エーゲ海の諸島から黒海沿岸、イタリア南部、シチリア島、コートダジュールまで広く建設され、その数は一五〇〇に達したといわれている。そのそれぞれには一般的にアクロポリス（丘陵上の城砦）があり、神殿にはそれぞれの都市国家の守護神が祭られていた。さらに劇場があった。その意味は後にふれる。もう一つアゴラ（広場）があった。そこは市民が交流する場であるが、同時に小売商が屋台を出している市場でもあった。これらと市民やメトイコイ（寄留する外国人）の住宅地を取り囲んで城壁があった。

このポリスを経済的に支えていたのは農業である。城外に住む農民および富んだ市民のオイコスの奴隷によって耕作は行われた。その方法はいわゆる二圃制で、二年の雨量で一回の収穫をするものであった。すなわち、麦秋に収穫するとそのまま冬の降雨を土壌に吸収させる。そして次の年の夏の蒸発を防ぐために表層を耕し、ついで秋に本格的に耕起して播種し、翌年に収穫するのである。そのため耕地を二分し、一方が耕作する年は他方は休作するわけであるが、オリエントの灌漑農法と比較して著しく収穫率は低かった。それ故、農耕とともに羊や山羊の放牧とオリーヴとブドウを栽培して、その果実よりオリーヴ油とブドウ酒を製造した。さらにこの製品を売りさばかねばならないところから、ギリシア人は商人となり、航海に出る必要が生じる。そのためポリスはつねに海賊の危険のある海岸から若干離れたところに、そしてもう一つ、水の供給のあるところに建設されたのである。

ポリスの展開

このポリスは最初から最後まで景観的にはもちろん、社会・政治構造からしても同じであったわけではない。それは建設され、発達し、頽廃し、衰亡したのである。ウェーバーはギリシア・ポリスの展開を三段階に分けている。第一段階は貴族制ポリスで、少数の都市貴族がポリスの主導権をとった時代である。これは当時の戦法が戦車に乗って戦う貴族を主体としたもので、戦車を輓かせる馬は貴族しか持っていなかったのである。第二段階は重装歩兵（ホプリーテン）ポリスで、甲冑と武器を自弁できるようになった農民や手工業者などの平市民が歩兵として主力となった時代である。彼ら歩兵はファランクスと呼ばれる密集方陣を組んで戦ったのである。第三段階は民主的市民ポリスで、主要な戦闘形態が海戦になって、武装を自弁する必要のない水兵が大きな役割を果たすことになった時代である。このことはポリスの内部における発言権が自由民の最低層にまで下りていったことを示している。

この歴史の具体的な過程はアテナイでもっとも明瞭に現われているので、こうしたポリスの社会的展開のさまを見ておこう。

アテナイの場合、その位置するアッティカ半島は紀元前第二千年紀にはエーゲ海文明の中で、ミケネやクノッソスの影響下にあったと思われる。しかし、エーゲ海文明とその専制王国の解体とともに、その圧力の弱まった中で、この地に住む諸部族の族長たちが団結してドーリス人の侵入と戦ったのがアテナイのポリスの誕生であったと思われる。これは紀元前一二世紀にテセウスがアッティカの一二の小砦を一つの都市にまとめたという伝承によって確かめられる。当初は王制であったが、紀元前一一世紀になると最初は三人のアルコーン（執政官）によって統治されることとなる。この時代から貴族制ポリスの段階に入る。しかし、鉄器の導入による生産性の向上とイオニアでのコインの発明による平市民の経済的強化によって、紀元前七世紀には重装歩兵ポリスになってゆくのである。

ところで、コインの発明による貨幣経済の滲透は上昇する部分とともに没落する農民をも生み出す。その結果として、紀元前七世紀後半にはアテナイのみならず、多くのポリスで社会的な衝突が頻発するようになる。これを収拾するために、各ポリスがよぎなくされた措置の一つが植民であり、もう一つが僭主の出現である。

ギリシア人の植民活動は過剰人口のはけ口として、すでに紀元前八世紀から始まっている。しかし、紀元前七世紀の貨幣経済の衝撃はこれに拍車をかけ、一五〇〇のポリスはこのときにできるのである。これらポリスにはアポイキアとクレルキアという二つの型があった。アポイキアは離れた家という意味である。ポリスの社会的緊張をゆるめるための植民地で、民族的＝宗教的なつながりが残ったが、政治的には母国から独立していた。クレルキアはポリスの土地不足からクレーロス（割当て地）を海外に求めたり、勢力拡張の軍事的拠点を作るための植民地で、母国とは従属的つながりがあり、母国には不在地主が多く存在した。アテナイでもこうした意味を持つ植民都市がいくつもあったのである。

もう一つの僭主の出現であるが、僭主（テュラノス）とは正規の方法によらずに政権を獲得した支配者である。貴族制から民主制への過渡として出現した。アテナイでは紀元前六三二年のキュロンによる僭主制樹立の試みの失敗や、紀元前六二一年のドラコンによるおそらく法律の成文化に基づく公正化、そして紀元前五九四年のソロンによる改革が先行している。ソロンの改革の目的の第一はポリス共同体の分解の危機を阻止しようとするもので、そのために（1）身体を抵当とする貸借の禁止により債務奴隷（借金を返済できず奴隷とされた者）の発生源が閉じられ、さらに（2）公私の債務の帳消しで、土地に立てられていた抵当であることの標石が抜きとられ、農民の土地所有が再建されている。

ソロンの改革の目的の第二はポリスにおける権利義務を身分（貴族か否か）ではなく財産にリンクさせることによって決めるというものであり、それ自体は以前からあった市民の四階層——第一級（財産家）、第二級（騎士）、第三級（農民）、第四級（労働者）——によって分けられた。たとえば任期一年の九名のアルコーンに選出される権利は第一級に限定されたほか、さまざまな役職に就任できる権利や軍事上の義務が級によって定められた。またアルコーン職の経験者だけが国政を監察するアレオパゴス会議に入ることができたが、これとならんで各部族から一〇〇名ずつ議員が選出される評議会が設けられた。しかし、決定的に意味深かったのは、第四級市民を含めて、全市民が民会に出席し、役人を弾劾できるようにしたことである。

ソロンの狙いが、貨幣経済の作用によるポリスの分解を阻止することにあったことは明らかである。それは貨幣資産を集積した者に一定の譲歩をするとともに、一応のチェックをして、中堅の市民層を再建し、いわゆる重装歩兵ポリスを維持しようとするものであった。もともとポリスはその土地が公有地と私有地とに二分されていることに現われているように、公と私の二元性を内包している。それはポリス間の軍事的緊張によってタガをはめて団結させることはできても、内部的には対立する要素があるということである。したがって、ソロンの改革によっても社会的衝突は続いて、ついに紀元前五六一年にはピシストラトスがクーデターを起こして僭主となる。その後、五〇年にわたり、僭主制が続くことになるが、前後三回にわたり僭主となった彼のもとで、大土木工事が行われ、アクロポリスも整備され、ディオニュシア祭（後述）も盛んになった。ピシストラトス死後の混乱はスパルタの介入によって終わるが、これによりアテナイの抜本的な改革の道が開かれ、ウェーバーのいう民主的市民ポリスとして開花することになるのである。

スパルタとアテナイ

ギリシアのポリスはアテナイとスパルタが対照的なタイプをなしている。アテナイはスパルタの介入によって僭主制の時代が終わり、クレイステネスの改革によって血縁制を脱ぎ捨てて、ギリシア文明の高揚期を準備する。これに対し、スパルタではずっと以前から血縁的な部族から地縁的な部族（オーバ）に転換しており、そのもとで強烈な共同性を発揮していたのである。

この二つの類型の土台にある相違は経済的なものであるように思われる。両者ともその基本構造は、ポリスの公有地とその市民の私有地（クレーロス＝割当て地）であり、その耕作では当初から奴隷が存在し、使役されていたが、相当の部分が農民によって行われていた。これを共通の出発点として、アテナイにおいては海外からの奴隷の購入が増加するにつれ、農民が脱農し、市内に集中し、さらに奴隷や穀物の輸入を確保するために海上帝国への道を進むことになる。これに対して、ドーリア族のスパルタは原住のギリシア系だが、系統の違う人たちを従属させ、彼らに市外に拡がる土地を耕作させた。

この人たちはヘイロタイと呼ばれ、スパルタの市民のクレーロス（割当て地）を耕作し、現物貢納を義務づけられ、市民によって生殺与奪の権を握られた奴隷身分であった。これに対するのがラケダイモン人と呼ばれる自由人であるが、自由人のすべてがスパルタの市民ではなかった。また、ペリオイコイと呼ばれる人たちはスパルタの市外の集落に住み、参政権はなかった。したがって、このポリスの市民は集住しているスパルタ人だけで、彼らだけが国家意志の形成に参加していたのである。

彼らは国家主権を持つ民会を構成し、二人の王を含む三〇人の長老からなる長老会が指導部となっていた。このスパルタの市民はポリスの防衛のみならず、ヘイロタイやペリオイコイを支配する必要から、いわば常時、戦士団として生活していた。「共同食事」によって夕食を共にしなければならなかったから、家庭生活より集団生活が優越した。子供が生まれても集会所で検査され、戦士となる体力と機能に欠けている子供は遺棄された。なお、一般に、ギリシアのポリスには城壁があるが、スパルタにはなかった。「城壁は人」だったのである。

このスパルタはアテナイとは違って国制にほとんど変化がなかった。そして、紀元前六世紀にギリシアのポリスのほとんどで行われていた僭主制に干渉して、これを追放したのである。しかし、アテナイでは紀元前五〇八年にスパルタの勢力を排除し、クリステネスが立って根本的な改革を行った。その第一はそれまでの血縁制の名残りを一掃したことである。すなわち、アッティカを三〇の区（デーモス）

に区割し、さらにこれをアテナイの市周辺と海岸地区と内陸区にそれぞれ一〇の区が入るように整え、それぞれの地区から一区を抜き出して組み合わせ、これを部族（フュレー）とした。こうして従来の地域的利害や血縁的利害、門閥の利害が寸断された。

この部族再編とともに、評議会も四部族から一〇〇名ずつを集める従来の四〇〇人会に代わって、各新部族五〇名の計五〇〇名からなる新しいものに作り替えられた。そして、この評議会が国政を執行するうえで便利なように、一年を一〇の期間に分け、五〇名の当番評議員が一期ずつ評議会に勤務することとされた。軍事についても新部族全体の中から一人の将軍（ストラテーゴス）を出すこととし、しかも他の役職と違って再任を妨げないとされたので、以後、将軍がアテナイの政治で大きな役割を果たすこととなる。しかし、僭主の経験から、独裁者への警戒心は決してなくなったわけでなく、疑われた市民を追放するオストラキスモス（いわゆる陶片追放）の制度が設けられた。これは民会での秘密投票によって六〇〇〇名の投票数に達したいかなる市民も一〇年間、国外に追放されるというものである。

改革以後は、一人一人の市民は直接的には区（デーモス）に所属することにより、区民登録簿が民会出席有資格者名簿となる。またこれまでは、アテナイの市民は「なにがしの子」と呼ばれたが、それからは「なになに区のなにがし」と呼ばれることとなる。もっとも後には両方が併用されるようになった。

この民主化された体制のもとでアテナイは、侵入してきたペルシア軍を他のギリシアのポリスとともにむかえ打つのである。アケメネス朝ペルシアは紀元前五二五年にダリオス一世のもとオリエントを統一し、ついで小アジアからヘレスポント海峡を越えてトラキアまで手を延ばしていた。小アジアのイオニア系の諸ポリスもペルシアの支配下に陥ちていたのである。やがてこれら諸都市が紀元前四九九年にペルシアに反乱を起こし、失敗したが、これを口実として紀元前四九二年にダリオス一世はギリシアに大軍を送り、かくてペルシア戦争が起こったのである。

ギリシアはペルシア軍による三回の侵攻にあい、第一回（前四九二年）はマケドニアでこれを撃退、第二回（前四九〇年）のアッティカへの上陸作戦も水際で撃退したが、第三回（前四八〇年）はダリオス一世を継いだペルシアのクセルクセスが自ら指揮して水陸両面から攻め込んできた。クセルクセスは、陸上ではスパルタ軍を主力とするギリシア軍をテルモピライで破って、アッティカに侵入した。アテナイは将軍テミストクレスの指導下に市民を沖あいの島に避難させ、戦える男子は二〇〇隻の軍艦に分乗させて、サラミスの海戦でペルシア海軍に殲滅的打撃を与えた。このことはアテナイが海軍を主力とする民主制市民ポリスに近づきつつあることを教えるが、事実、この作戦はテミストクレスの提案によって、評議会と民会の決議によって決定されたのである。

ポリスの全盛期

サラミスの海戦はペルシア帝国に統括されたオリエントの東洋的専制の原理に対してポリスの市民の原理が勝利したということであった。しかもこのことを当時のギリシア人は思想的に自覚していたのである。ヘロドトス（前四八四—四三〇年以後）の『歴史』は次の言葉を冒頭に置いている。

「本書はハリカルナソス出身のヘロドトスが、人間界の出来事が時の移ろうとともに忘れ去られ、ギリシア人や異邦人《バルバロイ》の果たした偉大な驚嘆すべき事蹟の数々——とりわけて両者がいかなる原因から戦いを交えるに至ったかの事情——も、やがて世の人に知られなくなるのを恐れて、自ら研究調査したところを書き述べたものである。」

彼は世界史の総括をし、その転轍点であるサラミスの海戦がどういういきさつで起こったかを叙述するのである。そのため、二つの原理がせめぎ合う小アジアのリデュアを取り上げ、その中でその王クロイソスとギリシア人ソロンとの対話の形でオリエントとギリシアとの相違を次のように説明する。その一つは、アジアの専制支配者の莫大な富と豪奢を極めた生活に対してギリシアの市民の中庸の富と簡素な生活とを比較して、後者を幸福だということ。もう一つは、ギリシアの市民は単なる家長ないし家族の一員としてではなく、ポリス、共同体国家の一員であってこそ幸福なのであって、一旦緩急あればポリスのためには生命をも捧げて、栄誉を受けるということである。ヘロドトスはこのように原理を高く掲げて、続いてバビロニア、エジプト、そしてペルシアによるオリエントの統一からペルシア艦隊の全滅までを描いたのである。

サラミスの海戦で世界史の中心はアテナイを中心とするギリシアに移ったといえよう。もっとも、ギリシア的世界が平穏無事であったことは毛頭ない。紀元前四六四年にはスパルタに大地震があり、これを機会にして抑圧されていたヘイロタイが反乱を起こしている。紀元前四三一年にはギリシア世界を二分して長期にわたり戦われたペロポネソス戦争が起こっている。そして紀元前四二九年には戦時下のアテナイにペストが流行しているという具合である。その中でアテナイは紀元前四七七年のデロス同盟（ペルシア来寇に備えアテナイ周辺諸都市が結んだ同盟）の盟主となり、紀元前四〇四年にはペロポネソス戦争に敗北したりしているが、紀元前五世紀から紀元前四世紀前半にかけてはギリシア文明の黄金時代を築いたのである。

政治的にはアテナイの進化は紀元前四六二年のエフィアルテスの改革とこれに続くペリクレスの努力によって頂点に達している。まず旧来のアレオパゴス会議を圧縮し、その権限の一部を民会に、一部を五〇〇人評議会に、そしてもう一部は民衆裁判所に分与した。特に、アルコーン（執政官）になる資格は第三級市民（農民）に、さらに第四級市民（労働者）にまで与えられ、選出された候補者から抽選で決められることとなった。かくて財産と関係なしに市民のすべてが参政権を持つこととなり、かくしてポリスの当初からあった民会に内実が与えられたのである。

文化的にも多くの芸術家や哲学者、歴史家が生まれて興味深いが、コミュニティの観点からすると、重要なのは演劇であろう。それははじめ宗教上の一行事であったが、紀元前五世紀にそれはアイロキロスによって、人間性に対する深い洞察を含んだ芸術にまで昇華するのである。それはアテナイ市民のコミュニティの倫理的＝思想的なエネルギーの高揚の結果であった。

一般的に祝祭はコミュニティ強化の大事な契機である。それ故、いかなるコミュニティであれ、祝祭を持たないものはなかったといってよい。すでに狩猟採集民において呪術的な萌芽はあったと思われるが、農耕の開始＝コミュニティの確立とともに本格的に確立されることになる。そのテーマは主に生命力の回復、豊饒の祈願であるが、オリエントの都市においては、バビロンのそれのように、権力の強化と関連づけられて行われた。しかしギリシアのポリスにおいては、それはスポーツのように生命の讃歌が正面から謳い上げられるとともに、悲劇のように人間に対する深刻な省察によるカタルシスとしても行われることとなったのである。

アテナイには二つの重要な祭典があった。一つは守護神アテナの誕生を祝うパンアテナイア祭で、四年に一度の大祭と毎年の例祭があり、八月中頃に行われ、音楽やスポーツの競技が行われた。もう一つはディオニュシア祭で、ブドウの神ディオニュソスを祝う祭りであるが、ギリシアに春が到来する三月中頃に祝われた。この祭りの構造は宗教的には重層的であるが、ベースにあるのは生命力の再生を喜び、その永遠の回帰を願う地中海世界では一般的に見られるものであった。悲劇はその中心的な行事である集団的な歌舞から始まったもので、それをドラマにしたのは、紀元前六世紀中葉のアテナイのテスピスといわれる。彼は歌舞団（コロス）とその指揮者（役者）との問答によってテーマを展開する工夫をしたのである。

この奉納劇は紀元前五世紀のアイスキロスにより、役者を二人とすることによって充実し、ついでソポクレスは役者を三人とし、コロスを一二人から一五人にした。最後にエウリピデスはそれに陰影を加えて、芸術として完成させた。その主題は運命や正義と人間との葛藤で、親殺し、子殺し、近親相姦、復讐、裏切り、不義不正、密通など、重くて暗い、恐ろしいものばかりであるが、これがアテナイのコミュニティの確立のために上演されたのである。それは、生命は単に噴出させるだけでは放埒に堕してしまうこと、したがってつねに厳しい省察を加えてこそ、生命は不滅に到達しうることを明らかにするものであった。

ここにアテナイの文化の成熟度がある。直接的には、ポリス共同体の公私の二元性の定期的な再認識のためのものであったろう。そうであるからこそ、この奉納劇はアテナイの国家行事として開催され、市民全員の参加をタテマエとし、必ず新作の競演であることや、そのストーリーはギリシア人の共有財産である神話伝説を枠組とすることが定められていたのである。当時のアテナイの人口は二〇万内外で、うち三万人が市民であったといわれ、劇場はアテナイの神を祭るパルテノン神殿をおさめたアクロポリスの麓にいまも残っているが、無理をすれば二万人弱を詰め込むことができたであろうといわれている。

ローマのキヴィタスの建設

地中海沿岸の紀元前第一千年紀の都市国家はギリシアのみではない。ギリシア人以前にはセム族のフェニキア人によって、さらにギリシア人以後はローマ人によってキヴィタスが建設されている。ローマは紀元前四世紀にアレクサンドロスによって支配されたギリシアを紀元前二世紀に征服したばかりでなく、フェニキア人のカルタゴを紀元前一四六年に滅亡させて、地中海世界を統一するのみならず、オリエントの西部も征服して、やがてローマ帝国となる。

しかし、このように古典古代を総括するローマも、当面その社会＝キヴィタスはギリシアのポリスとほぼ同じ構造を持っていた。それは土地を共同で占拠するコミュニティで、市民はキヴィタスの公有地のほか私有地を割り当てられ、所有していた。初め、紀元前八世紀にティベル河下流左岸のいくつかの地点にラテン人とサビニ人が住んでおり、彼らを北方のエトルリア人が支配していた。エトルリア人はその系統は不明で、ヘロドトスは小アジア出身としているが、早くからギリシア文明の影響を受け、トスカナ地方に一二の都市国家を作っていた。この三つの民族が紀元前七世紀頃に団結してキヴィタス＝都市国家を作ったのであるが、これがローマのコミュニティの誕生であった。

ギリシアのポリスと同様に、それは三つのトリブス（部族）の連合から始まった。それはラテン人のマムニス、サビニ人のティティエス、エトルリア人のルケレスである。各トリブスはそれぞれ一〇のクーリア（胞族）に分かれ、各クーリアには家父長制的な家からなっている各ゲンス（氏族）が属していた。しかも後にはこの血縁制を残しているトリブスが四つの地区的なトリブスに再編されている。さらにこの四トリブスに後には農村の一七トリブスがつけ加えられ、それがローマの支配の拡大にしたがって増加して、紀元前二四一年に三五となったとき、これで固定することになった。この新トリブス制のもとローマ市民は住居に関わりなく、トリブスに登記され、それによって市民権を得ることとなったのである。

軍事的には、トリブス再編のとき、全市民をその財産額によって騎士と歩兵に分け、騎士は一八のケントゥリア（一ケントゥリアは百人隊）に編成された。歩兵はさらに財産額に応じて五級に分けられ、第一級は八〇ケントゥリア、第二、第三、第四級はそれぞれ二〇ケントゥリア、第五級は三〇ケントゥリア、このほか工兵が二ケントゥリア、器楽兵が二ケントゥリア、等級外が一ケントゥリアとなり、騎士と歩兵で合計一九三ケントゥリア、一万九三〇〇人ということになった。民会はケントゥリア会と呼ばれ、各ケントゥリアが一票を持って投票が行われた。投票は上級から始められ、過半数を得たところで打ち切られたから、騎士と歩兵第一級を合わせた九八票でおおむね事は決したようである。

伝承では、こうした制度化が第六代のセルヴィウス・トゥリウスによって行われたと伝えているが、紀元前五〇九年には、ローマ市民によって第七代の王が追放され、任期一年、定員二名の貴族出身のコンスル（ギリシアのアルコーンと同じ）を執政官とする共和政が始まった。それまでの元老院と民会は引き続いて存在したので、これ以後、ローマは「元老院とローマ人民」ということになり、ＳＰＱＲと略記された。しかし、都市共同体内部の緊張はむしろ高まることになる。貴族層はパトリキ（貴族・門閥家）として閉鎖的な身分として確立し、その他の市民はプレブス（平民）として取り扱われたので、両者の対立は激化した。そのため、紀元前四九五年にはプレブス全員が市外へ退去するという事件が引き起こったため、翌年、パトリキは譲歩して、プレブスだけの民会（平民会）と護民官が設けられることになった。護民官は役人ではなかったが国事のあらゆる領域において拒否権を発動し、その身柄の神聖不可侵権をも持つことができた。

これ以後ローマは、段階を踏んで着々と市民の平等化の道を歩むこととなるが、ゆきついたところは民衆の支持をテコとした皇帝制である。そしてこの道を歩ませた要因はローマ・キヴィタスの特質に求めることができるだろう。確かに、紀元前六世紀にローマは都市として形を整えて、ローマを構成する七つの丘の中でもっとも嶮しいカピトリヌスの丘に守護神ユピテルの神殿を設け、アゴラと同じ役割を果たすフォールム（広場）を持ち、城壁に囲まれていたのである。帝政期（紀元前二七年以後）に入ってもなおしばらく、このフォールムに集まることによって市民の政治的権利が行使された意味で、ローマは政治的コミュニティであった。しかし、都市国家としてはたちまち形骸化し、ついに東洋的な帝国にまで変質していったのは、キヴィタスでは市民であることが権利、義務の定められた法的存在となったことと、さらにローマ人の法律的才能が異常発育していたからであろう。そのために紀元前四五〇年に「十二表法」が成文法として制度化されて、さらにつぎつぎと、公法のみならず私法が整備されてゆくのである。

ギリシアのポリスの場合、強大になってもついに領域的な膨張にはあまり関心を持たなかったが、ローマの場合は着々と拡大していった。始めは屈服させた都市国家との間で個別的に条約を交わし同盟関係を結び、紀元前三世紀までにイタリア半島とコルシカ、サルディニア、シチリアの三島を手に入れたりしていたが、紀元前一四六年にカルタゴを滅亡させてからは領域的に吸収して、紀元二世紀までに南ヨーロッパ、西ヨーロッパ、北アフリカ、小アジア、レヴァント地方を包含する大帝国となっていたのである。

この膨張によって莫大な富がローマに流入してきて、大規模な土木工事を可能とした。まず、上水の入手のため紀元前三一二年に最初の水道、アクア・アッピアが建設されたが、これは石造で一八キロあった。その後、いくつもの水道が建設され、ローマ市やローマ帝国都市の景観として有名になっている。このローマの都市としての成長はコミュニティとしての空洞化の過程でもあった。始め市外に住んでいる男子はローマの軍隊に二五年間勤務することで、はじめて市民権を手に入れることができた。平等の権利を求めるイタリア半島の同盟都市も紀元前九一年から紀元前八八年にかけての激しい戦争によって、ようやく自由民の男子すべてが市民権をかちとることができた。そして、紀元二一二年のアントニヌス法でカラカラ帝が帝国内のすべての自由民の男子に市民権を与えたことによって、いちおうの形が整うのである。しかし、市民としての政治的権利を行使するには依然としてローマのフォールムの民会に参加しなければならないことには変わりなかった。

四　ヘレニズムとローマ帝国の都市

地中海沿岸（ギリシア、イタリア半島、小アジア）の政治的コミュニティは、歴史の中で展開し、貴族と平民の各層の間の闘争によって政治的には平等化の方向へ向かうが、経済的には不平等を拡大させる。その結果として、ポリスは行き詰まって、同じギリシア系ではあるが、ポリスを構成していなかったマケドニア人のアレクサンドロスによって征服されて、その帝国の一部となる。一方、ローマのキヴィタスは異常に膨張してローマ帝国となる。もはやそこには政治的コミュニティは消滅してしまっていた。アレクサンドロスとその後継者が作った都市やローマ帝国の都市はその原点の対立物としての都市、すなわちポリスやキヴィタスの形骸はあるにしても専制帝国の都市となったのである。

この変質の要因の最大のものは、政治的コミュニティが奴隷制によって経済的に支えられていたことであろう。アテナイの市民は最盛期に二、三万人、家族を入れて約一〇万、さらに寄留民（メトイコイ）と奴隷を入れて二、三〇万人であったことからも明らかなように、政治が共同体の枠をはみ出したとき、専制支配に頼らざるをえなかったのである。もとより、ヘレニズムのシリアのセレウコス朝にせよ、エジプトのプトレマイオス朝にせよ、都市という面より見ると、ギリシア文明の精華を継承＝発展させて、絢爛たる様相を見せたことは文明史的には刮目に価するものがあった。

アレクサンドロス自身がアテナイ文化の心酔者であった。アテナイは紀元前三三八年のカイロネイアの戦いでマケドニアに敗北して以後、政治的自律性を失ったけれども、ラウレイオン鉱山の銀のおかげで経済的にはむしろ繁栄し、文化的にも爛熟期にあって、当時、世界一の歓楽都市として有名であった。プラトンは紀元前三四七年に死んでいたが、アリストテレス（前三二二年没）はアテナイのリュケイオンのギムナシオン（体育館）で講義していた。マケドニアの王子アレクサンドロスも彼のもとで学んでおり、王位を継いだ後も終生、師の研究を援助している。

アレクサンドリアの建設

アレクサンドロスは世界征服にあたって、北アフリカから中央アジアにかけて、拠点として自らの名を冠した都市アレクサンドリアを七〇余り建設している。その中で今日もその名で通用するのはナイル・デルタ地帯のそれである。その他、アフガニスタンのカンダハルはその名がなまったものである。彼は紀元前三三二年、二四歳のとき、エジプトを征服し、ナイル河を下って、デルタの西端のラティコスが港湾都市として好条件を備えていることを見て、ここに新都市を建設するよう決めた。

彼はその責任者としてディノクラテスを任命して、道路、アゴラ（広場）、ギリシアの神々のための神殿、エジプトのイシスの神の神殿などの位置を決めさせた。アレクサンドロスはギリシア人、エジプト人、ユダヤ人などさまざまな民族がそこに住むことを認めたので、多くの人たちが殺到することになる。もっとも、彼は席のあたたまるいとまもなくエジプトを去り、征服を継続するために北へ向かった。そして、ついにペルシア帝国を滅亡させ、インドにまで軍を進めている。バビロンではギリシア人の男性とペルシア人の女性の集団結婚などをさせている。紀元前三二三年にアレクサンドロスが短い人生を終えてのち、彼の帝国は部将たちによって分割されたが、エジプトを手に入れたのは、アレクサンドロスの学友としてアリストテレスに学んだプトレマイオス一世であった。実質的にアレクサンドリアを建設したのは彼である。

プトレマイオス一世は王朝を開くとともに、この都市をアテナイをモデルとして建設した。彼の建設した都市はほとんど海没しているので、その遺跡の詳細は判らない。しかし、伝えられるところでは、城壁はなかったが、都市の内部は十字に交わる縦と横の大通りを骨格としたグリッド・パターンで、紀元前一〇〇年頃、八八〇ヘクタールあり、三〇万の人口を抱えていたという。ここにはアルテミスほかの神殿や宮殿、兵舎、劇場、アゴラ（広場）、ギムナシオン（体育館）、スタジアムのほか、二つの港、古代七不思議の一つである一二〇メートルの「ファーロスの灯台」があったと伝えられている。おおむね頽廃期のアテナイにあったものはすべてあったようであるが、ごちゃごちゃと不規則なアテナイの町並みに対して、グリッド・システムである点、そして直接に海に面している点、とりわけ政治的コミュニティがなかった点で違っていた。しかし、アレクサンドリアの文明史的意義はそこにムーセイオン（ミュージアム〔博物館〕の原語）と図書館があったことである。

この二つはプトレマイオス朝が終わっても長く存続して、アレクサンドリアを古典古代文明の総合と保存の都市としたのである。プトレマイオス一世はホメロスを愛好した文人王であるが、直接的には王子の教育のために文人、学者を集め、アレクサンドリア学派と呼ばれる学問のうねりを生み出した。その施設面として彼はムーセイオンと図書館を建設したのである。ムーセイオンとはムーサイと呼ばれる九人の女神を祭ったところである。その九人の中のカリオペは叙事詩、クレイオは歴史、エウテルペは抒情詩、タレイアは喜劇、メルポメネは悲劇、テルプシコレは舞踊と合唱抒情詩、エラトは吟遊抒情詩、ポリュムニアは讃歌、ウラニアは天文学の神である。これを祭る場ということは、そこがこれらの神の加護のもとにある文人、学者のセンターであったということである。ギムナシオンが学生に教えるところであるのに対し、ムーセイオンは東西の文物が蒐集され、学者・知識人が集まって討論する場であった。これを庇護することによって王朝による学芸振興が行われたのである。

もう一つは図書館であるが、ヘレニズム時代はプトレマイオス朝のみならず、多くの王朝が学芸を保護し、図書館を各地に建設させている。例えば、小アジアのペルガモン王国のアッタロス一世によって建設された大図書館が知られている。しかし、とりわけアレクサンドリアの大図書館が有名なのは、この地に多くの知識人が集まって、その都市名を冠した学派が誕生したことによってであろう。プトレマイオス朝における図書蒐集の熱意も並みのものではなく、いくつものエピソードが伝えられているが、その一つは莫大な供託金を支払ってアテナイからアイスキュロス、ソフォクレス、エウリピデスら偉大な劇作家の原稿を借り出して返却せず、供託金を没収されたという話である。かくして集められた尨大な図書の利用のため、文献学もこの地に生まれた。

しかし、七〇万冊を集めたといわれるこの大図書館も、やがて消滅する。その原因については、研究者によるそれぞれの立場に従ってさまざまな見解がある。これまでしばしば語られたことは、紀元六四二年にアラブ軍がアレクサンドリアを占領したときに、その指揮官アムル・イブヌ=ルアースによってこの図書館の蔵書が公衆浴場の燃料として焼かれたというものである。しかしながら、今日ではこの説に対してアラブ側の猛烈な反対がある。モスタファ・エル=アバディは、紀元前四八年ないし四七年にクレオパトラ七世と弟のプトレマイオス一三世との内紛の中でカエサルが起こした火事によって焼失したと述べている。その他キリスト教徒による異教弾圧活動の一環として消滅したという説などいろいろある。いずれにしても資料は不足していてわからない。

ただアレクサンドリアの学問はローマにより征服された後も決して衰えることなく、むしろ哲学の都市としての全盛期がローマ帝国時代にあったことは興味深い。特にフィロン（前三〇頃―紀元四五年頃）をはじめとするユダヤ人の活躍は著しい。この都市はプトレマイオス時代からユダヤ人地区があり、『旧約聖書』もここでギリシア語に翻訳されたのである。（いわゆるセプトゥアギンタ（七〇人訳））

帝国の首都ローマ

アレクサンドリアの歴史はこのようにローマ時代と重なっている。前述の通り、アレクサンドロスの後継者の時代、西方のイタリア半島ではローマが勃興しつつあったのである。まだカルタゴと戦いつつあった紀元前三世紀末、ローマは第一次マケドニア戦争でギリシアに早くも手をつけ、紀元前一世紀に小アジアとシリアを手に入れている。また、紀元前三〇年にはオクタヴィアヌスがプトレマイオス朝を滅亡させ、エジプトもローマ領となっている。紀元前一世紀、すでにローマ市民たちは有力者によってクリエンテス（被護民）として組織され、共和政も寡頭政治化していた。それもカエサルの暗殺（前四四年）をきっかけとする内乱の勝利者、オクタヴィアヌスのプリンケプス（元首）への就任によって帝政に移行したのである。

この頃になると、ローマには帝国各地から多くの人が集まってくる。最大規模に達したといわれるクラウディウス帝（在位紀元四一―五四年）の時代には人口一二五万で、そのうち自由民は九五万、奴隷は三〇万であった。彼らの多くの部分は東方出身者で、墓碑銘によればギリシア名が多く、古来からのローマ市民の比率は著しく低くなっていたと思われる。この尨大な住民を収容するために市域は拡大したが、それは無計画的に進行した。初期にはエトルリア人から学んで、グリッド・パターン（規則的な縦横交叉）で街区が作られていたが、七つの丘と軟弱な低湿地帯が交錯する地盤や、さらに既設の水道網の存在から無秩序を極めている。

この街区には、一方ではプールや庭園を備えた豪邸もあったが、他方では五階から七階の高層住宅（インシュラ）が多数建てられていた。帝政末期には四万六六〇二のインシュラと一七八〇の貴族の豪邸があったという。このインシュラには水道管が内部に導入されていなかったので、住民は外の公共の水汲み場まで下りていかなければならなかったし、手洗いも共用の手洗い場に行かなければならなかった。炊事も暖房も室内の火鉢に頼らなければならなかったので、煙が建物内に充満するのが問題となったという。さらにインシュラの大部分は木造だったので、火災が多く、七カ所の公共消防署と多くの私設消防隊が設けられていた。それでもなお、ネロ帝の紀元六四年のような大火が起こっている。

当然この住民に水を供給する必要から、もはやティベル河や井戸では不充分なので、遠方の泉、湖水、河流から水道を引いた。この水道水の清潔さを保つため、水路にはカバーをかけ、ゴミは沈殿池で取り除いている。また、生活必需品を住民に運び込むための車輌が狭い道路を行き交ったので、カエサルは、公共の目的以外では日の出から日没前二時間まで一切の車輌をローマ市内で運行させることを禁止している。夜間の街頭は無灯火であったので、一般車輌は日没前の二時間だけに限られていたわけである。

下水は、ローマが誕生してすぐフォールム（広場）のあたりからティベル河まで幹線が作られた。それはクロアカ・マキシマと呼ばれ、これを中心に下水道網が張りめぐらされ、汚物はこれを通じて排出されることとなっていた。帝政期には大規模な公共便所が設けられたが、ヴェスパシアヌス帝（在位紀元六九—七九年）はその使用に課税したので悪評だったと伝えられている。洪水のときには、ティベル河の水が下水道を逆流して市内を水没させ、パンテオンの床から泉のように水が噴出することもあった。こうした事情から衛生には欠陥が多く、伝染病がしばしば流行した。古代ローマの歴史家リヴィウスによれば、紀元前三八七年以降の共和政時代に少なくとも一一回の伝染病の流行があったという。帝政期に入ってもっとも激烈な流行は紀元一六五年のそれで、メソポタミア遠征の兵士から始まって帝国全体に拡がった。伝染病の流行は都市成立以来のもっとも深刻な都市問題であり、ギリシアでは紀元前四二九年からのペストが最初の顕著な事件であるが、ローマにおいても同様だったのである。

伝染病によって住民の四分の一ないし三分の一が死亡することは稀ではなかったが、都市は多くの人が生活し多くの人が死ぬところである。ローマ人は土葬だったが、城内に埋葬することは許されなかった。奴隷や貧しい人たちの死体は大きな穴に投げ捨てられたが、現代に入って発掘されたその跡には人間の血膏がジェリー状になって残っていたといわれている。初代ローマ皇帝アウグストゥスは土葬の代わりに火葬を普及させることとし、死体を投げ捨てていた穴を埋めさせた。

一方、都市にはこれら暗い側面とともに、享楽的な側面も生まれている。政治力を失った紀元前三世紀以後のアテナイが紅灯緑酒の巷、歓楽都市となったことはすでに言及したが、ローマの享楽スポットは大浴場であった。特に有名なのはディオクレティアヌス帝（在位紀元二八四—三〇五年）の大浴場で、その面積は一三ヘクタール、それまで最大であったカラカラ帝（在位紀元二一一—二一七年）の浴場よりも大きかった。（パラティヌスの丘を城壁で囲んだ最初のローマは一〇ヘクタールだった。）大浴場は有閑のローマ人が一日の大半を過ごすところであった。そこは屋内プールと社交場があり、今日、もっともよく残っているカラカラ帝の大浴場の遺構から明らかなように大理石、モザイクで輝いていた。サウナ、温浴、冷水浴が可能であるばかりでなく、マッサージ室、スポーツ・ホール、店舗、レストラン、図書館があった。医師もおり、スナックの売り子、男女のエンターティナーもはべっていた。

大浴場はいわば総合リクリエーション・センターだったのである。ローマ人は昼寝の後、浴場で時間を過ごしてから宴会に出かけた。その様子はペトロニウス（?—紀元六六年）の小説『サテュリコン』の中のトリマルキオの饗宴で有名であるが、そこで帝国各地から取り寄せた珍味と、さまざまな話題の会話を楽しんだのである。

ローマの特徴

このように征服によって得た富によってローマは空前の繁栄を経験したのであって、帝国末期の紀元三五六年には、市内に二八の図書館、一一のフォールム（広場）、一〇の神殿、一一の公設浴場、二つのコロセウム（円形闘技場）、三つの劇場、二つの競馬場、三四の凱旋門、一九の水道橋があったといわれている。言うまでもなく、これら施設はいずれも帝国によって建設されたものであるが、ローマには専制君主が君臨するオリエントの都市とは違ったものがあった。それがいわゆる「パンとサーカス」（無料の食糧と大衆娯楽の提供）である。ロストフツェフは次のように簡潔に述べている。

「彼らは内乱の間に獲得した権利の基礎のうえに立っていた。政府によって食を保証され、娯楽を求める権利である。〔中略〕皇帝たちは、カエサルもアウグストゥスも例外ではなかったが、このローマのプロレタリアの神聖化された権利を侵害しようとはしなかった。諸帝はただ食糧の配給を受ける者の数を圧縮し、より合理的な配給制度を採用したにすぎなかった。また諸帝は劇場やコロセウムにおけるスペクタクルをローマ市民に提供する日を約束した。諸帝はローマ市民の中のおよそ二〇万人の特権を持つ国家年金受領者を扶養しなければならず、戦勝を祝賀したり、祭典の犠牲の献上を受けたり、またコロセウムにおける競技、剣闘技の開会をするため大衆の前に姿を現わすごとに、熱狂的な喝采を受けたのであった。」（シュナイダー、志鎌訳、二三三ページより引用）

ローマの住民は市民（自由民）、解放奴隷（奴隷ではないが隷属者）、奴隷からなっていた。市民はかつては農民であり、手工業者であるとともに兵士として国家防衛にあたっていたのであるが、ローマの膨張とともに、奴隷に仕事を奪われて没落したばかりか、最終的には兵役をもいとうようになり、ローマの国防は外族に委ねられるようになる。かくて市民の大部分は子供を産むことだけが任務のプロレタリア（無産市民）となるのであるが、皇帝たちはなおも彼らに食糧を配給するばかりか、娯楽をも提供した。それはこれら市民によって喝采されることが皇帝であることの証しであったからである。

地中海の諸都市国家にとって市民に穀物を配給することは重要な役目であった。アテナイはこれを穀物輸入の国家管理によって行ったが、供給の安全を確保するために海上支配が追求され、アテナイの海上帝国もそのために建設されたのである。ローマにも市民に穀物を供給することを国家の責任であるとするアンノナと呼ばれる制度があり、これを元老院が管轄していた。初めは低価格でローマ市民に穀物が分配されたが、共和政末期には無料で配給されることとなった。ローマの膨張の一つの要因はこの穀物の生産地の確保である。まずシチリア島がそのために占領され、その後、エジプトが皇帝の直轄領となり、食糧生産地として利用された。エジプトは当時のローマ市民の四カ月分の食糧を賄っていたといわれている。

もう一つの娯楽であるが、まずコロセウムにおける剣闘士の試合である。これは剣闘士相互で戦う場合と、ライオンやヒョウなど猛獣と闘う場合とがあり、いずれにしても血なまぐさい試合であった。五万人を収容できるコロセウムでは当初は年間一〇〇日程度の開催であったが、末期の紀元四世紀には年間のほとんど半分の一七五日がこれにあてられており、ローマ市民の休日となっていた。紀元一〇三年にトラヤヌス帝がダキア（今日のルーマニア）遠征から凱旋したときには、一二三日間ぶっ通しで開催され、一万人の剣闘士と一万一〇〇〇頭の猛獣が殺されたという。

競馬場は馬に輓かせた戦車競争が行われる場である。キルクス・マキシムと呼ばれる大競馬場は縦六〇〇メートル、横一五〇メートルの細長い馬蹄形をなし、コースは一五〇〇メートルで、観客は二五万人を収容できた。これらはいずれも戦争の代替物で、海戦の模擬戦もあったようである。かつての質実剛健な兵士の後裔であるローマのプロレタリア（無産市民）はこの「パンとサーカス」を与えられて、皇帝の喝采要員としてその日その日を送っていたのである。

これが古典古代の政治的コミュニティのなれの果てであるが、ローマは帝国の各地にこのローマを小形化した都市をいくつも建設した。その様子をうかがうことを許すものはイタリア南部のポンペイの遺跡である。この都市は紀元前六世紀にギリシア人によって作られた都市で、ローマによってローマ化されたもので、典型的なローマ都市とはいえない。しかし、紀元七九年のヴェスヴィアス火山の噴火で埋没して、近代まで放置されてきたので、タイム・カプセルという意味で興味深いものがある。

市街はグリッド・パターンではなく、不規則的なところがある。そこには上下水道があり、劇場、公共浴場、コロセウムもある。フォールムもあるが、そこでの主要建築が神殿である点でギリシア的といえよう。面積は六四ヘクタールで、二五万から三〇万が収容できると推計される。全体としてはギリシア文明とローマ文明との混合である。また、このように旧来の都市をローマ化したところが多数ある一方で、ローマによって建設された都市も多い。それは軍事拠点としてのものだったので、交通の要地に存在している。

パリもロンドンもローマの植民都市として建設されたように、西ヨーロッパにはこの種の都市が数多く残っている。そこに住む市民たちはローマの兵士とそれに随伴してきた人たちが主で、奴隷を使役し、原住民から取り立てる税金と戦利品で生活していた。市街はおおむね縦と横の大通りを骨格とするグリッド・パターンで、上水道、神殿、公共浴場、フォールム、劇場、闘技場などがあった。とはいえ、多くは小型で、人口も少なかった。ロンドン塔の近くに遺構が残っているロンドン（ロンドニウム）の人口は二万だったといわれている。イングランドにはチェスターの名を残す町がいくつもあるが、これはラテン語のカストラのくずれで、それが城塞であったことを示している。

フランスのパリはルテティアと呼ばれ、セーヌ川の中の島（シテ島）を中心に建設されたが、いまも南岸のブールバール・サン＝ミシェルの傍に遺構が残されている。また、南フランスでは水道橋がいくつも見られる。ドイツのトリエルやケルンも、ローマ都市から発展した。北アフリカにも数百の植民都市が建設されたが、当時の肥沃な農地が不毛な砂漠と化したので、今日では廃墟として残っているだけである。カルタゴは戦争によって完全に破壊されたが、都市はアウグストゥスによって再建された。その他、ティムガード、サブラタ、ヒッポ・レギウス（いずれもカルタゴ周辺の都市）などが有名で、シリアや小アジアにも建設されている。

これらの都市はいかにして運営されていたのであろう。ローマ帝国とは多くの都市の集合であり、これらの都市は原則として自治権を持つことになっていたが、帝国の首都ローマとの関係の内容によって、実態はさまざまであった。しかし、帝国の衰亡の中で、これら自治権はすべてにおいて失われていったのである。ローマとの関係によって決まる諸都市の種類は次の三つである。第一は市民都市で、ローマ市民の植民によって建設された都市である。この種の都市の市民はローマの三五のトリブス（部族）の一つに属するものとされ、ローマ市民とほぼ等しい権利を持っていたが、ただし、彼らの土地はローマ都市国家の私有地ではなかったので完全な所有権は持っていなかった。

第二はラテン都市である。この種の都市は初期にローマの支配下に入った都市で、市民はローマの市民権をみな持っているほか、都市としてもローマをモデルにして運営されており、両者を区別することは難しい。しかしいちおうローマ市より低位に立つとして分類され、区別は残った。

第三は外国人都市で、その市民はローマ市民権を持たなかった。外国人都市にもさまざまあり、ローマに征服され、服従することになったときの条件によってその特徴は異なるが、一般的に次のことがいえる。一つは従属都市で、ローマへの貢納を義務づけられ、ローマの州知事によって支配されているもので、これらが帝国の都市の大部分を占めていた。もう一つは自由都市で、服従のときの容認によって、いくつかの権利を認められているものである。共和政期にはいくつかの都市は納税を免除されていたが、帝政期にはほとんどがこの特権を奪われている。さらにもう一つは同盟都市で、自由都市の中のごく一部であるが、それが独立していた時代にローマと同盟していた都市だったから高度の自治権を持ち、帝政期にも変わらなかった。同盟都市の名は栄光であり、自由のシンボルだったのである。

都市の運営においてはローマの元老院にあたる市参事会があった。帝国西部では終身の一〇〇名の参事会員によって構成され、彼らは都市の理事の経験者と、参事会員による選挙によって選ばれた者たちからなっていた。（帝国東部では任期一年の六〇〇名であった。）参事会の権限は都市のすべてのサーヴィス（道路管理、ゴミ処理、水の供給、市場管理、施設管理）、地方税の徴収、国への上納金の支払等、すべてに及んでいた。

ローマ人の都市とラテン都市における都市の運営の実務は、六人の理事によって行われた。そのうち二人は主事で、民会と参事会の議長を務め、行政を管理する都市の最高責任者であった。次は二人の執行者で、公共事業の執行と監督、市場の検査、上水の供給、公道の管理とゴミ処理を担当した。そして残りの二人の会計官が市の金庫をあずかり、税金を取り立てた。外国人都市ではローマに征服される以前と同様、都市当局によってこれを運営した。ラテン語の職名を使っている場合も、その機能は旧来のものだったようである。いずれの場合でも、その役につく者は世襲によってか、役職の購入によって決められた。ごく初期には都市の理事は有力な一族に独占される傾向があった。また都市の金庫に寄付することによっても、役職を得ることができた。いずれにしても市民全員による民会で選出するタテマエはあったが、二世紀からはそれもほとんど機能しなくなっている。ただし、政治的には元老院の決定や祖国の救済者に喝采をおくる民会の役割は残されていた。

これらのローマ都市も帝国の衰亡とともに危機に陥り、都市として変質してゆく。その原因の一つが、各都市とそのエリート市民にかけられる帝国中央からの財政負担の重さである。都市の財源は入市税、市場税、独占権の売却、公有地・神聖地の賃貸であるが、これらが減少するばかりか、紀元四世紀中には都市の財産および都市が管理する神殿・寺院の財産も中央政府によって没収されたのである。紀元三世紀の初めから各都市の理事はだんだんと州知事の指名によるようになるが、それは中央政府による地方自治の侵害というより、都市で理事になる人がいなくなったためである。つまり、帝国の吸い上げる税金の支払い義務が市参事会員や市の理事の負担に転嫁されたため、有力者がぞくぞくと農村に逃亡しはじめていたのである。そのため、世襲が一般化するとともに、参事会員になる資格のない階級や非市民でも、資産のある者にはその門が開かれたりしているが、結局は都市の自治は帝国権力に吸収されてしまうことになる。

コンスタンティノープル

西ローマ帝国の都市社会は、紀元四七六年にゲルマン族の侵入による政府の崩壊とともに解体した。これに対し、東ローマ（ビザンツ）帝国のコンスタンティノープルは、ギリシアのポリスであったビザンティオンとして紀元前六世紀から存在していたが、コンスタンティヌス一世によって紀元三二四年に首都として建設されはじめ、紀元三三〇年には盛大な開都式が催された。三九五年に行われた帝国の東西への分割以後は東ローマ帝国の首都となり、一四五三年にオスマン・トルコによって占領されてイスタンブールとなるまで、存在し続けるのである。

場所はマルモラ海に突出した半島で、黒海と地中海を結ぶ海路を扼する要地であった。半島の先端にはギリシア時代のアクロポリスの跡と宮殿、競馬場、セント・ソフィア寺院があった。このうちセント・ソフィア寺院は、この首都がキリスト教の首都であることを示すものであり、競馬場はローマの円形闘技場、劇場、リクリエーション・センターの役割を果たすものであった。コンスタンティヌス一世はこの都を荘厳にするためにローマから青銅の馬とアポロの像、デルフォイの柱、エジプトのオベリスクを運んできて建てさせている。四七六年の法令で道路の幅は三・六メートルと定められたが、三本の幹線通りが走り、そのところどころにフォールムが開けていた。家屋はこの都の人口がしばらく一〇〇万を越えていたので、それを収容するために高層化し、ローマより高く、一二階まで許されていた。多くの住民がここで暮すためにまず必要なものは水である。とても泉の水では足りないので、一つは地下式の、もう一つはドームで覆った貯水池を設けて、非常時に備えた。

この都市が制度的にローマのそれを引き継いだものであることは、それが「パンとサーカス」を受け継いだところに見られる。ローマと同様にコンスタンティノープルの市民は国家から食糧の配給を受けた。そのパンの源泉は帝国の属州支配にあった。とりわけローマの食糧生産地であったエジプトの穀物が租税としてこの都市に積み出されたのである。もう一つのサーカスは、馬に戦車を輓かせるレースで、これに市民たちは熱狂した。この競馬場は政治の舞台でもあった。それはここが皇帝の即位式の式場であり、市民が皇帝と日常的に接する場でもあったからであり、そのときにはもちろん市民は競馬の応援団の音頭とりで、皇帝に喝采を送ったのである。

しかしながら紀元七世紀、アラブ軍にエジプトを奪われると、もはやパンを市民に配給し続けることが不可能となる。同時にサーカスも変質してくる。競馬の開催日数は大幅に減らされ、一日のレースの数もわずかになった。そして、ついには年間に数日、五月一一日の開都記念日、皇帝即位記念日、カーニヴァルなど、国家にとって重要な日だけに限られるようになったのである。つまり、競馬は市民の大衆娯楽から国家の儀式へと変わったのである。変化は単にこの都市の行事だけではなかった。それは東ローマ帝国の性格が変わったということで、もはや古典古代のキヴィタスの遺制は消え失せ、皇帝はドミヌス（主）としてオリエント風の専制君主になったのである。

ただ、この帝国とコンスタンティノープルが長期にわたるイスラーム勢力の包囲のもとにありながら、一四五三年まで存続しえたのは、それが戦略上の要地であるばかりでなく、堅固な城壁に囲まれていたからであろう。紀元三三〇年のコンスタンティヌス帝の城壁に加えて、四一三年のテオドシウス帝の二重の城壁は鉄壁の守りだったのである。

経済人類学的には、ポランニーが社会統合の三つの形態として、互酬（互いに贈り物をし、互いに返礼する関係）、再配分、市場交換の三つをあげているが、コミュニティにおける典型的な形態は互酬であろう。そして互酬の中に支配被支配の要素が入ってくることによって、再配分となる。相手を圧倒するために贈り物をするポトラッチ（贈り物競争）は互酬から再配分への過度形態であろう。ギリシア人は、権力は絶対に必要であるにしても、それが一人の手に長期間握られることには極度に警戒的であって、一言したオストラキスモス（陶片追放）はその予防措置であったのである。しかし、他方のローマにおいては、共和政末期に強力なパトロヌス（保護者）＝クリエンテス（被護者）関係が生まれ、カエサル暗殺のような阻止行動はあったにせよ、結局、帝政の「パンとサーカス」的な再配分的な贈与経済へと流されていったのである。

2章　中世都市と宗教的・社会的・経済的コミュニティ

人類は農耕生活に入るとともにコミュニティを手に入れたが、文明に突き進むことによって国家を支えなければならなかった。これに抵抗したのがグレコ＝ローマ社会で、ここで政治的コミュニティとなったが、この社会は奴隷制に依拠していたので変質し、専制国家に帰着してしまい、周辺では崩壊してしまった。しかし、文明が持つ活力ある諸要素は文明の中心から外れたところで、新しい社会、文明を育てはじめるのである。

この新しい社会、文明は、一つはイスラームのそれであり、もう一つは西ヨーロッパのそれである。この二つの文明はいずれもイスラエルのアブラハムの神への信仰をのびのびと展開させているところが共通している。この全能の唯一神の存在が専制君主の出現をいずれにおいても抑制したといえよう。もっとも、キリスト教、しかも同じ三位一体派のギリシア正教が東ローマ（ビザンツ）帝国やロシア帝国において専制支配のイデオロギーとなった事実はあるが、それはそれで説明することができる。もう一つ、この二つの文明は新しいコミュニティを作り出して、古代文明に絶望していた人たちに希望を与えた。それはグレコ＝ローマ世界のそれが政治的コミュニティであったのと違って、いずれも宗教的コミュニティであったのである。

もちろんポリスもキヴィタスも守護神崇拝を精神的絆としていた。しかしながら、それは多神教の神であって、アブラハムの神のように普遍的でも倫理的でもなかった。これに対し、キリスト教やイスラームの生活とコミュニティに対する唯一神の影響力は一段と強力なものがあったのである。担い手としては、キリスト教の場合、当初は解放奴隷の身分の商工業者が中心であったようである。（ローマ市民権を持つあのパウロも厚手麻布織りに身をやつして伝道してまわったのである。）イスラームもまた商人の宗教であり、決してベドウィン（遊牧民）のそれではなかった。

これら共通点を土台として、この二つの新しい文明は大きな相違点も持っていた。イスラームのコミュニティはウンマ（イスラーム共同体）と呼ばれ、可能性としては人類全体を包摂しうるものである。それはフェイス・トゥ・フェイス（対面性）の関係に無関心であったということではない。イスラームの教えそのものが関係の直接性を強調するものであって、この神との関係ゆえにムスリム（イスラーム教徒）は相互に直接的な交わりをすることができるのである。一方、キリスト教の場合は聖堂区を基盤として、ギルド同士の同盟という自治都市を生み出した。それは商工業者による経済的コミュニティでもあり、分散的なだけにブルジョアを形成させ、近代国家への道を切り開くことになるのである。

一　イスラーム都市とコミュニティ

イスラームを開教したムハンマドが生まれ育ち、思索したのはメッカである。ここは西アラビア半島、ヘジャーズの乾ききった岩山の谷間のオアシスの町であり、インドからアラビア海を横切ってアデン

（アラビア半島の西南端）あたりに到着した商船の積荷が、キャラバンを組んで紅海沿岸を北上する途上の町であった。キャラバンはさらに北上し、一つはシリアに、もう一つはエジプトに向かったのである。メッカの町にはいくつかの部族が住み分けていたが、彼はその中の一つクライシュ族の一人として生まれ、長じて商人となり、パトロンの未亡人と結婚したのである。

このアラビア半島西部は、東のサーサーン朝ペルシアと西の東ローマ（ビザンツ）帝国という二つの古代帝国の中間地帯にあり、両者の影響が及んでいたところである。ペルシアとビザンツは紀元七世紀にはあい争って、ともに戦い疲れている状況にあったが、この頃（五七一年頃）ムハンマドは生まれ、六二二年にはヘジラ（聖遷。ムハンマドがメッカ市民による迫害からメジナに逃れたこと）を敢行して、公然と聖戦《ジハード》を開始している。彼の教えは、当時のアラビアでは部族があい対立し、つねに闘争状態にあったのに対して、絶対的な超越神の名において調停し、神の前における、部族の枠を越えた平等性を主張したのである。教義的にはユダヤ教やキリスト教から摂取したものが多い。彼は六三二年に死ぬが、後継者はその信仰の拡大のための戦いを続け、六三四年頃にはアラビア全体を統一、ついで一方はペルシア方面に、他方はビザンツ領方面に向かって進撃した。そして六五一年頃にはビザンツ帝国からシリア、エジプト、北アフリカを奪い、サーサーン朝ペルシアを滅亡させて、メソポタミアとイラン高原、中央アジアまで獲得したのである。

この間に彼らアラブ軍は以前からあるメルヴ、イスパハン、アレッポ、ダマスクス、イェルサレム、アレクサンドリアといった都市を占拠するとともに、クーファ、バスラ、フスタート（カイロ）、カイルワーンといった軍営都市を建設していた。こうして誕生するイスラーム都市の特徴は一言にすれば、まずモスクがあることである。このモスク（マスジート）は新しく建設されることもあるが、キリスト教、ユダヤ教などの他宗教の教会を接収し、改造されることもあった。このモスクには煩わしい装飾はなく、ただメッカの方向を示すキブラと呼ばれる一郭が設けられているだけであった。

さらにスーク（ペルシア語でバザール）があった。これは市場であり、おそらくイスラーム以前からあったと思われるが、商人の宗教であるといってよいイスラームのもとでの都市ではこれが特異な発展をとげるのである。それは、ここに多くの場合業種別に集まっている商人たちは単なる店主であるだけでなく、その背後に遠近の多くの商人とのネットワークを持っていたことである。したがって、スークは単に小売りが行われる市場ではなく、輸入や卸しも行って、いわば物流、そしてそれに随伴する情報ネットワークの結節点をなしていたのである。その他、都市には必ず隊商宿（キャラバンサライ）があり、キャラバンはそこに毎日出入りしていた。

ウンマ＝ムスリムのコミュニティ

このイスラーム都市の歴史的意味を理解しがたくさせているのは、ムスリムのコミュニティが都市単位では存在していなかったことである。イスラーム都市はポリスのような政治的コミュニティでもなかったし、ギルドのような経済的コミュニティも存在していなかったのである。それは西ヨーロッパ的理念型しか持たない人を混乱させる。どこにもコミュニティを見出すことができないのである。しかし、ムスリムにとってコミュニティとは同じアラーの神を信ずる人すべて、彼らが住んでいる町村だったのである。

しかし、このように広漠たる人間の集団を果たしてコミュニティとすることができるのであろうか。これでは人間的な接触は不可能ではないか。ギリシアのポリスは時に数万の市民を持ったことがあったが、プラトンはこれを批判して、理想都市の人口を五〇四〇世帯としている。ローマは数十万の市民を持つに至ったが、完全に空洞化し、市民権も近代の国籍と同じようなものとなった。これと比して、数十万どころか、数百万、数千万、いまや数億にもなっているウンマ（イスラーム共同体）は果たしてコミュニティなのであろうか。

その答えは、イスラームの宗教としての特色にあると思われる。イスラームにおいては、人間はキリスト教のように司祭を媒介としてではなく、一人一人が直接にアラーと対面している。朝起きて、アラー・アクバル（アラーは偉大なり）と唱えるときから、日に五回礼拝し、さらに金曜日には集団的に公式の礼拝をしているが、そのたびにアラーと対面しているのである。イスラームにおいては聖俗は一致している。神との関係で特権的な権能を持つ聖職者といわれるものは存在せず、いわゆるウラマー（単数アリーム）にしろ、神の教え、シャリーア（神法）に精通している律法学者（ユダヤ教のラビも同じ）のことである。アラーとつねに対面しているムスリムが神を媒介として相互に結びついている共同体、それがウンマであるというわけである。

ムスリムの信仰上の義務は、告白、礼拝、断食、寄付、巡礼の五つであるが、いずれも集団行動であって、コミュニティの一員であることを確認するものである。告白、礼拝は一人でもすることができるが、モスクであれ、それ以外の場所であれ、原則として集団でなされ、ムスリムであることを実感させる。年に一度、イスラーム暦の一カ月にわたる日中の断食（ラマダーン）は他者への同情を苦痛を通じて精神的に深め、ムスリムであることの歓喜に反転させるものである。施与税（ザカート）は所得の一〇分の一のウンマへの共同寄託であって、社会的連帯の物質的表現である。そして巡礼は世界各地からムスリムたちがメッカに集まって行う宗教的儀式であるが、これについては必ずしも容易にできることではない。しかしこれに参加することによって、どのように隔てられた場所に生活している者であろうとも、一つのウンマを構成する一員であることを肉体によって確かめるのである。

ウンマは国によってさえ隔てられないのである。初期のウマイヤ朝（六六一―七五〇年）、ついでアッバース朝（七五〇―一二五八年）の時代においてはダマスクスあるいはバグダードを都とするカリフ（ウンマの代表者）がムスリムのただ一人の代表としてアラブ帝国ないしイスラーム帝国に政治的に君臨していたが、アッバース朝が弱体化した九世紀以後の政治権力は武力を持つスルタンやアミール（ともに諸王朝の君主）の手に移った。しかし、彼らはウンマを左右することはできなかった。むしろ彼らもまたシャリーア（神法）に、したがってそれに精通するウラマーの世論に従わなければならなかったのである。アラビア語では政権のことをダウラと呼び、それはチャンスあるいははかないものという意味を持っている。したがって、ムスリムたちはこれを受け入れながらも、それによってその活動を制約されることはいささかもなかったのである。

このように政権の勢力圏に煩わされることもなく、またムスリムたちの言葉はイスラームの聖典「コーラン」の言葉でもあるアラビア語だったので、多くの知識人や商人は広い世界をのびのびと旅行してまわることができた。このことはイスラーム文明が地理学を発展させ、ムスリムの知識人（ウラマー）の多くがその活動の場を地域的に限定せず、遠く離れた都市間を移動していることに見ることができる。社会学の先駆者イブン・ハルドゥーンもテュニジアに生まれ、北アフリカで仕事についているが、政治的事件でスペインに行き、やがて北アフリカに帰る。政治から離れ、エジプトに行き、メッカに巡礼、シリアに行って、エジプトに帰り、そこで死んでいる。

王朝の枠を軽々と越えたこうした移動は当時（一四世紀）としては例外ではなかった。しかし、その中で特に有名なのはイブン・バットゥータであろう。彼はモロッコのタンジェルの生まれであるが、ベルベル人で、彼の部族はもともとリビアに住んでいたが、モロッコに移住したという。メッカへの巡礼を志してフェズを出発し、エジプト、シリア、メッカ、イラン、東アフリカ、小アジア、南ロシア、バルカン半島、中央アジア、インド、セイロン、スマトラ、中国（モンゴル王朝時代）、再びインドとイランを通り、バグダード、アレッポ、再びエジプトを巡ってフェズに戻り、今度はスペイン、サハラを越えてニジェル河河畔に向かいフェズへ帰るという大旅行をしたのである。

彼は各地で法官の仕事についているが、シャリーア（神法）についての知識を持つウラマーの一人だった。明らかに、その学派のネットワークによって旅行したのである。イスラームの法学にはいくつかの学派がある。主流のスンニー学派にはハナフィー、シャフィイー、マーリキー、ハンバリーの各派があったが、それらの間ではシャリーアの解釈適用に微妙な差異があった。なぜなら、いずれも師承相伝で教えが受け継がれ、同じ流れにあった人たちは特別に親密な関係にあったからである。したがって、旅行者、とりわけ同じ学派の旅行者はムスリムのホスピタリティ（歓待）を受けたのであるが、さらに旅行者の旅費は各地の特産物の商売、そして後述のザガート（施与税）によるところが多かった。

イスラームにおける富

コミュニティにとっては財と富はデリケートな位置にある。グレコ=ローマ社会においては、特に紀元前七世紀のコインの発明はたちまちのうちにギリシアのポリスに拡がり、この点で遅れていたローマも共和政末期にはこれなくしてローマの社会を語ることができないまでになっていた。そして、いずれの場合においても富は共同体を分解させて、内部の階層構成に激変をもたらした。ローマのコミュニティは完全に空洞化して、消滅してしまう。もちろん、それを阻止する動きはあったが、効果はなかった。理念と現実が乖離していたのである。これに対し、イスラームにおいては、理念的にも富を、とりわけ貨幣を敵視することはない。ただそれを法の中に位置づけたのである。

七世紀、アラブ軍が大西洋岸から中央アジアまでを征服したときに、まず行ったことの一つがコイン制度の整理である。当初はビザンツのコインとペルシアのコインとを継承していたが、やがて七〇〇年頃、金貨のディナールと銀貨のディルハムを打刻することになる。ディナールはローマのデナリウスに由来するものであり、ディルハムはギリシアのドラクマに由来するものである。アラブ軍は獲得した戦利品や押収した教会=修道院の祭具、あるいは開発した金銀山で産出した貴金属をコインに打刻して、これを流通させた。イスラームの教えによるならば、金銀は退蔵されるべきものではなく、人手から人手へ渡ってゆくもので、いわばコミュニティの潤滑油と見なされていたのである。

このように貨幣は決して呪われたものではなかったが、厳しく禁止されていたのは利子付き貸借（リバー）である。それは貨幣が時間の経過とともに自動的に増殖することの禁止であって、投資の禁止ではない。ムダーラバ（匿名組合）やシャリカート（合名会社）など、確定利子ではなくリスクを引き受けた利潤は許されていたのである。キリスト教の場合も利子は一二世紀頃までは禁止されているが、その後、煉獄行きなどで済ます条件で許容され（一三世紀）、カルヴァンによって正当化された（一六世紀）。ユダヤ人の場合も、申命記（『旧約聖書』中の一書）に従って共同体の内部では禁止されているが、ディアスポラ（離散）という条件の中で異教徒に対する金貸しは、他の職業を禁止されてからは一般的な職業となっている。しかし、イスラームにおいては今日まで利子付き貸借は禁止されている。

富については、呪われることはなかったが、シャリーアによってザカート（施与税）を支払うべきものとされた。その額は次の通りである。

（1）穀物。ラクダ五頭に載せうる以上の量の一〇分の一。
（2）果実（ブドウ、なつめやし）。ラクダ五頭に載せうる以上の一〇分の一。
（3）家畜（ラクダ、牛、羊、山羊）。ラクダは四頭以上、牛は二九頭以上、羊と山羊は三九頭以上の場合、所定のかなり煩瑣な規定によって。
（4）商品。年に四〇分の一。
（5）貨幣（金銀）。地域と時代によって異なる額以上の四〇分の一。

このザカートは義務であって、任意の喜捨＝サダカとは区別されるものである。そしてそれが与えられる者は（1）障害者、孤児、無産で日々の生活の糧を稼ぐことが難しい貧者、（2）一〇〇〇ディルハム以下の財産しか持たぬ生活困窮者、（3）ザカートを収受したり、管理する者、（4）ザカートによってイスラームへの改宗を期待できる者や、改宗者だが気持ちがゆらいでいる者など、（5）ジハードを行う者（戦士）、（6）旅人など、である。いずれもコミュニティの安定と発展を目的したものであった。

経済人類学的にこのザカートが意味するところは何であろうか。それが交換ではなく、贈与であることは明らかであるが、互酬なのであろうか。再配分なのであろうか。互酬は構造的に対称的であるが、ザカートにおいてはザカートを与える者は与えられる者にとって匿名でなければならないとしているから、互酬の一局面とすることは難しい。再配分は構造的に中心を持つが、ザカートの収受人は有力者でなく、単なる役人にすぎない。イスラーム法ではザカートを支払う者は決しておごりたかぶってはならないと規定している。したがって、あえていえば、ザカートの核心はマラー（慈善）なのであって、ここにローマ帝国における「パンとサーカス」を越えているものがあったのである。

イスラーム都市の特徴

イスラーム都市はコミュニティの単位ではないが、その一部である。このことは彼らが都市を軽視したことではいささかもなく、その担い手が商人、その拠点は都市といわれるように、都市はウンマの重要な砦であったのである。前述のように、アラブ軍はペルシア領、ビザンツ領を占領するにあたって、在来の都市を改造するとともに、白紙から軍営都市（ミスル）を建設したのであるが、そこには、すでにふれたモスク、スーク、隊商宿とともに、学院（マドラサ）、公衆浴場（ハンマーム）、公園（ハディーカ）・広場（サーハ、マイダーン）などが設けられてゆくのである。

しかし、それに先立ちアラブ人たちが住んだ都市、立地した都市の絶対的条件はまず水源である。モロッコから中央アジアまでアラブ軍が占拠としたところは、いずれも乾燥地帯であるだけに、水の供給が何よりもまず配慮されなければならなかった。ローマは水道橋によって水を遠方から運んだが、アラブ人はウマイヤ朝の首都となったダマスクスで、オアシスから流れ出る水を各家庭に導き入れていた。あるいはカイロやバグダードのように、大河から運河によって街区に導水していた。スペインのグラナダでは、山岳の水源地から鉛管によって引き入れるものもあった。その他、イスパハンをはじめとして、山岳の麓にある都市の多くはカナートという地下トンネルによって地下水を集め、都市の池に導く方法がとられたりした。

この水を各人が利用するために、イスラームの都市では水売りが欠くことのできない職業であった。そして、都市の各所には公共の水飲み場（サビール）が設けられ、通行人も家畜も自由に利用することができるようになっていた。

次に都市が配慮しなければならなかったのは防衛である。都市はいずれも堅固な城壁によって囲まれていたが、その内部もそれ自体が城砦のように囲まれた街区（ハーラあるいはヒッタ）からなっていた。これはフット・ハイイとも呼ばれたが、それは遊牧民の移動単位であるところのハイイにあたるもので、そこに住む者は地縁血縁の部族集団で、住民の相互扶助と相互監視の単位でもあり、この中に住んでこそ安全が確保されると考えられていた。したがって、征服の時代にはアラブ軍を構成した部族はこの街区を割り当てられ、フスタートの場合、アムル・モスクを中心に三〇〇～三五〇人規模のヒッタが三〇～四〇あったという。一五世紀の段階では、カイロには三七、ダマスクスでは城内一九、城外五三、アレッポでは城内三五、城外一四のハーラがあったというが、城外に街区が成立しえたのは、それ自体で防衛可能な城砦となったからである。

城内にはダマスクスに典型的に見られるように、幅が三メートル以上の一本の幹線道路が走っており、そこに若干の家屋が通りに面しているが、街区そのものにも門が一つ開いていた。そこから小路が全体に向かって延び、さらに小路から路地が枝分かれして、これに家屋の多くは面していたが、その多くは袋小路だった。このように一カ所しか入口のない街区の中にはモスクと水飲み場、そしてスーク（市場）と公衆浴場（ハンマーム）、さらにはパン焼き釜（クーシャ）があった。住民の生活にとって必要なものは、街区の内部でいちおう整っていたのである。また小路や路地は不規則にジグザグであり、ごく狭いのが通例で、日光を遮っていたので、涼しい空間でもあり、時には中庭の役割をしていた。この都市の迷路性は、イスラーム勢力がオリエント都市を改造して作ったものである。ダマスクスなどは、セレウコス朝（ヘレニズム諸王朝の一つ）のグリッド・パターンがある程度まで復元できるという。

日本人はタダだと思っている、と山本七平に揶揄された水と安全であるが、イスラーム都市はこの水と安全を絶対条件として存立していた。ユダヤ教徒やキリスト教徒などジンミー（被護民）と呼ばれる異教徒もそれぞれ自分たちの街区を与えられ、その内部で自己の宗教と法を守っていた。

この二つの条件が整えられたうえで、イスラーム都市にはさまざまな施設が存在していた。

その第一はモスクである。街区にあるモスクのほか、大都市にはいくつもモスクがあるが、その中で重要なものは金曜合同礼拝モスクである。それは大きな都市には一つあり、内部にはミンバルと呼ばれる説教壇があり、権威ある説教師によって金曜日ごとに公式説教が行われた。このミンバルを備えた金曜合同礼拝モスクを持つということが、その都市のランクを示す重要な指標となっていた。その他、後になるとスーフィー教団などさまざまな神秘主義団体の修道場（ハーンカー、ザーウィヤなど）が設けられた。

モスクには水場を付属させるのが通例であるが、それは、イスラームにおける礼拝にあたっては身体を清潔に洗うことが義務づけられていたからである。（水のないところでは砂で洗うことになっていた。）これは「清潔は信仰の一部である」というムハンマドの言葉にもよるが、ローマ文明の影響もあったと思われる。したがって、モスク、スークなどとならんで、都市には必ず公衆浴場（ハンマーム）が設けられた。九世紀のバグダードの東岸だけでも五〇〇〇軒あったといわれている。そこでは脱衣所、蒸風呂、温浴室などを備えていたが、マッサージ、垢出し、洗髪、髭剃り、散髪、脱毛などのサーヴィスも提供されていた。また、清涼飲料水などが供され、一つのリクリエーションの場にもなっていたのである。公衆浴場とならんで、公衆便所もあった。

同じようにモスクと関連して学院（マドラサ）もあった。ここでは「コーラン」やシャリーア（神法）ばかりでなく、諸学が学ばれた。そして当然に尨大な量の写本を収蔵する図書館もあったし、写本は流通していた。

注目すべきは、すでにイスラーム都市には病院があったことである。それはビマリスターンと呼ばれ、内科、外科、眼科、歯科、婦人科、整形科、精神科などに専門化し、しかも無料で開放されていた。

さらに、都市の街区（ハイイ）には共同のパン焼き釜（クーシャ）があって、市民はここでパン（ホブス）や菓子を焼くことができたし、蒸しもの（クスクス）やロースト類の料理に利用することができた。

広場（サーハ、マイダーン）や公園（ハディーカ）は都市の各所に設けられていた。それはギリシアのアゴラやローマのフォールムのような都市の核心的な役割を果したわけではなかったが、各種の公式行事の参集地、家畜の留め置き場、大道芸や各種のアトラクションの場としてなくてはならないものであった。

最後に隊商宿であるが、一般的に家畜をつないでおく中庭を取り囲む家屋という形をとっており、宿泊所のほか倉庫も多数存在していた。その中でフンドゥクと呼ばれるものは、外国人＝異教徒用の滞在施設であるが、許可を得て商館、領事館の役割も果たしていた。これがイタリア人に学ばれて、領事制度として世界に拡がってゆくのであるが、その中で有名なのがヴェネチアのフォンダコ・デイ・テデスキである。イスラーム世界のフンドゥクには宿泊施設のほか、倉庫、小教会堂、パン焼き釜、墓地、ブドウ酒醸造所などがあり、その主人は領事でもあった。

その他、ここに支配者の宮殿、役所（ディワーン）があったことは言うまでもない。

ワクフ

この都市施設を理解するにあたって理解しておかねばならぬものはワクフである。ワクフとは動産、不動産の所有権の移動を禁止して、固定し、公共のために役立てることを旨とするイスラーム法の概念である。第二代のカリフのウマルが貴重な財産を入手して、これを喜捨すべきかどうかムハンマドに尋ねたところ、彼は次のように答えたという。「お前がよければ、財産そのものは取っておき、その収益を慈善のために捧げなさい」と。これに従って、ウマルはその財産を売却も遺贈もしないという条件で、そこから上がる収益を貧者、縁者、奴隷、旅人、賓客、あるいは宣教のために役立てたという。

ここからワクフが生まれるのであるが、今日でも町の水飲み場のようなワクフもあるし、土地、店舗、倉庫、浴場、製粉所、パン製造所、シャボンや紙の製造所などに設定されたワクフも多い。この場合、一般的にその収益は、モスクの職員に対する賃金の支払いや、学院の運営費、学生への奨学金、病院の運営費、薬代、医者の給与にあてられている。ワクフの厳密な概念については、シャリーアの諸学派の間で若干の相違はあるが、ムスリムの間に特有な慈善的行為に対する衝動が根源にあるとされ、それがイスラーム暦二世紀(紀元八～九世紀)に厳格な法律的制度となったようである。

遠峰四郎のまとめによると、ワクフには次のような原則があるという。

(1) ワクフ設定者は、ワクフとする財産とその財産に対する処分権を持っていなければならない。彼は成年に達し、精神障害がなく、かつムスリムの自由人でなければならない。
(2) ワクフの対象物は永続性があり、かつ用益による収益を生むものでなければならない。
(3) ワクフの目的は、アラーのよしとするものでなければならない。それには二種類ある。一つはワクフ・ハイリーで、明らかに宗教的ないし公共的性格をもっているワクフで、例えばモスク、学院、病院、橋梁、給水施設などである。もう一つはワクフ・アハリーで、貧者を対象という原則のうえに立って、子孫、親類に対する援助を目的とするものである。この後者のワクフは、イスラーム世界が混乱し、権力の相奪があいつぎ、スルタンやアミールなど支配者によって財産、とりわけ土地の没収の危険が頻発したとき、その所有物をワクフとして――アラーに捧げて――保全しようとする動きがでてきた。(これは土地の所有権の移動を拘束し、その管理をおろそかにする傾向があって、イスラーム世界の経済の停滞を招いたとこれまで指摘されてきたものである。)

(4)ワクフ設定者の意志は通例は文書によるが、必ずしもそうある必要がないにしても、明示されなければならない。そうでないとワクフはサダカ(喜捨)とされるおそれがある。ワクフの設定には対象、設定の目的、それによって利益を受けるものを明示しなければならない。

(5)ワクフが有効であるためには次の条件を満さねばならない。(i)ワクフは永久的なもの、その譲渡は認められぬ。(ii)ワクフ設定は直ちに効力を発生するが、遺言によってその財産の三分の一をワクフにすることはできる。(iii)ワクフ設定は取消し不可能な法律的行為である。

(6)ワクフの所有権については、学派によりさまざまな学説がある。しかし、ワクフから生ずる収益については、その受益者のものであることでは一致している。

(7)ワクフの管理はナーズィル、カイイム、あるいはムタワッリーと呼ばれる管理人によって行なわれる。その指定、監督は法官によって行なわれる。なお、収益の使用は設定者の定めた条件によるが、一般的に、まず対象物のメンテナンスに使用され、その残余が受益者に渡される。

これがワクフというものであるが、坂本勉は、都市におけるワクフの意味についてのグルーネバウム(中近東研究者)の見解を紹介している。

「彼によると、イスラム都市というのは、モスクがあり、マドラサがあり、その周りにバーザールがある。どうしてそういう都市景観が生まれてくるのかというと、それはワクフのしからしめるところなのだというのです。

それが典型的に出てくるのは、イスタンブルなどのトルコの都市で、ここには、イマーレットというシステムがあります。」（『都市民』の座談会での発言、三二七ページ）

このシステムは二つのものからできている。その一つは、宗教的であり、慈善的な施設で、これにはモスク、マドラサ（学院）、病院、キャラバンサライ（隊商宿）、それに水飲み場などがある。もう一つは、寄進された施設（ワクフ）である商業的な営利施設で、バザール、隊商宿、ハンマーム（公衆浴場）などがある。これらから上がる収益が宗教的＝慈善的な施設の維持運営にあてられるというわけで、都市にはこれらの複合体があったのである。

イスラーム都市の歴史的位置

これらを生み出したイスラーム文明にも栄枯盛衰があった。ムハンマドとその後継者の正統カリフの時代、そしてダマスクスを都としたウマイヤ朝時代（六六一—七五〇年）と続くが、バグダードを都としたアッバース朝時代（七五〇—一二五八年）のもとにおいては九世紀後半から遊牧民を中心に政権として自立するものがあいつぎ、一〇世紀からはバグダードのカリフは虚名を擁するだけとなる。一見イスラームの衰退期であるが、イスラーム文明はこれで終わったわけではない。一三世紀のモンゴルによる打撃にアッバース朝は終焉したが、一六世紀からオスマン・トルコ、サファヴィー朝ペルシア、ムガール朝インドの三大帝国の時代がやって来るのである。

この長い歴史にわたってイスラーム都市の基本的構造は維持されてきたのであるが、これを歴史的にいかに位置づけることができるであろうか。二〇世紀の中葉までの欧米の歴史学はこれを正確に位置づけることができなかった。ウォルフ・シュナイダーの『ウルからユートピアまで——都市発達の物語』〈原著一九六〇年、邦訳一九六一年〉にしても、イスラームから中国に至るまでの都市の叙述に一章を割いてはいるが、エキゾティズム以上のものではなく、それを内面から理解し、ウンマにまで至らしめてはいない。ルイス・マンフォードですらその『歴史における都市』〈原著一九六一年〉〈邦訳『過去の都市・未来の都市』一九六九年〉においてイスラーム都市についての説明はない。

確かに、バグダードの繁栄についてはいろいろと語られている。それは詳細に計画された人工的な都市であり、アッバース朝第二代のカリフ、マンスールが王朝を開く際、その支持勢力となったシーア派の圧力を嫌い、クーファを去って、ティグリス河とエウフラテス河がもっとも接近した地点に七六二年から建設したものである。それは三重の城壁を持ち、大モスクや諸官庁、カリフ・官僚らの住む邸宅を備えていた。形は円型で、その直径は二・三五キロメートル、クーファ門、バスラ門、シリア門、ホラーサーン門の四つの門からイスラーム帝国の隅々まで道路が通じていたのである。その内部には一般人は住むことができなかったが、ティグリス河を隔てて東の対岸に広く街区が広がり、最盛期の一〇世紀初頭には一五〇万もの住民が住んでいたという。とうてい真実とは思えないが多数のモスクや公衆浴場、隊商宿があったと伝えられ、その豪華絢爛たる様子は第五代のカリフ、ハルン・アル＝ラシドが登場する『千一夜物語』などを通してさまざまに想像されている。

文化的にはギリシア語、ラテン語、ペルシア語、ヒンドゥー語などの図書がここでアラブ語に翻訳され、イスラーム文明の一部ともなった。さらにバイト・アル＝ヒクマ（知性の家）を中心に神学、法学のみならず、哲学、天文学、数学、化学、医学などの自然科学、さらに歴史学、地理学、政治学などの社会科学も学ばれ、研究された。特に七五一年には、タラス河畔の戦いで捕虜とした唐の職人から紙の製法を学び、ただちにサマルカンドに製紙工場を作って、文化の発展に強力な手段を与えたのである。

アッバース朝の初期にはメソポタミア平原の灌漑施設も整って農業生産は向上し、バグダードの都市はこれに支えられていた。工業もこの都市で栄え、金属加工、ガラス細工、絹織物、じゅうたん製造、皮革加工、製紙などが行われた。多くは小規模な手工業であったが、織物などは大規模な国営工場で製造されていた。商人も世界の各地から集まり、唐からは絹や陶磁器、北アジアからは毛皮や奴隷、インドやインドネシアからはスパイス、宝石、スーダンからは金、ヨーロッパからは毛皮、毛織物、そして奴隷などが入ってきた。この商人たちとともに各国の使臣もやって来ている。シャルルマーニュもユダヤ人を道案内にしてその使節をハルン・アル＝ラシドのもとに送って、返礼として象を送られている。

メソポタミアから遠いイベリア半島のコルドバの一〇世紀後半にも、当時のヨーロッパでは考えることができないイスラーム文明の開花があった。そこには庶民の住宅が二一万三〇七五戸、高官搢紳《しんしん》の邸宅が六万三〇〇戸、店舗が八万四五五軒あったといわれ、おそらく五〇万を下らぬ人口があった。カナート（地下水路）によって市内に水が引かれ、泉によって給水されていたし、主要道路は舗装されて、夜間は街灯がともされた。七〇〇の図書館、八〇〇の公衆浴場、多くの学院を持つ文化都市でもあり、それを取り囲む農村には精妙な灌漑施設によって華やかな農業が展開していたのである。西ヨーロッパに地理的に接近したところでこのような都市文明が展開していたのである。にもかかわらず、欧米人は自らの文明のアイデンティティをもっぱらグレコ＝ローマ文明→中世の暗黒時代→ルネサンス→西ヨーロッパ近代文明の系譜によって理解してきた。しかし、これは事実の隠蔽である。

二　西ヨーロッパ自治都市の基盤

西ヨーロッパの成立については、あのピレンヌ（ベルギーの中世社会経済史家）ですら、ムハンマドのイスラームによるレヴァント地方および北アフリカの占領によって地中海が障壁となり、孤立した西ヨーロッパは独自の文明を築きあげたとしているが、史実は全くこれに反する。イスラームの進出によって、地中海を通路とする貿易は途絶したどころか、パピルスや絹は一〇世紀に至るまでずっと西ヨーロッパに輸入され続けていたのである。

西ヨーロッパといわず、ヨーロッパの文明はオリエントの文明の影響抜きにはありえない。ただし、その影響の受け方は軍事的、政治的に占領されることなく、主体的に選択することによって学んだのである。それ故に、影響は受けているが、元のものとは構造の違ったシステムのもとに位置づけることになる。例えば、ギリシア文字にせよ、ローマ文字にせよ、それはフェニキア人より学んだものである。しかし、学んだが、セム語を記述するためのフェニキア文字がその言葉の性格から子音字のみであり、かつ右から左へ書くのに対し、ヨーロッパの文字は母音字を創造し、かつ左から右へ書くようにしたのである。宗教もキリスト教をヨーロッパはオリエントから学んだが、ヨーロッパで発展したキリスト教は唯一神の強調で終わらず、三位一体説やマリア崇拝などを特色とするものだった。

このことは、文明的にヨーロッパ、とりわけ西ヨーロッパが西アジアの亜周辺であるということである。しかもこの亜周辺であることは重層的にそうなのである。エジプト、メソポタミアの亜周辺としてのエーゲ海文明、グレコ＝ローマ文明の基盤の上にイスラーム文明が成立し、その亜周辺として西ヨーロッパ文明が重なっているのである。

イスラーム文明は、西ヨーロッパ文明とともに五世紀におけるローマ文明の崩壊あるいは頽廃の荒野に生まれている。その中でなお生命力を持って文明の諸要素を媒介したキリスト教は、西ヨーロッパにおいてはローマの教皇庁を頂点とする教会組織を備えたものであった。これに対してイスラームの継承したキリスト教文化は必ずしも正確なものではない、おぼろげな知識でしかなかったが、ただしアブラハムの神だけはしっかりと継承したのである。

アラブは七世紀、サーサーン朝ペルシアならびに小アジアとバルカン半島を除くビザンツ領を占領して、その文明を接収することにより、すみやかに八世紀からユニークなイスラーム文明を大きく展開してゆく。一方、西ヨーロッパはゲルマン諸族に占領されて、キリスト教会はあるにせよ、なおしばらく沈黙する。この沈黙の時期に、西ヨーロッパは一一世紀の都市の復活までのみならず、それ以後もイスラーム文明から学ぶのである。

このことはヨーロッパ諸語がアラビア語から多くの語彙を借用していることによって知ることができる。化学物質ではアルケミー、アルコール、アルカリ、ナトリウム、アマルガム、カンフル、生活文化ではレモン、シロップ、オレンジ、コーヒー、ベンジン、バナナ、コットン、ライス、シュガー、ジャケット、ガーゼ、ブラウス、モスリン、ギター、マンドリン、ソファ、商業用語ではマガジン、トラフィーク（交易）、チェック。その他、ゼロ、アルマナック（暦）、モンスーン、アトラス、アルゲブラ（代数）、アルガゴズム（数式）などまだまだある。単に言葉だけではない。トマス・アキナスはアリストテレスに学んで彼のスコラ哲学を仕上げたといわれているが、彼の読んだアリストテレスはアラビア語訳をさらにラテン語に翻訳したものと、イブン＝ルシュド（ラテン語でアヴェロエス）の註釈であった。西ヨーロッパ人が本格的にギリシアの古典を原文で読めるようになるのは、一四五三年、コンスタンティノープルが陥落して、ギリシア語の古典を抱えた知識人が西ヨーロッパに亡命してからのことである。

西ヨーロッパ文明の土台

亜周辺であることは、もちろん、西ヨーロッパ文明に独自性がないということではない。イスラームは唯一神＝アラーへの信仰によって、空洞化しきったローマのコミュニティをウンマ＝ムスリム共同体へと深化させた。これに対して西ヨーロッパ社会も政治的コミュニティではなく、よりコミュニティの原点に返って、宗教的コミュニティ、機能的には農民・手工業者・商人の経済的コミュニティとして再建したのである。この相違の背景としては、しばしば死の地帯と思わせる乾燥した風土と緑豊かな湿潤な風土との違いも語られる。あるいは、すでに数千年の歴史を持った文明の焦土というオリエントの文化状況と、文明と接触したばかりの西ヨーロッパの多神教的な社会という違いもあるだろう。

いずれにせよ、イスラームの唯一性（タウヒード）という原理に対して、西ヨーロッパ世界は多数中心性という原理によってその違いが現われていたと思われる。もともと亡国の民の宗教として誕生したキリスト教においては聖俗分離であった。「神のものは神へ、カエサルのものはカエサルへ」である。さらに、ローマ帝国において国教となるも、西ローマ帝国の崩壊により、あとの廃墟に残されていたのがローマ・カトリック教会であった。政治面ではゲルマンの諸部族の族長によって、五世紀末から六世紀中葉にかけてフランク、ランゴバルド、ゴートといった諸王国が建てられた。やがて七世紀後半よりシャルルマーニュ大帝によって帝国が再建されたけれども、ビザンツにおけるような皇帝教皇主義を確立することはできなかった。教会は叙任権闘争（聖職者の任命権をめぐる闘争）におけるように、教権のために闘い続けるのである。

ローマ教皇と国王・皇帝との対立や緊張は、西ヨーロッパにおける現実であった。もちろん、聖界と俗界が相互に利用しあうことは当然に多々あったが、両者の併立はいかんともしがたい事実であった。この事実に由来する空隙と当時の生産力、経済水準とが結びつくことによって、西ヨーロッパではユニークな共同体が発生するのである。このうち生産力の具体相とその後の発展の方向を考える場合、とりわけ重要と思われるのは、カトリック教会の修道院である。この修道院は西ヨーロッパの農地の三分の一を開墾したといわれているが、さらに製鉄、鍛冶、ブドウ酒の醸造、皮革なめし、紡糸織布、水車や車輌の製造といった古典古代の技術もここを中心として普及していったのである。

修道院はローマ帝国崩壊後の混乱期に生まれた宗教的コミュニティであった。それは西ヨーロッパで創始されたものではなく、すでにインド、東アジア、オリエントにもあったが、これらは苦行の場であり、隠遁の場であったのである。しかし、四世紀の初めにエジプトのパコミウスは、それまでの独居ではなく、集団生活という方式を創造し、それまでの神秘的体験の追求から禁欲による実践へと方向転換して、新しい修道院の型を打ち出そうとした。これを定式化し、西ヨーロッパに普及する基盤を作ったのがベネディクトゥスである。

彼は五二九年頃に建設されたモンテ・カシノの修道院のために、五三五年から五四五年にかけてベネディクト会の会則を作成した。これは修道士の生活目的を明確に規定し、それを追求するための組織的かつ合理的な方法を示したものである。これにより修道院は祈りかつ働く場となった。一日に八時間の睡眠、六時間の肉体労働、四時間の精神労働、四時間の祈り等々と決められ、決して苦行に堕することなく、倦まず、たゆまず努力することが唱えられた。それは近代における合理的行為の原点であって、「宗教改革」はこの禁欲を聖界から俗界に導き入れる役割を果たしたのである。

この種の修道院がたちまちのうちに西ヨーロッパに普及した要因は、カトリック教会の必要からである。この教会は聖俗分離の原則に立ち、ローマ教皇庁を頂点とし、大司教→司教→司祭の中央集権的ヒエラルキーをなし、聖界における支配権を持っていたのであるが、民衆や権力者とつねに交渉しなければならないヒエラルキーは腐敗の誘惑にもつねにさらされざるをえない。それ故、教会はおりにふれて粛正されなければならないが、そのためのカリスマ=威信を積む施設が修道院だったのである。修道院に入ることは、血縁を捨て、財産を捨て、地位を捨てる、つまり俗界では死ぬことを意味する。したがって彼らが住むところは、自給自足のコミュニティとなったのである。

このコミュニティ的修道院がヨーロッパ大陸では六世紀から建設される。ベネディクト会のみならず、各派の修道院が生まれるが、いずれもそこには修道士の宿舎、会議室、修道院長室、食堂、礼拝堂、図書館、写字室、迎賓館、病院、学校、法廷、監獄、使用人室、家畜小屋、製粉所、製パン所、醸造所、鍛冶場、木工場、養魚池、果樹園、そして言うまでもなく農園があった。これらにおいて修道士自身も作業したが、必要な場合には使用人を雇った。それはまさに一つの小都市であり、都市施設の先駆的な試みもここでなされたのである。例えば、イギリスにおいて最初の上水用の設備が設けられたのはカンタベリーの修道院であった。

この修道院は俗界の彼方にあるとはいえ、社会経済に影響しないわけにはゆかない。周囲に商人や労働者が集まってきて、有名なものではフルダやガレンの修道院のように、修道院を中心とした都市すら生まれてくる。この制度にとって悲劇的なことは、祈りかつ働く修道院がその禁欲によって富を蓄積していったことである。修道士そのものは財産を持つことはできないが、修道院は財産を蓄積することができるので、自らが腐敗する。すると改革運動が起こり、新しい会が生まれるが、これも同じようなサイクルを繰り返したのである。この精神的・技術的雰囲気の中で、八世紀頃から「三圃制」に基づく農村共同体が成立し、さらにそれを土台としてギルド共同体が成立していった。

西ヨーロッパの農村共同体

もちろん、西ヨーロッパのすべてが同一のパターンの農村共同体によって覆いつくされたわけではない。マルク・ブロックは近代以前のフランスの土地制度を三つに分類している。その第一は北部の開放長方形耕地、その第二は南部の開放不規則耕地、その第三は西部の綜画耕地である。この第三の綜画耕地はいわゆるボカージュ（森林の中の耕地）で、耕地の周りに樹木が植えられている。あるいは森林の内部に耕地が点在するのである。第二の開放不規則耕地はグレコ＝ローマ時代の「二圃制」の流れをくみ、一、二頭の牛を使って犂《すき》で浅く耕すものである。そして第一の開放長方形耕地こそ中世西ヨーロッパ社会に生まれたもので、社会を方向づけたものであった。

アルプスの北側は、地中海沿岸の年間降雨量五〇〇ミリ内外と比較して、一〇〇〇ミリ以上と降水量が多いので、「二圃制」のような水分対策は不要である。しかし、緯度が北なので単位面積あたりの太陽光線の量は少なく、経営面積をより広くしなければならず、また土質が重い粘土質なので、犂耕に大量の家畜エネルギーが必要となる。さらに畑作は地味を速く枯渇させるので、家畜の排泄物を肥料として豊富に土地に還元しなければならない。その結果として、七、八頭以上の家畜が経営には不可欠となり、それを可能にする耕地利用法が「三圃制」であった。

この農法を実行するところが農村共同体であったのである。それはまたカトリック教会の聖堂区であって、中心に教会が建っている。その周辺には家屋菜園が集まっている。そこには住居、納屋、家畜小屋、菜園が各戸ごとにまとまっている。その外側に農地があり、そこには全く垣根はないが（開放耕地制）、たくさんの耕圃に分けられている。この耕圃はさらに細長い地条に分けられているが、それは大型の犂を引っぱって耕作するとき、なるべく方向を変えず、一直線に耕した方が能率的であるからである。こうした全村の耕圃が三つの部分に分けられており、その第一の部分が秋蒔きの麦、第二の部分が春蒔きの麦、第三の部分が休閑地とされる。このうち秋蒔きの麦が人間の食糧、春蒔きの麦が家畜の飼料ということになっているが、その他、休閑地では家畜が放牧されることになっており、さらに三つの部分がぐるぐると三年周期で輪作されたのである。

ここでは明らかに家畜の飼養が一つの柱となる。それはエネルギー源であるとともに肥料源でもあるからで、いわば「三圃制」は耕作と牧畜との結合であるといえよう。しかも、個々の農民の耕作地は霜《しも》霰《あられ》の害や地味の違いを均等化するために各耕圃に分散し、全村に散らばっていたので(散在耕地制)、これを経営するにあたっては、全村民の労働の共同性が必要で、播種、収穫の日取りの決定は全村民の総会で行われなければならなかった。さらに耕地の外側に共同地が拡がっていたが、それは放牧地であるほか、木材が切り出されたために豚がうろつく森であったり、泥炭の掘り出し地や魚を釣る池であったが、その用益権は採取する木材や泥炭を運ぶ車の台数、放牧できる家畜の頭数などにより明確に定められていた。農民は家屋菜園、耕地、共同地の用益権のワンセット(フーフェ)を所有しており、いささかモデル化されてはいるが、これが西ヨーロッパ中世の農村のコミュニティだったのである。

ゲルマン共同体と呼ばれたものがまさにこれである。この共同体には最初から部族的な要素は存在していなかった。その耕地は、共同体規制によって利用法が定められていたほか、領主権が上級所有権として覆いかぶさってはいたが、私的に分割しつくされた私有地であった。共同地は未分割であったが、用益権は明確に各戸に分割所有されていた。この点、所有権があいまいなままにとどまっているアジア的共同体や、私有地は各戸に分割所有されたものの、公有地が権力者に勝手に利用されていた古典古代共同体とは基本的に異なっていたのである。

三　西ヨーロッパ中世都市

南ヨーロッパ

南ヨーロッパには、この農村共同体は形成されなかった。しかし、修道院は北ヨーロッパと同じように影響力を及ぼしていたし、北ヨーロッパと相互補完の関係にある同一の市場圏を構成していた。それ故、商工業の発展は南北ともに並行した発展を見せ、自由身分としての商工業者が成立して、類似した同業者団体（ギルドあるいはアルテ）を形成した。そしてこれを基盤に自治都市を形成したのであったが、条件が違っているために、都市の型も違ったものとならざるをえなかった。

南ヨーロッパは、その立地ゆえに当然にローマの伝統によって規定されることとなった。イタリア半島においては、西ローマ帝国の崩壊後も、バリ、アマルフィ、ガエタ、サレルノのように中世にはビザンツ領として、シリアやエジプトと貿易していたところが多い。

一応これらと同類ではあるが、これらの都市と違って、こうした過度期のみでなく長い繁栄の歴史を持ったのがヴェネツィアである。年代記によれば、この都市は西ローマ帝国末期の四五二年、遊牧民フン族のアッチラが侵攻したとき、アドリア海最北端の潟に避難してきた人たちによって建設された。はじめは製塩によって生活していたが、やがて交易に乗り出してゆく。そして形式的にはビザンツ帝国に属したものの、始めから自主性を持ち、六九七年には住民投票によって元首（ドージェ）を選出している。この制度は一七九七年にヴェネツィア共和国が滅ぼされるまで続いたのである。

ヴェネツィアは西ヨーロッパがイスラーム圏に対して自立した一一世紀以後（一〇八二年にこの都市はビザンツ帝国より東地中海の貿易権を獲得している）、近代に至るまで近東との貿易をリードしてきたことで有名であるが、都市としては異例のものがあった。それはこの都市が潟の上に人工的に街を作ったものだけに、水に困ったことである。下水はたれ流せばよかったが、上水は地下水が使えないので、雨水を溜めたポッツォと呼ばれる貯水槽を使った。それは聖堂区（パロッキア）ごとに一つあって、これを皆で共同で使っていたのである。一方、この聖堂区にはそれぞれ教会があり、祭りが行われ、市場があって生活にはこと欠かなかった。このコミュニティは歴史を通じてずっと変わらないのであるが、一二世紀には政治的に大きな変化が起こった。それは金持ちが自宅の中庭に貯水槽を設けて、聖堂区の水に頼らなくなったことである。その後ヴェネツィアは六つの行政区（セスティエル）に区分され、当局の行政が行きとどくようになったという。この頃から、この都市の精神的中心である聖マルコ広場と元首公邸が今日のように整うのである。なお、この都市の政治はさまざまな変化はあるが、一貫して貴族寡頭制であった。

しかし、一般の南欧型の中世都市の場合は、北イタリアの平野に以上とは違った形で成立した。それはミラノ、パルマ、ヴェロナ、トリノ、フィレンツェなどであって、多くはローマ時代の都市の跡に建設されている。それは農村経済の充実と内外商業の発展を背景として、農村在住の騎士や領主が一つの町に集住し、城壁を作って都市を形成し、城内の商人、手工業者のみならず、城外の農民をも領域的に支配したことに始まっている。それはギリシアのポリスの形成に類似している。これらの都市も一二世紀から商人、手工業者ら市民の闘争によって民主化されてゆくのである。

フィレンツェ

フィレンツェを例にとってみると、すでに現在の場所にローマ時代から存在しており、その構造をいまの街並みに見ることができる。ランゴバルド族が占拠したり、シャルルマーニュ大帝は三回もここに滞在したりしている。一〇世紀になると、オニサンティ修道院の周辺にはロンバルディアの農村から織匠たちが集まってきて、織物産業を起こした。これらの織匠たちはウミリアーティ（謙遜者）と呼ばれる修道士に指導されていた在家の信者たちで、異端問題に苦慮したイノセント三世によって、一二〇一年に公認され、異端に対する防砦として認められている。これは後年の熱狂的改革者、サヴォナローラの登場（一四九四年）をも考えあわせるとき、この都市の宗教的底流に注目せざるをえない。

一〇〇一年に死んだトスカーナ侯ウーゴから女侯マティルデ（一〇四六—一一一五年）まで、フィレンツェはおりからの教皇と神聖ローマ皇帝との教会人事をめぐる叙任権闘争において教皇側について皇帝軍と戦い、皇帝権からの自立と、都市周辺の封建領主との闘争を継続している。マティルデは皇帝軍に対する防衛のためにマティルデの壁と呼ばれる城壁を築き、その内部を四つの街区（クアルティエーレ）に分かち、それぞれ東西南北の名を与えている。このマティルデの時代が重要なのは、教皇側につくことによって教皇からさまざまな特権を得たこともあるが、彼女の時代にも毛織物業者をはじめとする商工業者の同業組合が形成され、力をたくわえていたことである。それ故、一一一五年のマティルデの死に乗じて市民たちはフィレンツェがコムーネ（自由な都市国家）であることを宣言したのである。

このコムーネはすでに北イタリアで出現していた制度にならったもので、封建貴族を除く貴族と商人の間から各街区三人ずつ選出された一二名のコンソレ（執政官）が一年任期で行政を担当するというものである。また、これを補佐するのが「市民代表」からなる評議会（ブオニ・ウォーミニ）と市民全員（ただし封建領主は参加しない）からなる市民総会（パルラメント）で、パルラメントは年に四回招集されることとなっていた。実質的にこの共和国を推進したのは商人層である。彼らは単一の商人ギルドであるソキエタス・メルカントゥルム（総合ギルド）に結集していたが、これに対抗して門閥貴族たちがソキエタス・トゥリウム（塔仲間）を組織して、両者は戦い続けるのである。

コムーネとなったフィレンツェは発展を続け、一一七二年から再び城壁を作りはじめる。そのため城内の面積が拡がり、街区は六つになっている。栄えたのは、例えば羊毛染色業者（アルテ・ディ＝カリマーラ）である。彼らはシャンパーニュの大市で羊毛を買い入れ、これをカリマーラ通りの工場で近東から輸入した染料や明礬《みょうばん》で染色精製してヨーロッパ各地に輸出したりし、蓄積された貨幣は銀行業によって貸しつけられたのである。その他、さまざまな産業が興り、同業者はギルド（アルテ）を組織した。しかし、軍事力を提供する貴族の勢力はまだまだ強力で、絶えず両勢力は紛争を引き起こしていた。そのため一一九三年にはポデスタ（仲裁者）を近隣友好都市の貴族から選んで、都市の平和の維持、対立党派の調停にあたらせた。ポデスタは一年の任期で裁判権と警察権を与えられたが、商工業者と貴族を代表する二つの評議会の決定には従うこととなっていた。

このあやうい均衡は一二一六年に破れる。フィレンツェはギベリーニ派とグェルフィ派に分かれて、凄惨な闘争を繰り返すこととなる。この両者はやがて前者が皇帝派、後者が教皇派ということになるが、このグェルフィがさらに黒派（ネーリ）と白派（ビアンキ）に分裂するのである。階層的に見ると、貴族と商工業者の対立に加えて上層市民と下層市民の対立、これに使用者と労働者（チョンピ）の対立が加わって政局は眼まぐるしく変転する。さらに一四世紀には黒死病まで飛び入りしてくる。しかし、この間、フィレンツェの経済と文化の活力は続き、一五世紀、他地域に先がけてルネサンスが開花し、制度的には興味深い試みがなされるのである。

その第一は、カピターノ・デル＝ポポロという新しい役職の創設である。この役職に対してはポデスタの二つの評議会と対をなす二つの評議会が設けられた。そしてポデスタと同じく近隣の友好都市の貴族から一年任期で選出された。彼らは豪族の横暴から市民を守るとともに、六街区の手工業者から徴募した市民軍の隊長も兼ねた。

その第二は、一二八二年のプリオーレという新しい役職の創設である。もともとプリオーレとは各アルテ（ギルド）から共和国のいくつもの評議会に選出された指導的人物を指している。これを役職とし、カリマーラ（染色仕上）、両替、毛織物業の三アルテからそれぞれ一人ずつ計三名、六街区からはそれぞれ一人ずつ計六名を出して、公の活動のすべての領域に介入する権限を与え、その任期を二カ月とした。さらに一二八三年からは、一二のアルテがそれぞれ一二中隊を組織して、アルテのゴンファロニエーレ（旗手）がこれを指揮することとした。

結局、フィレンツェは一四三四年にメディチ家の支配下におちるのであるが、それまでのフィレンツェの政情は不安定を極めた。その間、あの手この手を使って内紛をしずめながら、権力を多数中心的なものとするために努力しているさまがうかがえる。やはりイタリアのコムーネには古典古代的な政治的コミュニティの要素が強く残っていたのである。

北ヨーロッパ

次に北欧型の自治都市であるが、これはゲルマン共同体が典型的に成立したライン河とロワール河の中間の地域を中心にして成立した。この地域には東方貿易に従事し続けているイタリアのような海港はなく、西ローマ帝国崩壊後、あるのは荒野の中に点在している教会、修道院、そして封建領主の館《やかた》だけであって、その間を遍歴商人たちの集団が行き来していたのである。

しばらくは人口も減り続けるだけであったが、農村では着実に社会が再編され、八世紀頃からは先に説明した「三圃制」も普及してゆく。もっともこの時期にも混乱はあった。一つは、ヴァインキング（ノルマン人）が北海沿岸から地中海まで、海岸のみならず、河川をさかのぼって掠奪をしたということである。さらに、東方から遊牧民のマジャール人が進攻してきたこともある。しかし、侵略になすすべもなかったローマ帝国の場合とは異なり、ここでは封建領主たちがこれに対応し、例えば、城砦を築くなどの防衛施設を整えたり、体制を立て直したり、社会の再建に向かうのである。

はじめは部分的にではあったが、農村も再建され、生産も軌道に乗ろうとしていた。そして九五五年にオットー一世がマジャール人を撃退し、大量の捕虜を手に入れるという勝利を得て、流れは決定的に変わる。その結果、一一〇〇年頃にはライン河流域やフランドルにも都市が成立するのである。それまでも遍歴商人たちがいつも移動していたわけではない。冬期の宿営地や商品の集積・保管場所はつねにあったし、その場所は河川沿いで交通の便もよく、商品の顧客である聖俗の領主たちが住む司教座教会や城にも近かった。それ故やがて、そこには商人たちが必然的に常住するようになり、さらにまた手工業者も集まるようになったのであり、しかも彼らが必要とする食糧や原料については、周辺の農村がその供給力を身につけるようになったのである。

かくて九五〇年頃を境として西ヨーロッパの人口、具体的には農民人口が増加しはじめる。そのいく分かは都市に流入していったろう。それはまた都市を充実させていったろう。このことは商人たちの住む地区と彼らが庇《ひさし》を借りる司教の館や領主の城との間の力関係を変えて、商人の側に有利に働いてゆくのである。商人たちの地区は外側に膨張してゆくとともに、司教や領主の地区にも進出してゆこうとし、さらに、これらを城壁によって囲もうとする。こうなると、両者の間には緊張が生まれ、対立、そして衝突が避けがたいこととなる。この二つの勢力の闘争において、やはり商人側に有利に作用したのが教皇と皇帝の闘争、叙任権をめぐる闘争である。この既成権力(皇帝・国王・諸侯・領主)の分裂を商人たちはチャンスとし、あるいは利用したのである。

この既成権力の弱点をついて、北ヨーロッパでは商人たちが実力行動に出る。一〇七四年にはケルンで大司教の横暴をきっかけに暴動が起こり、結局、鎮圧されたが、商人側はひるまなかった。同じような事件がこの頃ライン河流域のウォルムス、マインツ、シュパイエル、北フランスのカンブレーなどでも起こっている。一一〇六年にはケルンで暴動が再燃した。ケルンでは商人が執拗に武力反抗を繰り返し、ついに独力で城壁を築いて、商人地区のみならず大司教の地区をも囲んで、内外の区分をなくしてしまったのである。もっともこのときも商人側は挫折したが、彼らは諦めなかった。そしてとうとう一一一二年、ケルンの大司教は新しい城壁内のすべての住民が市民として参加する「自由のための宣誓共同体の結成」を公認したのである。これが都市コミュニティの法的な成立である。これによって城壁築造権、軍事権、司法権、立方権、行政権のほとんどが市民の手に委ねられることになったのである。しかも、それはケルンだけでなく、ライン河とロワール河に挟まれた諸都市には一般的に見られるものであった。当時、宣誓共同体（コンミューン）としては次の都市が公認されている。

サン・カンタン	一〇八一年
ボーヴェ	一〇九九年
サン・トメール	一一〇〇年頃
カンブレー	一一〇一～二年
ノアイヨン	一一〇八年
ラン	一一一〇年
アミアン	一一一二年
ヴァランシエンヌ	一一一四年
ソアソン	一一一六年
ガン ブリュージュ	一一二七年
ルーアン	一一三六年
トリエル	一一四二年
トゥールネ	一一四七年

共同体規制と建設都市

この宣誓共同体の成立は都市が自治権を獲得したということであるが、しかし、それと同時に都市コミュニティを構成する市民がきびしい掟を受け入れたということでもある。権利と義務は裏表なのである。鯖田豊之によって若干の規定を引用してみよう。（『ヨーロッパ中世』二二六―七ページ）

「都市内で大騒動が起こり警鐘がなったとき、武器をとってただちに現場にかけつけなかったものは、五ソリドゥスの罰金に処せられる。ただし、市外でパンを焼いたり、ビールを醸造していたものおよび病弱者は除く」（一一一四年、ヴァランシェンヌ）。

「市民は都市の管轄区域内にあるかれらの食糧を、分配を目的として、信頼すべき管理にゆだねなければならない」（一一四四年、ボーヴェ）

「都市の防備にあたっては、いかなる人物の所有地であるかを問わず、いずれの地点に防備施設を築いても、補償金支払義務は生じない」（一一六三―九五年、サン・カンタン）

「番兵、柵、堀の建設、都市のあらゆる防備施設のあらゆる付属物に関係する共通経費は、すべての市民が共同で負担する」（一一五〇年、マント）

これら治安維持、食糧供出、土地収用、経費負担の義務を払ってこそ自由、自治は獲得できたのである。グレコ＝ローマ社会にはこれだけの公共重視はなかった。そこでは市民、内容的には家長（パーテル）の権能は家の中では絶対的であったが、共同体の中では外敵に対する共同防衛が優先的であって、公共の経費についても略奪のように外部からの取り入れ（その第一は奴隷）に依存するのが通例であった。南ヨーロッパにおいて宣誓共同体が成立しなかったのは、領主層の主導によって都市が生まれ、商人、手工業者がこれに迎え入れられた形となっていたからである。したがって、北ヨーロッパにおけるように、市民が一丸となって聖俗両界の領主と闘うということは起こらなかった。むしろ、領主市民と商人市民との妥協によってコムーネが成立し、その内部における領主市民と商人市民の闘争を中軸とした市民間の派閥闘争によってゆるがされ続けたのである。後にふれるように、北ヨーロッパでもやがて商人と手工業者とが分裂して、いわゆるギルド闘争（門閥商人に対する手工業者の権利闘争）が起こるが、これは派閥闘争というより階級闘争であった。

ここで北ヨーロッパ型について、一つ付け加えておかなければならないのは、「建設都市」である。これは封建領主の主導のもと、一二世紀以後の「東方植民」の一環として、農村と同じようにエルベ河以東に都市もまた建設されていったということである。その最初のものはザクセン＝バイエルン公ハインリヒによって一一五八年に行われたリューベックの建設である。公は建設業者に都市予定地を売却して、都市建設を一任するとともに、西ヨーロッパから多くの商工業者を呼び寄せるために広汎な自由を都市に約束した。これはドイツ人が東進し、スラヴ族を農奴化しながらコロニーを作ってゆくとき、その農園からの生産物を搬出し、ヨーロッパの各市場に売却する必要からなされたことである。この必要に応えたリューベックの建設は大成功し、この都市はたちまちのうちに北方商業の基地となる。

リューベックに続いて、このバルチック海沿岸地域にはその後もつぎつぎと都市が建設された。ヴィスマール、シュトラールズンド、グライフスヴァルト、シュテッティン、コルベルク、ダンチヒ、ケーニヒスベルク、メーメル、リガ、レヴァールという具合である。これら都市には既成の宣誓共同体都市と比較しても、はるかに徹底した自由を保証する都市特許状が与えられた。それは既成の都市から商工業者を誘引するものであったが、やはりこれも、苦闘の結果手に入れた宣誓共同体の歴史があってこそ生れえたものである。ただ、自然成長的に発展した既成の都市の街路が不規則的に曲りくねっているのとは対照的に、これらの都市は白紙から計画的に市場や市街地を区割りしたため、整然としていた。

ギルド共同体

北ヨーロッパの宣誓共同体都市が活力を持ち、そこから近代が展開されるようになったのは、これらの都市がギルドの連合体であったからである。古典古代における商工業者は市民ではなかった。ヘシオドスの時代（前七〇〇年頃）には農民が商売をすることもあったが、ポリスにおいては商人はメトイコイ（寄留者）であったし、手工業者は奴隷だった。ローマにおける商工業者は解放奴隷が多かった。しかし、都市の商工業者の宗教＝キリスト教の影響によって商工業者の地位は向上する。（今日、西ヨーロッパ語で異教徒を意味するパガンはもともと農民を意味する言葉である。）そして自治都市の成立によって、商工業者は一つの身分（ビュルガー、ブルジョア）となるのである。

はじめ何ら頼れるものがなかった彼らの拠りどころとしての組織、それがギルドあるいはアルテである。すでに見たように、フィレンツェにおいては、すさまじい政治的動揺にもかかわらず、経済的・文化的には繁栄したが、それはアルテがしっかりしていたからである。その萌芽は早くからあったが、形としてまとまったのは、一二世紀の単一のソキエタス・メルカントルム（総合ギルド）である。一二世紀末以降、このソキエタス・メルカントルムから両替商、絹織物業、医師薬剤師、毛織物加工、毛皮商、裁判官、公証人の各アルテが生まれる。一三世紀からは、この七アルテは大アルテと称せられ、後からできた古着下着商、靴下編物商、石工大工、食肉商、鍛冶職、ブドウ酒商、宿屋、油塩チーズ商、なめし革工、鎧剣製造工、錠前刃物鍋釜職、革なめし、木材卸し、パン屋の一四の小アルテと合わせて二一アルテとなる。

アルテはすべて同一の機関を持ち、かなり高額の組合費を支払うメンバーによって構成されていた。管理には六カ月任期のコンソレ（執行役員）数名と二つの評議会とがあたり、運営の実務には財産管理係、出納係などがいた。それぞれのアルテは自分たちの会館、紋章、旗などを持っていた。その役目はまず第一に組合員の相互扶助と利益擁護であるが、同時に組合員の提供する商品やサーヴィスの品質、公正な競争、独占的営業権維持などに気を配ることも行った。（アントネッティによる）

メンバーになれるのは、親方、主人、経営者だけで、雇人は加入できなかった。勤務時間、賃金、労働条件はすべてアルテが決めていた。また同じアルテでも大アルテは大商人、小アルテは小市民ということになろう。雇人や都市のプロレタリア、城下の農民はこのアルテとは関係なかった。それ故、大アルテとその他の人びととの間にあつれきも生まれ、派閥闘争とも微妙にからんでいた。上層と下層との矛盾の頂点は一三七八年のチョンピの乱（フィレンツェ）である。この都市プロレタリアートの反乱は最初は小手工業者など小市民の支持を受け、一時は成功し、独自のアルテを持ち、市政に参画することで終わるかに見えたが、過激派の進出によって小市民を敵にまわして、鎮圧され、すさまじい反動で終わったのである。

これらフィレンツェにおける事例と北ヨーロッパのギルドやツンフト（ギルドのドイツ語。特に手工業者の同職ギルドを指す）とはその骨格をおおむね等しくしているといえよう。当初において北ヨーロッパのギルドも商人ギルドから出発しているが、イタリアのギルドを代表しているといえるフィレンツェのアルテ・ディ＝カリマーラは、輸入した染材でヨーロッパの毛織物を奢侈品に加工することから出発している。しかし起点が貿易であったから、東方物産（スパイス、香料、奢侈的織物など）の仲介に手を広げてゆき、門閥商人としてフィレンツェを支配し続け、その中から大アルテが生まれてくる。これと同じような経過が北ヨーロッパにも見られたのである。

大商人たちはイタリアの場合も北ヨーロッパの場合もどちらも都市貴族となる。イタリアの大商人たちが東方物産の卸しを行ったのに対し、北ヨーロッパの大商人にとっての東方物産はあくまでも小売で、卸しはむしろヨーロッパの各地域の特産品を扱った。例えば、羊毛、毛織物、塩蔵魚類、木材、金属（錫、銅）、金属製品、ブドウ酒、毛皮、穀物などであり、いずれも生産地に密着した商品であった。それだけに大商人たちも地域の分業＝再生産構造とのからみ合いをより深くするのであり、当然に都市内の手工業者の役割を重要なものとするのである。それは都市をより小市民的にする。それはパン屋、肉屋、靴屋、仕立屋、指物職といった日常生活に必要な同業者のギルドを確立させ、毛織物産業についても単に商人のみでなく、打毛、梳毛、刷毛、紡毛、織布、仕上げ、染色などの工程別のギルドすら成立させたのである。

もちろん、大商人＝都市貴族たちの支配が簡単に崩れたわけではない。都市を管理する市参事会の独占を彼らが容易に手離すはずはない。その結果、一三世紀から一四世紀にかけて手工業者を結集した「同職ギルド」が「ギルド闘争」のうねりを引き起こす。一二五四年のドゥエ、一二七四年のガンの一揆を発生点に、まずフランドルの諸都市から、ついでケルン、エルフルト、ブランシュヴァイク、マグデブルク、トリエル、シュパイエルなど、ドイツの諸都市へと拡がっていったのである。

チョンピの乱の敗北により、反動の果てにメディチ家の支配に帰結したフィレンツェの場合とは違って、北ヨーロッパの「ギルド闘争」は「同職ギルド」が参政権を獲得することに成功している。チューリヒのように「同職ギルド」が市政を独占するまでに至る例は稀にしても、市参事会が一定数の「同職ギルド」の代表を受け入れるか、多くは従来の都市貴族の小参事会のほかに、「同職ギルド」の代表者からなる大参事会を設けることによって収拾されたのである。

このようにギルドの発展過程においては南北で大きな違いがあるが、それをもたらしたものは、北ヨーロッパには都市の背景に農村共同体の存在があったことによると思われる。特に市民人口の再生産は近代以前における衛生条件の悪さから不可能で、都市人口の不足は農村からの農民の吸引によって補われていた。(都市の空気は人を自由にする。)イタリアのアルテと同じように、ギルドの役目は相互扶助と利益擁護、そして提供する商品やサーヴィスの品質、公正な競争、独占的営業権の維持にあったが、北ヨーロッパのギルドはこれをより徹底して展開したように思われる。ギルドのメンバーは、例えば、織布業の場合は織機の保有台数、職人や徒弟の人数まで、自らの組織によって規制されていた。できあがった製品の品質や価格もギルドによって定められており、検査を受けなければならなかった。しかも、都市とその周辺の一定の地域(バンリウ、バンマイレ)では営業の独占権も持っていたのである。

このギルド共同体の構造は農村共同体（ゲルマン共同体）のそれとそっくりである。開放耕地制、散在耕地制のもとにある耕地の耕作と、ギルド規制のもとにある作業とは同質のものである。さらに一定地域における購売権、営業権のギルドによる独占は農業共同体による耕地のみならず、共同地の独占と共通するものがあった。このような土台に支えられていたからこそ「同職ギルド」は経済的コミュニティとしてのエネルギーを持つことができたのである。

中世自治都市の景観と生活

厳密に経済的・政治的構造を比較するとき、北欧と南欧の自治都市が類型的に別のものであることは明らかである。しかし景観と行事を見るとき、北国と南国による雰囲気の違いは感じられるにせよ、イスラーム諸国や東ヨーロッパのギリシア正教圏と比較すれば、やはり一つのまとまりを持っている。中世自治都市の景観的特徴は中心の大聖堂、広場、市役所ということになるが、大聖堂は都市の精神的中心でもあった。中世都市の黄金時代の建築様式はゴシック式であるが、その代表的なものとしてケルンの大聖堂とミラノの大聖堂をあげることができよう。これは二つの都市がそれぞれ精根こめて作り上げたもので、ケルンのそれは一三二二年、ミラノのそれは一三八七年に着工され、最終的に完成したのは共に一九世紀に入ってからである。

この大聖堂は単にそこにあるだけでなく、市民全体を活気づけ興奮させ、一体感を持たせる祝祭のページェントの終着点であった。時代は少し後代となるが、一六世紀のアントウェルペンで、画家のアルブレヒト・デューラーは次のようにそのさまを記述している。

「われらが愛する聖母マリア昇天祭のあとの日曜日に、アントウェルペンの聖母マリア教会堂の《大行列》を私は見た。町じゅうのあらゆる職業と身分の人がみな集まり、それぞれの身分に応じてもっとも美しく着飾っていた。すべての身分とギルドが一眼でそれと知られる特徴をもっていた。あい間あい間に大きくて高価な棒蠟燭が燃え、細長いフランク古式の銀ラッパが鳴る。それからドイツ式の笛吹きや太鼓打ちも沢山いる。あらゆる楽器が音高くしかもかまびすしく奏される。

私は行列が道をずっと通っていくのを見た。人たちは隣りの人と一定の距離をおきながら、しかし前後は密に行列を組んでいた。そこには鍛冶屋、美術家、石工、刺繡職人、彫刻師、大工、船乗り、漁師、肉屋、革職人、織布工、パン屋、仕立屋、靴屋など実にあらゆる種類の労働者、自分の生活のために働く多くの職人と商人がいた。おなじように小売商と大商人とそのあらゆる種類の店員がいた。その後からは鉄砲や弓や弩弓を手にした射手や騎士や歩兵がついてきた。その後には市長殿の護衛がつき、それから全員が赤くて上品なしかも派手な服をきた美々しい兵隊がついてきた……」(マンフォードの邦訳『都市の文化』上、七二―三ページ)

あらゆる機会にスペクタルが展開された。ミサ、ペイジェント、洗礼、結婚式などいずれも都市そのものがドラマの舞台となったのである。

この大聖堂の前に広場があった。それは野外劇が行われるところであり、大道芸人が人を集めている場所であった。そこには屋台の店も開かれていた。時に重罪人の処刑も行われたが、中世の人にとってそれは一種の娯楽でもあった。この広場の聖堂の反対側には市庁舎があった。それは一般的に二階建てで、一階では野外で販売できないものが売られていた。二階は市長の部屋や市参事会の会議室があり、市の行政や宴会が行われる場であった。この広場から道路が四方八方に延びていたが、「建設都市」を除いて多くの都市では狭く、曲りくねっていた。

この町並みの中に業種ごとにまとまった地区があった。そこには聖堂区（パリッシュ）の教会があったり、ギルド＝ホールがあった。ここを場として、ギルドはメンバー同士で宴会を開き、運営について相談し、決定した。ギルドは経済的コミュニティであったが、その精神的支柱は守護聖人の加護であったので、宗教劇の上演など宗教的行事も行った。（このことがユダヤ人がギルドに入ることの障壁となり、彼らをさまざまな職業から排除してゆく要因となった。）この立場からギルドはさまざまな福祉活動も行っている。西ヨーロッパ中世においては教会が病院（ハンセン氏病のそれと一般のそれとに分かれる）や孤児院を経営していたが、ギルドもその発展とともに教会堂を寄進したり、学校や孤児院、養老院、病院を開いた。もともとギルドの発端は葬式組合であった。それは身寄りのない人びとの死体を葬るためのもので、古代からあったものである。

なお、都市の環境は一言にすれば不潔であった。都市のゴミや排泄物は狭い道路に投げ出され、また馬や牛の糞尿もたれ流していた。これを処理するのは犬や豚であったが、末期になり、都市が大型化すると清掃人夫が現われ、一六世紀には豚を市内で飼うことも禁止されることが多くなった。これら家庭ゴミよりも深刻だったのは皮なめし、家畜の屠殺、羊毛の洗浄といった産業上の廃棄物である。これらは特に井戸水を汚染するので、大都市では王による規制も行われている。しかし、対処のすべがなかったのは死体処理である。中世都市では死体は城内の教会堂に（有力者は堂内に、一般人は堂外に）土葬されることになっていたので、教会堂にはいつも悪臭が立ちこめていた。もちろん、衛生上よいわけはないから、都市住民の死亡率は高く、ひとたびペストなどの伝染病が拡がると大量の死者を出した。なかでも一三四九年の「黒死病」は、都市を中心に西ヨーロッパの人口の三分の一ないし二分の一を死亡させた。これに加え、建て込んだ町並みから発生する火災も、一度起こると大規模なものとなった。

この中世都市も一六世紀に入ると老化し、人間は新しい社会制度によって組織されるようになる。また、一四九二年にアメリカ新大陸が「発見」され、一四九八年に東インド航路が開かれたことは、人類史における画期となるが、西ヨーロッパ社会に強烈な影響を及ぼさないわけにはいかなかった。それはいやおうなしに、社会を近代化の方向に押しやってゆくのである。

3章　近代化と人間的コミュニティの模索

農業発明以後、人類史はコミュニティを生み出した。それはやがて政治的コミュニティや、宗教的・社会的・経済的コミュニティとなったが、その内容よりして閉鎖的性格を持つものであった。その点に特に注目したのが大塚久雄であって、コミュニティに「共同体」の訳語をあて、前近代社会の基盤に「共同体」を見たのである。すなわち、東洋的専制国家のもとにアジア的共同体、古典古代都市国家のもとに古典古代共同体、中世封建社会のもとにゲルマン共同体を見たのであり、これらの共同体が解体することによって近代化が可能になると考えたのである。

この大塚の考えは、ウェーバーより学んだものである。そして、このウェーバーの議論の前提にあったものは、テンニスの『ゲマイシャフトとゲゼルシャフト』（一八八七年）であろう。テンニスは前者（共同社会）から後者（利益社会）への変化が近代の傾向であるとしたのである。ただし、ウェーバーとテンニスとは全く同じわけではなく、ウェーバーは言葉も実体名詞ではなく、フェアゲマインシャフトゥンク、フェアゲゼルシャフトゥンクと動名詞を使っていて、複雑な現実を微妙に分析するにふさわしくしているが、ここではテンニスによって説明する。

テンニスによれば、ゲマインシャフトは人間の本質意志によって形成されるものである。それは当然に思考によるものであるが、しかし、どこまでも情意に包まれたもので、人間的自発的意志といえよう。それは人間を一つの全体の部分として結合させる特殊な社会的衝動であり、本能である。これに対して、ゲゼルシャフトは人間の選択意志により形成されるものである。それは徹底的に理性的な思考によるものであって、決して情意によって左右されるものではない。利益社会という訳語はいささか浅薄であって、その中心には自我がある。この自我は、自分の行いうる可能的な活動の（蓋然的なあるいは確実な）諸結果を思い描き、基準として定立されている最終的成果にてらして、それらを比較測定し、これらの可能的な諸活動を選りわけて配列按排して、将来の実現を期するのである。

彼があげているゲマインシャフトの典型的なものが、（1）血縁共同体としての家、（2）地縁共同体としての村落、（3）精神的共同体としての都市、ギルド、教会などであり、この1から3までの順序が歴史的発展段階でもあるとする。そこでは相互扶助的な共同体的行為が見られるが、内部の秩序は身分と権威によって維持されてきたという。これに対して、ゲゼルシャフトはまず交換社会であるとする。そこでは自由な個人が思うままの取引をすることができ、このような行動が一般に行われるのが商人と大都市の時代、万人が商人である市民社会なのである。また、そこでは人間は自由であるが、孤独であり、つねに競争にさらされている。そしてもちろん、そこでは人間が結合することもあれば、分離することもある。その絆は契約である。

このように、人間が自由に分離＝結合できるところに、人類史における近代社会の到達点があると思われるが、テンニスにおいては、そこには幻想の共同体があるにすぎないと受けとめられたのである。彼によればゲゼルシャフトにおける人間はつねに利害の対立者なのである。そうであるからこそ、結合において契約が必要とされるのである。結局、大塚久雄と違って、彼にとって近代社会は偽装と欺瞞の社会だということになる。彼の言葉を借りるならば、次のようになる。

「合理的・科学的な自由な法〔ゲゼルシャフト〕は、家族・土地・町・迷信・信仰・伝承された諸形式・慣習・義務からの個人の事実的解放ということによって、はじめて可能になったことである。ところが、この解放は、村落や町におけるゲマインシャフト的な生産的・享楽的家族生活や農業共同体の没落、手工業的・組合的・宗教同胞愛的に培われた都市的文化の頽廃を意味し、利己主義・無恥・虚言・技巧・貨幣欲・享楽欲・名誉欲の勝利を意味したのである。」（一四八ページ）

このように、社会の近代化は極めて多くの問題をはらんでいたのである。しかも、彼はこの歴史の歩みが逆転を許さないものであることを知っていた。彼はゲマインシャフトの時代への回帰を語ったわけではいささかもないし、そのように語ってロマン主義者と見られることを警戒していた。彼は現実のゲゼルシャフトの誠実な倫理的＝社会的改革に期待していた。「私は進歩・啓蒙・自由の発展および文明を無価値のものと否定しはしない」（一九二二年の第四・五版での序文、森博、二〇四ページ）。彼は過去の社会の美しい詩的な側面に眼を奪われるわけにはいかなかった。しかも、彼はゲマインシャフトが人間の内部で死に絶えたわけではなく、さまざまに蹂躙されながらも、なお見えない深層で人間社会を下支えしていると考えていたのである。

これはカール・ポランニーの考え方でもある。ポランニーは社会統合の三つの類型として互酬、再配分、市場交換を考えたのであるが、イギリスの「産業革命」期を例にとり、市場交換が勝利する過程を分析した。しかし、彼の論点は、にもかかわらず、「社会の実体」（コミュニティを成り立たせているもの）からの反撃をそこに見ることができるという点にあったのである。テンニスは一八九〇年より生活協同組合運動に参加して、ゲノッセンシャフト＝協同組合の中でゲゼルシャフト社会の諸問題を解決し、現代社会の中でゲマインシャフト的なものを再建する道を見たのである。

ゲノッセンシャフトを協同組合という実体として特定しないならば、このテンニスの展望は今日の新しい状況の中で、いま生き生きとした光のもとにあると思われる。彼よりも一〇〇年以上も後世に生きているわれわれ、特に二〇世紀を経験したわれわれは、近代化は逆転可能な歴史過程であったとは思わない。それは「産業革命」をも含めて、人類の農業化とともに避けることができなかった運命にあったと思われる。したがって、近代化の是非は考察のテーマではなく、それを現実としたうえで、それをめぐる可能性を考察すべきであろう。それにまた、ゲゼルシャフトとしての近代社会も決して不動であったわけでなく、思想的にも、制度的にも、施設的にも不断に進化を続けてきたのである。とりわけゲゼルシャフト化を続ける社会の中で、自由意志による人間の交流、集団（アソシエーション）形成は多様多彩に進展したのである。

一　近代化のもとのコミュニティ抑圧

このアソシエーション（任意の団体形成）こそ新しい人間的コミュニティの形成の原動力とならなけ

ればならないものである。しかしそのためには、近代化の過程の中で、旧来の社会的・経済的コミュニティをまず押しつぶさなければならなかったのである。それは一つには、上からは国家を強化し、単に専制君主や都市国家ではなくて、コミュニティの役割を部分なりとも吸い上げる国民共同体が成立されることである。もう一つには、商品貨幣経済が日常化して、人間の相互関係にアソシエーション、ポランニーの言う市場交換の原理が導入されるということである。それは社会でアソシエーションが可能になったということであるが、これはコミュニティが農耕を突破口として社会的生産を可能としたのと同じように、人類史における一つの画期であった。

このコミュニティとアソシエーションの二つの概念は抽象的には対立したものであるが、歴史的には補完関係に立つものである。しかしそれが可能になるためには、第一に国家が家産制（国家が支配者ないし支配集団の所有物として、最強の富の源泉であること）から脱却しなければならない。第二に人間の生産力を高めて、商品貨幣経済で等価交換（物価が市場で決定されること）が実行されなければならない。もちろん、この二つの条件はいっきょに実現されるものではない。同じスピードで到達されるものでもない。しかもこの二つの方向性とその内容は、いずれも西ヨーロッパにおいてすら極めて不均等であり、緩急さまざまであった。しかし、これらは一六世紀から本格化し、一九世紀にはほぼ行けるところまで行きついてしまうのである。

歴史のこの旋回機軸は西ヨーロッパ中世のコミュニティ体制の崩壊にある。人口は一〇世紀末から上昇を開始し、一三世紀末まで急上昇するが、一四世紀に急落し、一五世紀後半から再び増加する。この一五世紀後半の人口増に先立ち都市のギルド制度は整備し終わっていたので、市場に対してギルドは飽和していた。ギルドの技術習得は徒弟→職人→親方の三段階であったが、ギルドへの新加入の門が狭くなり、閉鎖的になって、親方になれない職人が出てくるのである。ギルド・メンバーの資格は株として売買されるようになっていた。

ついでギルドそれ自体が分解してゆく。再び市場が拡大したが、親方も商人的な上層部分と労働者的な底辺部分に分化するのである。その結果として大部分の底辺の親方は実質的に商人の前貸問屋制に奉仕する賃労働者になってしまう。のみならず、親方になれない職人たちが都市を脱出して農村に移住することで、農民出身の職人とともに農村工業が起こってくるのである。彼らはギルドの共同体規制によってわずらわされることなく営業することができたので、経営を拡大してマニュファクテュアに発展させることもできたし、これに対抗する商人たちが農村にも手を延ばして多数の職人たちを前貸問屋制で組織することも拡がった。

そもそも農村共同体では一三世紀の人口増によって、中世の初めには一戸二〇ヘクタール程度あった経営地面積が三分割、四分割されていた。一四、一五世紀の人口収縮では限界耕地が放棄され、放牧地となったが、一五世紀後半から再び人口増に転ずるも再開墾はなされなかった。おりからの毛織物産業の発展により、耕地も羊毛を生産する放牧場とされ、過剰人口は手工業者その他の職業につくようになり、農村にはローカルな市場が展開するようになっていたのである。

ルネサンス都市

この都市と農村の状況を受けて、国王のあり方も変わってゆくことになる。中世における西ヨーロッパは、領主たちの封建的契約関係の網の目に覆われていた。イギリス国王がフランス国王の封臣であったり、一人の領主が二人以上の上級領主と契約を結んだり、アナーキーの極致であって、王国といっても契約の連鎖にほかならず、一円的な領域支配ではなかったのである。封建制の中心であるフランスにおいては、国内にはイギリス王などの多くの封地が入り乱れており、ドイツの神聖ローマ帝国の枠内には無数といってよい領邦と自由都市がひしめいていた。イタリアに至っては南欧型の都市国家によって四分五裂の状態で、一八六一年までイタリアという国は存在しなかったのである。

この中で例外的だったのはイギリスで、一〇六六年のノルマン・コンクェスト（ノルマンディ公ウィリアム一世のイギリス征服）以来、国王の権力は末端にまで及んでいた。もっとも、フランスを中心とする西ヨーロッパ全体としても、一四世紀の火薬の導入による軍事技術の進歩は封建的アナーキーの継続を許さず、都市の商人層とも結びつく国王の中央集権的な領域国家へとその志向を強めつつあったのである。もちろん、国王は底辺における旧秩序の破壊を直線的にもくろんでいたわけではない。むしろ安定のためにその保存を願っていたのであり、したがってそこですぐに必要とされたのが軍需ならびに奢侈品のための産業だったのである。また、国王にとって最大の関心は新しく生まれようとしている国家の中心＝首都の華麗さであった。

西ヨーロッパの君主たちが自らの権力を荘厳にするためにモデルとした首都、それはイタリアのルネサンス都市、なかんずくフィレンツェであった。ヤコブ・ブルクハルト（一九世紀のスイスの文化史家）の言葉を借りれば、フィレンツェは「イタリアのみならず、近代ヨーロッパ精神全体のもっとも重要な工場」であったのである。

皮肉なことにフィレンツェの文化の高揚は一四三四年にコジモ・デ＝メディチが追放先から帰還して、メディチ家がこの都市の支配者になってからである。以後若干の中断はあるが、一五三〇年にはフィレンツェ公となり、一五六九年にはトスカーナ大公となって、メディチ家の支配は一七三七年に断絶するまでの約三〇〇年間にわたり続くことになる。もともと彼らは銀行業で巨富を集めたのであるが、代々の当主は学芸の保護者でもあった。その山場はコジモ（在任一四三四―六四年）からロレンツォ・イル＝マニフィコ（在任一四七八―九二年）の時代である。美術ではフラ・アンジェリコ、ボッティチェッリ、レオナルド・ダ＝ヴィンチ、少し遅れるがミケランジェロの時代である。

建築の面では、フィレンツェの貴族のアルベルティ（一四〇四―七二年）が現われる。彼は西ヨーロッパで理想都市のプランを立てた最初の人物である。彼の関心は都市美学で、私的建築は公共建築に従属すること、中世の曲りくねった道路は直線的なものとされること、中央機関は威厳と光輝に満ちていなければならないことを旨とした。このアルベルティの影響を受けたのがダ＝ヴィンチで、彼も建築についてミラノのスフォルツァ公の依頼を受けて、いくつかの提案をしている。その主眼点は中世都市の過密とそれによる伝染病の被害を避けることで、人車道の分離・混乱を避けるための道路の再編や、道路と運河の統一的利用などを主張したのである。

その他ルネサンス期はさまざまな理想都市案が発表された時代で、例えば、ジョコンドは古代ローマのヴィトルウィウスの影響を受けて、円型で、中心の広場から八方に道路が放射される都市を提案している。マルティーニやチセラーノもこれと似た案を提出している。また、円型だが内部は縦横のグリッド状の都市プランはバルバロ、スカモッツィによって提案されている。あるいはヴァサーリは放射状の大通りとグリッド状の道路を考えている。いずれも、発想は大砲の性能の高度化に対する防衛が第一で、住民の立場は閉却されていたといえよう。しかも、軍事力の発達は城壁に依存した防衛をもはや無意味とした。なお、一六世紀に入ると、フィレンツェはまだ学芸文化の中心ではあったが、代表的な都市はフランスという国民国家の首都パリに移るのである。

パリ

パリはローマ帝国時代のルテティアに始まる都市で、神殿、劇場、浴場、闘技場などの遺構が発見されている。イール・ド＝フランスの中心にあるこの都市をフランスの首都としたのは、九八七年にカペー王朝を開いたユーグ・カペー（在位九八七―九九六年）からである。そしてパリが発展するのはフィリップ（オーギュスト）二世（在位一一八〇―一二二三年）が城壁を作ってからである。中世には人口二、三万であったと思われるが、シャルル五世（在位一三六四―八〇年）頃まで急速に発展する。それはフランス王権の強化と並行するのである。

やがて百年戦争（一三三八―一四五三年）中にフランス王権が衰退するとともに、パリも活気を失う。ようやくパリがその景観を変化させるのはルイ一一世（在位一四六一―八三年）からフランソワ一世（在位一五一五―四七年）にかけてで、街を多少なりと清潔にしようとイタリア様式の建築が移植されるのである。人口は一五〇〇年頃には三〇万だった。ルーヴル宮の造営に着手したのがこのフランソワ一世である。フランソワ一世の子供、アンリ二世（在位一五四七―五九年）はメディチ家からカトリーヌ（カトリーヌ・ド＝メディシス）を王妃に迎えている。このとき、服飾、食事、マナー、その他さまざまなイタリアの洗練された文化がフランスに流入した。ブルボン王朝を始めたアンリ四世（在位一五八九―一六一〇年）は、フランスを分裂させていたカトリックとプロテスタントの闘争にいちおうの終止符を打ってフランスの絶対王制＝中央集権国家を発足させた王であるが、彼の王妃のマリ（マリ・ド＝メディシス）もメディチ家の人であった。

パリの近代化に着手したのはこのアンリ四世である。彼は一六〇〇年の政令によって水利と公衆衛生に取り組んでいる。さらにポン・ヌフ（橋）を完成した。これはシテ島を中継しないで、ともかくもセーヌ河をそれだけで渡ることができる最初の橋であった。彼はまた君主の像と広場を結びつけて、それまで広場がなかったパリにドーフィネ広場とロワイヤル広場を造った。パリ市庁の建設に着手したのも彼である。その子供のルイ一三世（在位一六一〇―四三年）は都市問題には関心を持たなかったが、彼の母で摂政のマリ・ド＝メディシスと宰相のリシュリウは優雅な建物と庭園を造っている。カトリーヌ・ド＝メディシスがテュイルリ宮とその庭園を造ったように、マリ・ド＝メディシスはリュクサンブール宮とその庭園を造ったのである。こうしたイタリアの影響を受けた華麗な様式はバロック様式と呼ばれ、西ヨーロッパの一時代の特徴となった。

ルイ一四世（在位一六四三―一七一五年）はパリを強国の首都としてふさわしい都市に作り上げようとした。そして彼の相談相手、コルベール（一六一九―八三年）のモットーは「偉大と華麗」だった。コルベールは自分の仕事が完成するまでに死んだけれども、その死後にパリは整然と威厳を持った都に変身しはじめる。コルベールはかつての城壁や要塞をとり壊して、アンヴァリッド、モンパルナス、ポール・ロワイヤル、サン・マルセル、ロピタルなどのブールヴァール（大通り）を造ったのである。

ルイ一四世はまた、一六六七年には宮廷付造園家ル＝ノートルを使ってシャン・ゼリゼを造っている。それでも、パリはまだまだ汚い所が多い過密都市であった。一七〇二年には住宅は二万四〇〇〇戸、人口は五〇万であった。ルイ一四世はフロンドの乱（一六四八―五三年）のようにおりにふれて騒ぎを起こすパリ市民が嫌いで、一六七二年には近郊のヴェルサイユに大宮殿を建て、そこに移っている。

とはいえ、アンリ四世からルイ一四世までのブルボン王朝のもとでは、地方の封建貴族たちもパリに移り住むようになっていた。彼らの住む壮麗な邸も建てられ、いまや宮廷人となった彼らによって社交界が作られる。社会的機能を奪われた貴族たちは有閑階級化し、感覚を洗練させることが最大の関心事となったのである。この社交界の中心がサロンである。そしてその初期の有名なのが、ランブイエ侯夫人のサロンであった。その常連は貴族や高位聖職者であるが、詩人、劇作家など各界の名士が招待され、評判なるものが形成されていくのである。

一八世紀に入ると趣味の主流はロココ様式（ルイ一五世時代の華美な装飾様式）に移る。この時代の特徴はブルジョア的要素の大幅な進出である。貴族の中にも法服貴族という裁判官の地位を購入した部分が肥大するばかりでなく、パリのサロンもブルジョアの才気に富んだ名流夫人によって主宰されたものが多くなる。そしてそこで流行したのが、理性の優位を主張する啓蒙主義であり、この思潮の組織的な表現が、イギリスから始まり西ヨーロッパ全体に拡がる秘密結社フリーメーソンだったのである。これはフランスの貴族、ブルジョア、知識人の間で多くの会員を獲得し、裏面からフランス革命を演出したなどといわれているが、それは言いすぎであろう。興味深いのは、中世的なものが圧しつぶされつつあるまさにそのとき、啓蒙主義の担い手たちが建築技術者ギルドを真似た秘密結社に魅せられ、その入社式（イニシエーション）をくぐり抜けてまで加入していったということである。

ギルドの空洞化

絶対王制の重商主義政策のもとでは、もはやギルドは形骸化し、コミュニティとしては機能していなかった。それは国王による産業統制の機構とされたばかりでなく、税金を吸い上げるためのパイプとして使用されたのである。そのために、一五八一年および一五九七年の法令、さらにコルベールによる一六七三年の法令によって、ギルドはジュランド制（宣誓組合）によって加入を強制され、国家組織とされることになった。もっとも一七世紀の新興工業は、もはやギルドが活躍した部門ではなかったのである。それ故、王権は新しく必要となった産業を特権マニュファクチュアによって担当させようとした。

その分野の一つが奢侈品工業である。まず壁掛用のゴブラン織り製造だが、これは王宮や貴族の邸宅の装飾に使われた。（サン＝ゴーバンの工場が有名。）次にガラス製造では一六六五年にヴェネツィアの技術をまねて、ガラス器および鏡の製造として始められた。リヨンを中心とする絹織物製造は、一〇万を越える労働者を従事させた。一六六八年には絹靴下がパリやリヨンで製造できるようになった。その他、イギリスとオランダに対抗して輸出を盛んにするために、毛織物の工場を起こしている。

もう一つは軍需産業である。コルベールはグルノーブル、サン＝テティエンヌに溶鉱炉と鍛鉄場を設けさせるとともに、それとならんで兵器工場を作っている。一八世紀後半に入って、イギリスで「産業革命」が始まった段階においては、当時のもっとも新しい技術をイギリスから輸入して製鉄工場が作られている。それがクルーゾの工場であって、ここでは蒸気機関が導入され、溶鉱炉の送風や鍛鉄場のハンマーなどにその動力が使われた。さらに大砲の中ぐり旋盤の動力としても使用された。

一八世紀に入るや、ギルド制はいかなる内容においても意味を持たなくなっていた。ギルドによる営業権の独占は新しい経済の動きにとって障害以外の何ものでもなく、さらにそれに賦課される税金はあまりにも重く感じられ、ギルド自体がそれから逃れようとするありさまであった。それ故、当時おこったフィジオクラート(重農主義)学派やイギリスの自由主義の影響もあって、一七七六年に財政総督テュルゴーは、薬屋、印刷屋、金銀細工師など若干の例外を除いて、すべての職業の自由化の勅令を発した。しかし、それは高等法院によって無効を宣言されたのである。

一七八九年、三部会(僧侶、貴族、平民からなる身分制議会)が再開されたが、三部会に対するギルドの陳情書は九〇〇余通にのぼった。その主張はさまざまであるが、ギルドの存続支持の立場の理由としては、一つには親方の資格は努力の結集として手に入れたものであるから、何の補償もなく取り上げるべきではないというものがあった。またギルドによって高い技術水準が維持されるというものや、ギルド制度を撤廃すると、外国との競争に負けてフランスの工業は壊滅するだろうというものもあった。一方、ギルド禁止を要望したものは四一通あった。その中身は、親方になるためにはあまりにも高い費用がかかるというものや、ギルドはしばしばトラブルを引き起こしたり、新しい事業に対し妨害をしているといったものがほとんどで、経済的自由主義の立場からのものはごく少数であった。

二　フランス革命と共同体

フランス革命が勃発したとき、パリの人口は六〇万余りであった。そのうち貴族が五〇〇〇人、聖職者が一万人、ブルジョアが一〇万五〇〇〇人であったから、その他五〇万余りはサンキュロットと呼ばれる賃労働者だったのである。彼らの内容は複雑であった。このうち約三〇万は底辺をなしており、日給一リーヴル前後で働く賃労働者と職人であった。(日給の八割はパン代。)その上に小企業者や手工業の親方がいたが、その大多数は二、三人の職人や労働者を雇って自営していた。

これらの職人や労働者はもはや組織を持っていなかった。特に労働者は職場を変えるときでも、旧雇主の証明書を見せなければ職につくことはできなかった。この彼らが一七八九年から一七九四年までの革命期の動乱の中で、知識人分子の煽動に乗って、王宮や議会に対して繰り返しデモをかけ、議会による諸会派に対しても圧力をかけて、議会の政策を一段また一段と急進的にし、過激化させていったのである。いわば彼らは枯葉のような存在で、チャンスを捉えて火をつけるならば、メラメラと燃えあがるが、燃えつきてしまえば、それでおしまいだったのである。ところで農民は違っていた。彼らは目標を持っていただけに、執拗に闘った。それは農村共同体の最後の闘争であったのである。

フランスの農村共同体

フランスの農民を語るとき、それを一様なものとして語ることは許されない。すでに紹介したように、マルク・ブロックはこの国の農地を開放長方形耕地、開放不規則耕地、綜画(ボカージュ)耕地の三つの類型に分類している。この耕地形態の違いは当然に経営方法を違ったものとし、経営方法の違いは農民の行動様式を違ったものとする。それはフランス革命当時の農民の行動にさまざまな変化を与えたのであるが、共同体についてはおおむねフランスの農民がこれを防衛しようとしていたといえる。

もちろん、共同体といっても、耕地形態によって内容が決まってくる。その中でもっとも強烈に共同体に固執したのは北部の開放長方形耕地、つまり類型的にいえばゲルマン共同体の開放耕地制、散在耕地制が行われている地域である。その多くは一八世紀末において共同体的な諸権利＝諸規制を維持しており、これを不可能にする試みを頑として拒否したのである。

具体的に見ると、これらの村落は家屋菜園、耕地、共同地の三つの部分からなっているが、その耕地にはいくつもの諸権利・諸規制が設定されていたのである。そこでは耕地は三つの耕区に分割され、三年を一期とする輪作が行われていた。したがって、三年に一度、耕地は休閑地とされ、収穫後の耕地とともに「耕地共同放牧」に引き渡され、村民は自分の所有する家畜を村内での自分の所有地の比率に従った頭数だけ共同家畜群に組み入れさせ、そこで飼養することができた。この家畜こそは当時の農業経営にとって絶対に必要なものであるだけに、これに対する執着は大きかった。それは中規模の農民にとって言えるばかりか、一、二頭の乳牛しか持てない貧農にとっては「耕地共同放牧」しかその牛を飼うすべがないだけに、諦めるわけにはいかないものだったのである。

当時のフランス北部の農村では貧農の割合が半分を越えるほど農民層の分解が進んでいた。したがって、他の共同体的諸権利・諸規制もまた生活のために必要であった。例えば「落穂拾い権」は、収穫後少なくとも収穫地に丸一日放置されている落穂は、村民なら誰でも自由に拾得することができるという権利である。それは未亡人や病人に留保されるというタテマエで守られてきたが、実際には貧農を中心とするほとんどの村民がこの権利によって落穂拾いをしたという。したがって、表面的に反対はできなかったが、それによって得る穀物の量と日雇いで稼ぐ賃金とに大差がないときには、村全体の労働力不足を強め、さらには収穫後の耕地に播種した牧草を台無しにしてしまうため、嫌われた。

「刈株採集権」は、村民なら誰でも村内の畑の刈株を持ち去ってもよいという権利であるが、「落穂拾い権」より弱くなっていたようである。刈株は家畜の飼料、屋根ふきの材料、あるいは燃料となるものであるだけに、わずかしか耕作地を持たない貧農にとってはやはり生計のために必要なものであった。それだけに、根元から刈り取ってしまう大鎌の使用を禁止させ、穂先だけを収穫する手鎌の使用の強制と結びついていた。しかし、これらは農業生産力の上昇を妨げるものであった。耕作者にとっては必要な家畜の飼料を失わせるばかりでなく、能率のよい大鎌の禁止は痛手であり、とりわけ刈跡に播種した牧草を貧農に台無しにされることは憤懣やるかたないことであった。したがって、中農、富農にとっては一刻も早く片付けてほしい陋習《ろうしゅう》と考えられていた。

これら耕地強制に加えて共同体の重要な基盤は、これまたすでに見たように共同地である。農民の経済に不可欠なものを提供する森林、沼沢、草原、荒地、山岳地帯など、村の外側に広くひろがる土地は当時、共同地として村民総会によってその利用が決定される総有地であったのである。しかし、これらの土地は利用の仕方次第では外側の人たちにとって富の源泉ともなりうる所であった。特に森林は燃料を供給するところだけに狙われた。製鉄と鉄加工のためには尨大な木炭が必要であるが、それを供給する森林は誰しも眼をつけるところであり、しかも耕地強制と違って、単にフランス北部だけでなく、全フランス的に存在していたのである。

すでに中世において、領主は共同地にトリアージュ権を設定していた。これは、共同体に対して領主は共同地の三分の一を請求できるという権利である。この権利は一三世紀から一四世紀初めにかけての人口増による開墾の前進ともぶつかって深刻な紛争を引き起こしている。やがて、パリの国王が中央集権的領域国家を目指しはじめると、国王はまずこのトリアージュ権を食い込もうとするのである。しかしながら、一六世紀の終わりになると、パリの国王は共同体を保全するため、領主や商人による共同地収奪にブレーキをかけはじめる。とはいえ、国王の支柱の一つは商人層であるから、鉄需要が求める森林の追求をむげに退けるわけにもいかない。したがって、国王の共同地政策は優柔不断、首尾一貫しないものとならざるをえなかった。この状況は一八世紀後半になると大きく旋回するのである。

「新農法」の推進と農民

一八世紀のフランスはもはや華麗、壮大なバロックの時代ではなく、繊細、優美なロココの時代であるとともに、アングロ＝マニー（イギリス熱）の時代である。一七世紀まで西ヨーロッパの中心を自認していたパリにとって、イギリス人は乱暴な田舎者である。しかし、ルイ一四世以後、世界覇権の追求において守勢に立ちながら、最終的に一七六三年のパリ条約によってイギリスに敗北するのである。

単に国際関係のみでなく、文化や経済の面においても、イギリス、ロンドンがフランス人によって注目されるようになる。上流階級にフリーメーソンが流行するのはイギリスの影響であった。風俗的にはサロンに代わってカフェが意味を持ってくるが、これもイギリスの影響であった。しかし、フランス革命を引き起こすまでの大きな影響といえば、それはイギリスから新しい経済システムを導入しようとしたことである。そのうち「産業革命」のニュースは海峡一つ隔てて直ちに伝わり、フランスでは早くからイギリス流の工場が建設されていった。しかし、容易ならぬ結果をもたらしたのは、イギリス渡来の「新農法」である。

西ヨーロッパにおいて旧い農法を壊す「新農法」が発生したのはフランドルである。ここで「三圃制」に代わる「科学的四輪作法」が生まれたのである。しかし、フランドルではこの農法は土地不足(低地地方では、海の干拓によって新しい土地を作らざるをえなかった状況にあった)から園芸的な方向へ展開してゆかざるをえなかった。しかしこの「新農法」はイギリスに渡って大発展をとげ、イギリスの経済的強さの土台となっていたのである。そして一八世紀後半にこのことがフランスでも理解され、パリ条約以後、ベルタン(財務長官)はそれを推進する政策をとることとなるのである。

この「新農法」の核心は休閑を廃止して、牧草を栽培するところにある。この牧草はウマゴヤシ、クローヴァ、イワオウギといった豆科植物やカブなどであって、それ自体が優れた家畜の飼料であるとともに、それを栽培することが土地の肥沃化につながった。この牧草栽培を充分に有効なものとするためには囲い込みが必要であって、それは「耕地共同放牧」を不可能とし、その他さまざまな共同体的諸権利・諸規制をふみにじることであった。さらにこの新しい輪作は放牧地としての共同地そのものを不用にした。何となれば、牧草栽培によって豊富で良質の家畜の飼料が得られるので、放牧地としての休閑地ばかりでなく、共同地をも無くて済むようにするからである。このことは共同地の分割=囲い込みによる耕地拡大の誘因となるものであった。

この「新農法」は飼育する家畜の頭数を飛躍的に増加させるとともに、牧草栽培による耕地の活性化と家畜の排泄物の増加による土地の肥沃化によって穀物生産をも増大させるだけに、開明的な貴族やブルジョアに農業に対する関心を持たせた。それ故、政府の方針もあり、一八世紀の八〇年代になると「新農法」の実践は一つの流行にさえなるのである。もちろん、この「新農法」は前述のフランドルのように、フランスの一部においても自然発生的に成立していた。しかも、そこでは農民層の分解が貫徹して、彼らは少数の農業資本家と多数の賃金労働者に分化しており、もはや猫の額大の土地と共同体的諸権利・諸規制にしがみつく貧農は少なくなっていたわけだが、もとよりそのような地帯はフランスにとっては例外的だったのである。

このような情勢の中で、一七八九年に革命が始まるのであるが、革命の第一段階はこの「新農法」を推進する勢力が全面的に活動を強化した。まず、パリの「農業協会」が、その総会で農業近代化の綱領を決定し、国民議会に対してそれを請願した。その内容は農業の進歩を妨げる共同体的諸権利・諸規制を禁止することである。そしてこのことによって近代的土地所有権を確立させ、言い換えるならば、耕作の自由（ギルドの廃止による営業の自由と並行するもの）の実現を要求するのである。この請願は体系的なもので、八方に眼くばりしたものではあるが、革命の第一段階における世論の中で決して浮き上がってはいなかった。しかし、国民議会の農商業委員会ではかなり慎重に審議された。流行の「進歩的」イデオロギーとしては異議を唱えようもなかったが、議員たちは泥くさい農村の実情を多少とも知っていただけに、結論を引きのばそうとしたのである。しかし、ともかくも「農村法」が成立したのは、一七九一年九月二八日～一〇月六日のことであった。

革命の法令的な決定

「農村法」の根幹をなす第一部の最初の六カ条は次の通りである。

第一条。一切の土地所有者は、自分の土地の耕作と利用に有用と信じる数量と種類の家畜を自らの土地に保持し、そこに家畜を排他的に放牧することにおいて自由である。ただし、パルクール権（村落間の相互放牧権）と耕地共同放牧権については後に定めるところによる。

第二条。パルクールの名のもとに知られており、それによって耕地共同放牧権をもたらす村落間の相互的権利は、この権利が法律と慣習によって認められた権利あるいは所有権に基づいている場合に限り、この第一部で定められた制約のもとに、一時的に行使し続けることができる。その他の場合には廃止される。

第三条。パルクール権をともなう、あるいはともなわない一村内における耕地共同放牧権は、それが特別な権利に基づくか、法律あるいは太古よりの慣習によって認められる場合においてのみ、そして耕地共同放牧がこの部に続く諸条項で定められた制約と矛盾しない地方的な規則と慣習に一致して行使されるという条件においてのみ、存在することができる。

第四条。所有地を囲い込んだり、囲い込みを廃止したりする権利は本質的に所有権に基づく権利であり、いかなる土地所有者もこれを妨げられることはない。国民議会はこの権利を妨げる一切の法律と慣習法を廃止する。

第五条。パルクール権と単なる耕地共同放牧権はいかなる場合も、土地所有者によるその土地の囲い込みを妨げることはできない。

第六条。いかなる場合であれ、いかなる時期においてであれ、パルクール権も耕地共同放牧権も牧草栽培地で行使することはできないし、作物が播種された土地や生育中の土地は、その収穫後にはじめてそれらを行使することができる。

これが、革命中の議会が「耕地共同放牧」に対してとった態度で、法令の上ではこれを訂正しようという試みはなかった。

共同地については、一七八九年の請願書の中からブールジャン（経済史家）がピックアップしたリストを見ると、そのほとんどの言及が共同地の分割を要求している。ただし、若干ながら共同地の返還とトリアージュ権の廃止を要求するものが混じっている。これは革命以前における領主やブルジョアによる共同地の収奪ないし購入が少なくなかったことを示している。これらに対して国民議会がとった態度は、まず一般的な大原則として封建的諸権利の廃止において一致し、当然にトリアージュの廃止も決定することだった。問題はこの原則をいかにして適用してゆくかにあった。一七九〇年三月五日の封建的諸権利廃止の法令では、四〇年以上前のものについては時効にすることになっていた。しかし、これには当然に異論があった。したがって、革命の急進化にともない、これに修正が加えられることとなる。

まず、一七九一年一〇月に成立した立法議会により、一七九二年八月二八日に採択された法令では、トリアージュ権無効化の時効を一六六九年まで遡及させた。そして、一七九一年の「農村法」では言及しなかった共同地の所有権を、共同体に属するものと明確に規定している。さらに一七九二年一〇月に成立した国民公会においても議論は続けられ、いちおうの結論を出したのが一七九三年六月一〇日法である。これは一つには、農村共同体に対して、収奪された共同地の回収を事実上、時効なしに承認するものである。そして共同地を分割するにあたっては、次の原則を設けた。

共同地の分割は、いずれの性、いずれの年齢であるかを問わず、その共同体に居住するすべての住民によって人頭割りになされること。ただし不在地主とトリアージュ権を行使した領主は排除されること。割当てを受けた者はこの割当分を完全な所有権をもって利用できるが、ただし一〇年間は譲渡、売却、抵当とすることを禁止すること。分割の実行は、二〇歳以上の割当て権を持つ男女によって構成される住民総会で三分の一以上の多数決をもって決定されること。その際、共同地の分割のほか、売却、賃貸、共同用益の継続のいずれかを選ぶことができるが、分割以外は県の行政部の許可を受けて実行すること。分割する場合は、住民総会がその共同体外の専門家を指名してその作業を行い、分割地の割当てはくじ引きによって行うこと。

これがフランス革命の到達した共同体についての結論である。問題はこの結論が当時の農村の実情に即応したものであったかどうかである。その後の歴史の進行を見れば、その打ち出した方針が現実には実行不可能なもの、あえていえば、イデオロギー的な目標であったことは明らかである。しかし、革命派の思想が一貫してイギリスをモデルとした近代化の思想に立っていながら、目標と現実との乖離の程度に革命の進行状況が反映していることは興味深い。それは大衆の圧力がまだ指導部の思想をねじ曲げるに至らなかった一七九一年段階と、大衆の圧力がねじ曲げてしまった一七九三年段階との違いである。すなわち、一七九一年の「農村法」は土地近代化の率直な法制化であったのに対し、一七九三年の六月一〇日法は実質的に当面の共同地分割を事実上、不可能とする内容を持っていたのである。

とはいえ、一七九三年から九四年にかけて過激化した農民の要求も、国民公会の六月一〇日法に依拠して闘いとられるわけにはいかなかった。文章的にはそれはあくまでも近代化路線であるからである。そのため、農民の共同体的諸権利・諸規制に執着する闘争は極めて強引なでっちあげを使わざるをえなかった。そのよい例がフェスティ（農業史家）によって紹介されたマルブフ侯夫人事件である。彼女はフランス軍砲兵師団会計長をやっていたインド会社取締役の娘で、陸軍元帥マルブフ侯の未亡人であった。つまりブルジョア出身の貴族である。彼女が告発されたのは、農地を囲い込んで牧草を栽培し、多くの家畜を飼養したからである。そして告発者である近辺に住む一農民が、これを理由として、彼女は共和国の穀物生産を減らし、フランスの市民を飢餓におとしいれようとしていると訴えた。共和国の裏切り者、プロイセンとオーストリアのスパイ、人民を飢えさせようとする極悪人といろいろレッテルにはこと欠かず、ついに彼女はギロチンにかけられたのである。

フランスにおける共同体の終焉

革命後における共同体の状況については、いくつかの調査によってたどることができる。一八三六年と一八三八年の二回にわたって行われた内務省による各県の「耕地共同放牧」についてのアンケートでは、始めから囲い込まれていた西部のボカージュ地帯を除けば、そのほとんどで「耕地共同放牧」が残っていると報告されている。農業近代化の程度を示す穀物耕地における休閑地の占める比率は、全国で一八四〇年になお四七・四七％もあり、六二年でようやく三二・九五％に落ちるのである。共同地も一九世紀前半においては、大半の農村において維持されていた。

しかし、一八五二年から七〇年にかけてのフランス第二帝政の時代には、フランスの工業化が大いに進行する。パリの近代化もセーヌ県知事オスマンの努力によって推進され、ほぼ今日のパリの原型ができあがる。下水道が整備され、大通りは広場から広場へ真っすぐに直された。労働者はゾラの『居酒屋』（一八七七年）に画かれている状況で、まだ古い面も残ってはいたが、ギルドの職人はとっくに近代的なプロレタリアになっていた。ある村では、一八六〇年に鉄道労働者を中心とする村民が共同地の分割を請願したという史実が残っている。フランスにおいては、都市のみならず農村でも、一八七〇年頃までにコミュニティはおおむね解体したといって大過ないであろう。

三　近代社会における自発性

近代社会は共同体を圧殺し解体させた。それはテンニス的に言うならば、ゲマインシャフトからゲゼルシャフトへ移行したということであるが、テンニスも気づいていたように、ゲマインシャフトが完全に抹殺されてしまったわけではない。彼はゲノッセンシャフト（協同組合）といった形での残存を期待していたわけであるが、ゲノッセンシャフトはゲマインシャフトではなく、アソシエーション（任意の団体形成）である。近代社会においては、人間の行為はアソシエーション化せざるをえないのである。ゲマインシャフトの諸要素が他の要素として切り離されて、ゲゼルシャフトの中に出現するのである。

このゲマインシャフトの諸要素のうち支柱の役割を果しているものは、（1）自発性、（2）共同知、（3）共同性であろう。少なくともこの三つが結びつくことによって、かつてゲマインシャフトが存在したのである。近代社会の共同体の圧殺とは、この三つの要素を結びつける社会＝経済的基盤を解体することによって、それらを切り離してしまったことである。これが農村やギルドの共同体を破壊する「営業の自由」の意味であるが、それがなされるとき人間の宗教的関係も揺がされずにはおかなかったのである。カトリックとは、普遍的、万人を包括するという意味である。カトリック教会のもとにあった西ヨーロッパ世界においては農村共同体は同時に聖堂区（パリッシュ）であった。村落や都市のコミュニティとしての相互扶助、老人・病人・孤児に対する援助も聖堂区の教会によってなされていたのである。このように人びとをすべて包括する型の教会をキルへ型と呼ぼう。

キルへはゼクテと対をなし、トレルチ（文化史家）の教会史における概念である。キルへは地域（村落）の全構成員を組織していることが原則である。これに対してゼクテは個人が自由意志によって入信を決意し、教会もこれを受け入れるのである。本来、信仰というものは、いずれの場合であれ、内発的なものでなければならないが、とりわけ信仰の内発性を強調する人たちには、キルへにおける信仰が微温的なものではないかという疑惑が生まれやすい。それは、人の誕生＝洗礼から堅振礼をへて、結婚、そして終油→死→埋葬に至るまで人生の全行程が秘蹟（サクラメント）によって管理されているからである。キルへにおいては、共同体のすべての仲間は同じ教会の信者であるし、人はキルへに入るのではなく、キルへの中に生まれるのである。したがって、破門＝エクスコムニカティオは教会からの追放であるが、実質的に共同体・社会からの追放となったのである。これではいかに信仰の自発性について強調しようとも、大勢への順応という他律的なものではないかと疑われかねない。

「宗教改革」はこのカトリック教会の組織の状況に打撃を与えるものであった。もとより、キリスト教の組織原則として共同性を否定することは不可能であろう。したがって、ルター派にせよ、カルヴァン派にせよ、神学的にはキルヘ的構造を採用している。とはいえ、プロテスタントの間でも諸派が入り乱れるという状況のもとでは、実質的には各派ともゼクテ的にならざるをえなかったといえよう。イギリスでは、その「宗教改革」の特殊性から、アングリカン教会（国教会）がキルヘとして成立し、その末端の聖堂区は実質的に公的機関として機能した。しかし、政教分離の流れの中でディセンター（非国教徒）にも平等な公的権利を順次与えることによって、実質的にゼクテ化してゆくのである。

フリーメーソン

キリスト教の中におけるゼクテの発生は、近代における自発性の抑えきれない発現であって、近代社会の一つの特質となる。しかしそれは西ヨーロッパの人たちにとって、一六、一七世紀の凄惨な宗教戦争を経験しただけに、秘密結社化あるいは世俗化という変貌をとげるのである。その中でもっとも有名であり、それをめぐるさまざまな風説に取り巻かれたのがフリーメーソンである。それはとりわけ秘儀的な通過儀礼によってうす気味悪いものと見られるとともに、広く興味を持たれてきた。

この集団の起源については多くの神話がある。その中でフリーメーソン自身が採用しているのは、ソロモン王がイエルサレムの神殿を建設したときの建築者、ヒラムの死をめぐる説話である。その他、中世のテンプル騎士団を起源とする説やさまざまな説があるが、もともとフリーメーソンとは「自由な石工」という意味を持つ。石工は中世においては寺院や宮殿の建設技術者であって、当時は特権的な地位を持つ人たちであった。しかし、中世の終末とともに超世俗的意味を持つ大規模建築の機会が減り、これら技術者集団も衰退しつつあった。フリーメーソンはこの時期に、すでに生まれていたバラ十字団のような秘密結社の影響を受けてイギリスにおいて誕生したものと思われる。もちろん、現実の建築技術者集団とフリーメーソンとは違ったものである。しかし継承関係はあり、前者から後者が受け継いだものは、(1)ギルドとしての親方・職人・徒弟の三つの位階からなる組織構成、(2)ロッジ(大建築現場の職人たちの普請小屋)という組織単位、(3)建築技術者ギルドの起源についての伝承、(4)会員相互の友好的＝博愛的な関係、(5)フリーメーソンの内部組織、活動を外側の人たちには秘密にするという原則、(6)会員相互間で相手が会員であることを確認するための独特の用語、(7)キリスト教的な基本精神、の七つといわれる。

フリーメーソンの史伝によれば、その誕生は、ロンドンとウェストミンスターにあった四つのロッジがアンソニー＝セイヤー(初期のフリーメーソン指導書)の提言により「団結と調和の中心」であるグランド・ロッジに結集した一七一七年六月二四日(洗礼者ヨハネの日)となっている。一七二三年にはプロテスタントの牧師アンダスンによって「憲章」が編纂されて、フリーメーソン会員の遵守すべき掟が定められている。そして、たちまち国外にも拡がって、特に上流社会を組織していただけに、影響力のある勢力となってゆく。一七二五年にはアイルランド、翌二六年にはスコットランドにもグランド・ロッジが設立されている。これらのアングロ＝サクソン系のロッジとならんで、大陸、特にフランス、ドイツにも拡がる。フランスには一七三八年にフランス・グランド・ロッジが設立される。そして一七七三年にはフランス大東社(グラントリアン)が設立されたのである。

その会員には驚くべき人びとが名を連ねている。ヌフォンテーヌ(宗教史家)によれば、プロイセン国王ではフリードリヒ大王、フリードリヒ＝ヴィルヘルム一世、イギリス国王ではジョージ四世、ジョージ六世、エドワード七世、エドワード八世、アメリカではジョージ・ワシントン、ベンジャミン・フランクリン、セオドア・ルーズヴェルト、ハリー・トルーマン、リンドン・ジョンソン、フランスではフィリップ・エガリテ公、ラファイエット侯、ミラボー伯、ジョセフ・ボナパルト、ジョフル元師、チェコではエドワルト・ベネシュ、ベルギーではレオポルト一世、イタリアではイタリア統一運動のジュゼッペ・ガリバルディ、チリでは自殺した社会主義大統領サルバドール・アジェンデとくる。

文化人では、フランスのモンテスキュー、ヴォルテール、ラクロ、サド侯、メーストル伯、スタンダール、マラルメ、ジュール・ヴェルヌ、プルードン、ドイツのレッシング、ゲーテ、ヘルダー、ハイネ、イギリスのアレクサンダー・ポープ、ロバート・バーンズ、ウォルター・スコット、コナン・ドイル、キップリング、オスカー・ワイルド、ロシアのプーシキン……。

音楽家では、ハイドン、ベートーヴェン、モーツァルト、リスト、シベリウス、マイヤベーア、カウント・ベイシー、デューク・エリントン、ライオネル、ハンプトン、ルイ・アームストロング……。

映画人では、セシル・B・デミル、クラーク・ゲーブル、ジョン・ウェイン……。

これらの人名から判ることは、一八世紀の「啓蒙主義」がフリーメーソンと関係があることだろう。特にフランスにおいてはこの傾向が強く、その理神論的な思想がカトリック教会の反発を買うことになる。それ故、一七三八年に教皇クレメンス一二世は、フリーメーソンに加入することは「教会と正当な国家権力に反する活動」と見なして、会員に破門宣告する教書を発している。これに対してプロテスタント側では、牧師の入会者が少なくないところからしても、反発はそれほど強烈ではなかった。その結果として、フランスにおいては反教会的雰囲気をフリーメーソンが吸収して、「啓蒙主義」の知識人の中心となったアンシクロペディスト（百科全書派）の多くがその会員であった。そして彼らの信条である〈自由、平等、博愛〉はフランス革命のスローガンに採用されることとなったのである。

ところで、このことがフリーメーソンをもって既成の権力を暴力的に転覆しようとする陰謀集団とする風説を拡めさせることとなったのである。一七九三年に早くも、革命がフリーメーソンの仕事であるという風説が流されはじめている。この風説に多少とも真実らしさを与えたのは、フリーメーソンの一派であるバワリアのアダム・ヴァイスハウプトを指導者とする「啓明会」がフランス人たちに秩序破壊的な言説を送っていたという説で、これがドイツで信じられたことである。彼らはアンシャン・レジーム末期（革命前夜）からフランスのミラボー伯（フランス革命の初段階の指導者。後にギロチンにかけられる）と関係を持っていたし、やがてジャコバン派（フランス革命過激派）と直接に連絡をつけていたというのである。しかし、この多分にあやしい風説に尨大な根拠を与えたのは、一七九七年から九九年にかけてバリュエル（フランス革命の亡命者）が発表した『ジャコバン派の歴史のためのメモワール』全五巻である。彼はこの書で、ヴォルテールとダランベールが反キリスト教的陰謀の、そしてモンテスキューとルソーが反国王的陰謀のフリーメーソン会員であると決めつけたのである。

確かに、一七八九年時にフランスには六〇〇のロッジがあり、約三万のフリーメーソン会員がいた。そして彼らは概して優秀な知識人で、自由職業人、医者、弁護士、商人、官吏、貴族、聖職者が多かったから、国民議会の議員に多数当選していたと思われる。フリーメーソン会員がパリの多くのクラブ（政治結社）のメンバーだったという主張もある。しかし、アンリ・セーによれば、一七九一年末までに大東社は休眠状態に入り、ほとんどのロッジは一七九二年までに閉鎖されていたという。貴族会員はほとんど亡命していたし、革命参加者もジャコバン派（過激派）よりもフイヤン派（温和派）の方に多く属していた。彼らの多くは恐怖時代に投獄されるか、フィリップ・エガリテ公やミラボー伯のようにギロチンにかけられている。おそらく、これが真実のところであろう。しかし、人というものは陰謀説を好むものである。二〇世紀に入るとユダヤ人陰謀説とフリーメーソン陰謀説とが融合して、大衆好みの陰謀説が現われてくるのである。

アメリカの秘密結社

このスキャンダラスな陰謀説にもかかわらず、欧米人の秘密結社あるいはクラブに対する嗜好は変わらなかったようである。それはゲマインシャフトを失った近代人のノスタルジアだろうか。今なお西ヨーロッパにおいてもアメリカ合衆国においても、フリーメーソンを始めとする秘密結社は着実な存在を維持している。その中でアメリカ合衆国は西ヨーロッパとは若干違った方向で発展してきた。この国におけるフリーメーソンの普及は西ヨーロッパよりも著しいものがあった。すでに見たように、アメリカ合衆国の独立戦争を戦ったワシントンやフランクリンなど多くの指導者が会員であったし、その次の世代で大統領になったジェファーソンもそうであった。いまも各州にグランド・ロッジがあり、活動を続けている。ただ西ヨーロッパのフリーメーソンとの違いは、西ヨーロッパと同様に入社式（イニシエーション）その他の儀式を保存し、かつ新しい儀式を設定しているものの、イギリスのように閉鎖的ではなく、公開の結社としており、いまも四〇〇万人を越す会員を擁していることである。

人類学者、綾部恒雄がペンシルヴァニアにおいてアメリカ地域社会のフィールドワークに取り組んだときに発見したもの、それはアメリカ社会には無数の秘密結社を先頭とし、さまざまなクラブに及ぶ無数の任意集団が存在し、これらがその地下茎においてさまざまに絡みあっている状況であった。その著書『アメリカの秘密結社』(一九七〇年)では、次のような秘密結社をあげ、解説している。

「フリー＝メーソン」
「東方の星」
「大学のギリシア文字クラブ」
「オッド・フェローズ」
「ピティアスの騎士団」
「コロンブスの騎士団」
「グレーンジ」
「赤い人」
「森の人」
「エルクス・クラブ」
「ムース」
「黒人の結社」
「クー・クラックス・クラン」

「マフィア」

このように多数の秘密結社がアメリカ合衆国の風土に根をおろしえた理由としては、まずニューイングランドの開拓がイギリス人によって着手されたことがあげられよう。イギリス系開拓者たちはコロニーに落着いたとき、早くもフリーメーソンのロッジを結成していたのである。アメリカ社会がこれら結社に対し強い関心を持ったのは、彼らの仲間はフロンティアにおいてまさに文字通りのコミュニティを持ったし、さらにアングロ＝サクソン系以外の移民たちも新しい環境の中で生活するため、同郷人のコミュニティの中で生活せざるをえなかったからである。

他の人種と違ってアングロ＝サクソン系は都市に集中することなく、多くはフロンティア＝開拓前線の「大草原の小さな家」に散っていった。彼らはきびしい自然とアメリカ先住民の居住地の真ん中で農業を主要な仕事としていたのであるが、生きてゆくために本源的なコミュニティを作った。そして、タウン・ミーティングという総会を毎年一度、通例は春に開催してタウン自治の最高議決機関としたのである。これには実際上、男子住民なら誰でも参加できるものだが、こうした慣習は植民地時代から確立していた。この総会は書記が議題を予告したうえ招集し、議長を選出して議事が進められる。そこでは書記、巡査、租税評価人、行政委員、民生委員、公立学校理事者などの役職者が選出され、地方税、学校、図書館などのタウン全体の問題が審議されるのである。アメリカ合衆国の独立運動の原動力が生まれたのもこのタウン・ミーティングであった。当時、ボストンのタウン・ミーティングではサミュエル・アダムズ（アメリカ独立運動の指導者）の指導下に運動を起こし、マサチューセッツにとどまらず、ニューイングランド全体に通信連絡委員会を拡げていたのである。

今日でもアメリカ北東部のニューイングランドおよびニューイングランド出身のアングロ＝サクソン系アメリカ人、いわゆるヤンキーが移住した中西部の北側では、このタウンが存在し、タウン・ミーティングという直接民主制がなお行われている。

アメリカ合衆国への移民はイギリス領時代から一九世紀の初めまでアングロ＝サクソン系が主流であったが、一九世紀の中葉からドイツ人、アイルランド人が急激に増加しはじめる。そして一八八〇年代からチェコ、ポーランド、リトアニア、ロシアといった地域から、ユダヤ人を中心とした東ヨーロッパ人の移民が増加してくる。そして一九世紀末になると、今度は南ヨーロッパからイタリア人を中心とする移民が激増するのである。二〇世紀に入るとプエルトリコ人をはじめとするラテンアメリカ系が増加し、さらにその後半にはアジア系が顕著になるというのが主要な流れであるが、一般的な傾向としては、アングロ＝サクソン系をはじめノルウェー人、スウェーデン人といったプロテスタントはフロンティア開拓に分散し、アイルランド人、イタリア人といったカトリックやユダヤ人は都市に同郷人のコロニーを作ったといえよう。

綾部恒雄によれば、一九三一年のアメリカで、大きい方から二〇〇の結社のうち三分の一は移民による組織で、特にポーランド人、ユダヤ人、スロバキア人、クロアティア人、フランス＝カナダ人などによるものが多かったという。彼らが作る結社は三つの種類に分けられる。まず救済的結社である。長い旅の果て、アメリカ大陸にたどり着いた移民たちは、よるべなき人たちであった。わずかに彼らを救ってくれたのは同郷人の救済組織であって、一七六四年には早くもドイツ人を受け入れる「ドイツ・ゲゼルシャフト」という組織ができていたという。「オカリカ」というのはポーランド人の組織で、同様なものであった。彼らはこの組織の保護のもとにアメリカ社会に適応し、社会に出ていったのである。

第二は相互扶助的結社であって、第一が移民のために作られたのに対して、これは移民によって作られた結社である。これらの相互扶助組織の多くは会員が会費を出しあって、会員の死亡や病気の際に資金を援助する仕組になっており、移民たちはほとんどこれを組織し、これを背景として自分たちのロッジ、クラブ、秘密結社を無数に誕生させていったという。ユダヤ人の場合は「ケブラ」を持っていた。ケブラとはヘブライ語で「仲間」を意味し、ディアスポラ（離散）のユダヤ人が唯一頼りにするもので、今日の彼らのさまざまな結社はこれを原型としているという。一九世紀末からの移民はほとんどが集団移民で血縁、地縁、人縁を頼ってイモヅル式にアメリカに入国したのであるが、シカゴを中心とするイタリア人の組織は特に団結力が強かった。

第三は民族主義的結社であるが、これはある程度アメリカに地歩を築いた移民たちがその救済的結社、相互扶助的結社をたばねて組織したものである。これらの組織はいずれの民族も持っていたのであるが、故郷をなつかしみ、その文化的伝統を保存し、かつアメリカ社会での活動で力を貸しあって、進出を支えあい、民族集団そのもののステータスを高めることが目的であった。

クラブ、フェライン（協会）

アメリカ合衆国におけるアソシエーションの形成やさまざまな任意集団の組織化が、極めて切迫した状況に対応するものであったことは明らかである。しかし、人間の欲望は、マズロウ（心理学者）が言うところでは、その達成とともに一段一段と進化していく。生存から安全へ、安全から帰属へ、やがて帰属から社会的承認へ、そして社会的承認から自己実現へという具合である。これは自発性による集団形成についても言いうるのであって、アメリカ移民たちも救済的結社、相互扶助的結社からそのニーズを帰属、社会的承認、自己実現へと進化させた。もちろん、さまざまなニーズは併列的に存在するのであって、これがアメリカ社会における秘密結社をはじめとする各種結社の百花繚乱を現出させたのであるが、その到達点というべきものが社会奉仕的クラブの誕生であろう。

その最初のものといってよいのが「ロータリー・クラブ」である。これは一九〇五年にシカゴの弁護士ポール・ハリスが友人四名とともに、一つの職業につき一人の会員を原則として創立したクラブである。その目的は、(1) 奉仕を機会として知り合いを広める、(2) 自己の職業の道徳的水準を高める、(3) 個人の生活全般に奉仕の理想を適用する、(4) 国際的な相互理解と親善と平和を推進する、である。入会資格は自由裁量権を持つ(サラリーマン以外の)ビジネスマンか自由職業者であって、クラブがその地域の各職業人の代表的な人物を選んで、入会を要請するというやり方をとっている。地域社会のクラブが基礎で、それが各国でまとめられ、さらにその世界的な連合体であるロータリー・インターナショナルにまとめられる。(中央事務局はイリノイ州エヴァンストン。)国際的な救済・福祉活動を多彩に行い、日本関係ではいまもロータリー財団の援助で多数の留学生が海外で学ぶことができる。

もう一つは「ライオンズ・クラブ」である。その目的は、そのモットーが「われわれは奉仕する」であるように、クラブの存在する地域に対してさまざまな奉仕活動をし、世界の人びとの間に相互理解の精神をつちかい、地域社会での生活、文化、福祉および公徳心の向上に積極的に関心を示すこととなっている。その会員は、善良な徳性の持主で、地域社会において信望のある成年男子の中から厳選され、入会は招請によってのみ行われるとしており、各地域のクラブが、イリノイ州オークブルックにあるライオンズ・クラブ国際協会を構成する一単位となっている。

このアメリカに見られる任意加入の結社、集団は、もちろんアメリカほどの盛行を見せないにしても、西ヨーロッパ諸国においても多かれ少なかれ見られることである。もともと中世カトリック圏には、教会はキルヘ型であったが、任意加入の「兄弟団」(フラテルニテイ)と呼ばれる信仰団体があった。これは日本の講にあたるもので、ゼクテの温床となるが、一八世紀以後においてもゼクテのような硬質な組織ではないものの、さまざまな目的を持ったアソシエーションが多数存在していたのである。これを原型として、各国にフェライン(協会)、クラブの類いが簇生するのである。そしてそこに共通するものは世俗的=脱宗教的な性格であった。

まず、ドイツにおいては、フランス革命とナポレオンの征服によって国土を蹂躙され、そのインパクトから民族主義が勃興した。この民族形成の熱意から都市を中心に思想や学術、趣味を目的とした団体の結成が流行する。このフェラインと呼ばれる身分性別を問わない入脱会自由の任意団体は、まだ身分や職業による垣根が残る、統一国家の不在による地方割拠の状況の中で、民族の自由な交流を図っていたのである。その出発においては、ドイツ人のアイデンティティの発見を目指したもの、例えば、歴史協会、読書協会、博物館協会、農事改良協会などが見られ、これらの会員の中心としては教師が多かったが、商人や手工業者などもいた。これらの団体は後には国家の保護や規制を受けて性格を変えてゆくが、グリムのフォークロア蒐集や歴史学派（イギリスの古典学派の普遍主義に対して、ドイツにおける歴史的特殊性を主張した学派）の創始者フリードリヒ・リストの経済思想などはその国民的思潮のうえに実を結んだものであった。

イギリス人は一六世紀、一七世紀に宗教問題に熱中するが、一八世紀になるとすでに見たフリーメーソンが生まれる一方で、社会の各層にさまざまな任意団体も生まれることとなる。その中で注目されるのが上流・中流階級におけるクラブである。これはピューリタンの支配による道徳的抑圧が飽きられ、歓楽的雰囲気が戻る王政復古後、イギリスの経済的繁栄、国際的地位の上昇によりロンドンが整備されて、そこに社交界が成立するとともに発生したものである。地方の貴族、ジェントルマンたちは春から始まる社交シーズンにロンドンに出てくるのであるが、その社交の骨格となったのがクラブである。時は後に述べるようにコーヒー・ハウスの時代であるが、これが開放的な場であったのに対して、上流階級のクラブは閉鎖的で、女人禁制であるほか、新加入者には厳しい審査が行われた。なお、女人禁制に対しては、一九世紀後半から、アレクサンドリア・クラブ（一八八三年結成）、ユニヴァーシティ・ウーマンズ・クラブ（一八八七年）などの女性クラブが生まれ、二〇世紀には激増した。

労働者階級にはパブという共同知の場があったが、ここを基盤として庶民の互助組織としての「友愛会」が一八世紀末から多数生まれてくる。その中から初期の労働組合も出てくるのである。

四　近代社会における共同知

次に共同知であるが、イギリスにおいて典型的なものが現われた。それはアソシエーションの形成の絶好の温床ができていたことによって知ることができる。

フランスにおける絶対主義の成立は、一五九四年、アンリ四世がパリでフランス国王に即位したときから始まったが、イギリスの絶対主義はそれより一〇〇年以上も前、一四八五年、ヘンリ七世が即位して、テューダー朝を開いたときに始まる。このことが示しているように、イギリスはフランスよりも近代化が極めて早く始まったといえよう。これには共同体の解体がイギリスにおいてフランスよりもずっと早く進んだという土台がある。それにイギリスでは極めて変則な農村共同体が始めから高い比重で存在していたが、この事情が、あっという間に共同体を解体させてしまったのである。

この歴史的時間のずれが、言葉など民族的には違いはあるにせよ、語彙の面でフランス語の圧倒的な影響を受けたイギリスがフランスとは違った社会学的姿を示すことになったのであろう。この国ではゲマインシャフトからゲゼルシャフトへの移行における苦渋の面をあらわにするよりも、むしろ、ゲゼルシャフトのもとにおける清新なアソシエーションの形成＝発展の面で眼につくものを残したのである。

もちろん、この国においても共同体の破壊は進行した。特に一六世紀においては、羊毛を採取するための農地の牧場化が進行し、トーマス・モアの『ユートピア』（一五一六年）には、羊が人を食うというアレゴリーによってこれが物語られていたが、それは全農地の一〇％程度で、それもミッドランドに集中していた。本格的に共同体の解体＝エンクロージャー（囲い込み）が始まるのは一七世紀の「大内乱」（一六四二―四九年、ピューリタン革命）以後のことで、その目的は科学的四輪作法（輪作への牧草の組み入れ）のための囲い込みであった。それは一八世紀末の「産業革命」期にほぼ終了するのであるが、その過程で農業が地主・農業資本家・農業労働者の三階級の担い手に分化する農業の資本主義化が完了する。それで共同体の解体というより、むしろ共同体から排出された貧民問題としてクローズアップされることになるが、これについては後にふれることにする。

この農村の変革によって、イギリスが食糧輸入国から輸出国に転化する農業生産性の上昇は著しい。そして工業製品の世界的な市場の拡大と殖産興業の貿易政策によってイギリス資本主義は急成長し、一八世紀には人口の増加もあって「産業革命」への道が準備される。しかも興味深いことに、この過程で経済におけるアソシエーション化が見られることとなる。すなわち、イギリスの一七世紀は一六〇〇年のイギリス東インド会社の創立から始まり、一六九四年のイングランド銀行の創立をもって終わりとすることができるが、いずれもアソシエーションの原理に基づいていたのである。とりわけイングランド銀行は銀行信用による手形割引という近代信用の原点を確立し、近代における貨幣の大活躍のための制度的基盤を打ち固めるものであった。

これらはいずれも株式会社であるが、株式会社の成立そのものが共同知の存在を絶対的前提とするものである。その発起、株式の値付け、その売買など、いずれもこれを条件として可能となったのである。

株式会社

もっとも株式会社はこのときにはじめて誕生したわけではないし、イギリス東インド会社が世界で最初の株式会社であったわけでもない。すでに中世において、共同体の内部にその成立への萌芽はあったのである。大塚久雄によれば、株式会社の前提要素は一一世紀のヴェネツィアにおけるコンメンダ（匿名組合）と一二世紀のフィレンツェにおけるソキエタス（合名会社）であるとされている。大塚は歴史的にこれ以上さかのぼることをしなかったが、実際にはイスラーム世界に八―九世紀から見られるムダーラバはコンメンダと、シャリカートはソキエタスと同じものと思われる。

それはともあれ、コンメンダは東方貿易において船長に商品を委託（出資）して、帰着後に、利潤の配分を受けるものであり、ソキエタスは特に大陸の隔地間商業において、本店と各支店の支配人たちによって構成される会社である。また、一つの巨大な会社を相続しなければならないとき、それを分割せずに、単一の企業体として維持しながら、その持分権を相続者が保持する際にもソキエタスは形成される。やがてこの二つが癒着し、ソキエタスの社員がコンメンダを受けたり、ついにソキエタスそのものがコンメンダを受けるようになると、それはマグナ・ソキエタス（合資会社）となる。このマグナ・ソキエタスのソキエタス部分が取締役会になり、コンメンダ部分が株主となるとき、株式会社が成立するのである。

この株式会社の最初のものは、一五世紀のジェノアのサン・ジョルジオ銀行という説もあるが、やはり安全なところでは一六〇二年のオランダの統一東インド会社であろう。この会社において次のような特徴がはっきりと出て、その株式は売買され、一六一三年には世界で最初の株式取引所が設立されたのである。すなわち、

（1）所定の資本を持ち、解散しないかぎり法人として永続的に存続する。
（2）資本は等額の株式に分割され、自由に譲渡・売買される。
（3）株主は会社の経営について、総資本の中の持株の比率だけ発言、決定権を持つ。

（4）株式の所有者である株主は、会社について株式についてだけ責任を持つ。

これらの特徴は歴史の中ではいっきょに到達するものではない。イギリス東インド会社においても、当初は制規会社とよばれるギルドの変型であって、合本（資本金）は航海ごとに出資され、それだけで精算されたものであった。それにまた、当初の取締役会は一般株主に対して専制的な支配力をふるっていた。しかし、ようやく、一七世紀の中葉から株式会社の諸特徴を身につけるに至ったのである。

この株式会社の形成は共同知の成立を前提とするものであるが、所有権法的には近代的な〈共有〉の成立でもある。そのもとにおいては持分権はあり、分割請求もできるし、持分の譲渡も自由で、脱退の権利は当然であり、その取得様式は共通占有ということになる。共通占有というのは、持分権を持つ者は誰でも同じような方法で、持分権に比例してその果実（配当）を受け取ることができ、それを用益することができるということである。この〈共有〉こそは西ヨーロッパ世界が近代において到達したものである。例えば、ゲルマン共同体における総有地＝共同地は持分権はあるが、分割請求はできないし、持分の譲渡にも強い制約があった。ただし脱退が許される場合は、払い戻しはあった。この脱退を強行したのがエンクロージャーである。

この〈共有〉こそは良くも悪くも人間が約一万年前に農耕を始めて土地所有を作り出してから、さまざまな必要、さまざまな論理がもつれにもつれ、それを整理してたどりついた人間関係である。そこではもはや所有が人をしばらない。所有が人をしばる共同体はまず人間を安全にし、敵から自己を守るために役立つけれども、同時に自己を閉じ込めるためにも作用する。これが共同体というものである。この矛盾をそのときの人間の能力に合わせて何とかしようと作り出したのが新しい共同体であったが、この矛盾を根本的に解決することは不可能である。この試みの果てに西ヨーロッパにおいてたどりついたのが人をしばらない〈共有〉を認める市場社会であって、そこでは誰もが自由になった。もはや人間は束縛となる関係をいつでも解くことができたし、欲求したい関係をいつでも結ぶことができるようになったのである。しかし、それは自己責任の世界に放り出されることでもあった。

パブリック・ハウス

この社会構造の変化、ひいては人間類型の変化は地域社会を活性化するメカニズムをも変化させないわけにはいかない。無限とも見える自由の海の中で、一人で共同知の中から生活のリズムと方向を自己責任で選択しなければならなくなったのである。かつてのコミュニティにあっては、その活性化の源は祝祭あるいは祭礼であり、その焦点は神殿であり、広場であり、教会であり、大路であった。時間的にもアクセントとクライマックスがあった。それを日常生活のレヴェルでリズム化しているのは、例えばアブラハムに由来する一神教徒においては安息日であった。（ユダヤ教徒では土曜日、キリスト教徒では日曜日、イスラーム教徒では金曜日であった。）多神教徒においてのそれは多くの場合、市《いち》の日であった。そして、これらは公共的なものであり、構成員のすべての参加が義務づけられていた。この系統の祝祭日は、今日なお国民共同体の行事として存在している。

しかしながら、キルへはゼクテになったのである。アングリカン教会（イギリス国教会）が成立したが、ディセンター（非国教徒）たちは常に宗教的平等（政教分離）を要求することになる。こうした条件のもとでは、地域社会の脈動も変わらざるをえないであろう。おりしも、イギリス民衆にとってなくてはならないものが形を整えてくるのである。それは成人男子なら少なからず一日に一度顔を出すところ、すなわち居酒屋である。これが一七世紀の後半、クロンウェルの独裁が終わり、フランスからチャールズ二世が帰国（一六六〇年）してから、パブリック・ハウスと呼ばれるようになり、いまパブの名で知られているものである。

もちろん、イギリスにも古代から居酒屋はあった。その出発はイングランドを占領したローマ軍の駅逓組織の一つで食事と宿泊ができる施設であった。ローマ軍が撤退した後も、この施設は残ったが、古代のハチミツ酒に代わって大麦で作るビール＝エールが現われると、エールハウスという新しいタイプの居酒屋が生まれた。古代からの伝統をひく食事兼宿泊の施設もタヴァーンと呼ばれてなお存続していたが、ともに居酒屋であれ、タヴァーンが宿屋でもあるのに対し、エールハウスは居酒屋専用であった。そして一五世紀からはインがタヴァーンと同様の役割を持つようになるが、エドワード五世の条令（一四八三年）により、インが宿泊客に限って酒を売るようになった代わりに、タヴァーンでは旅人を宿泊させることができなくなった。そして一七世紀、ピューリタンによる「大内乱」時代には演劇も禁止され、飲酒もきびしく制限された。しかしチャールズ二世の帰国とともに制限は撤廃され、イン、タヴァーン、エールハウスともに、許可を受ければ酒を売ることができるようになった。これがパブの誕生である。

パブには店によって客種に相違があるが、上層階級から労働者階級まで広い範囲の客によって賑わった。「王政復古」後は、王党派の溜り場となった「レッド・ライオン」のようなグループによって集合所的に使われることも多くなったが、やがてこの役割は後述のコーヒー・ハウスに取って代わられてゆく。パブは特にイギリスの工業化が進行中には、農村から都市に出てきたばかりの工場労働者の唯一の憩いの場所となった。彼らはここで飲酒や歓談ばかりでなく、ダート（投げ矢遊び）やスポーツ（ボクシング）、賭け事、音楽、演芸などを楽しんだ。それだけに地域の多くの人たちが出入りする集合場となり、仕事その他さまざまな情報が集中したので、パブリック・ハウスの名が生まれたのである。一九世紀前半には多くの労働者が集まるところだけに、チャーティスト運動（一八三六―四八年）のような反体制運動の集会や労働組合の大会なども開かれた。その後、パブはミュージック・ホールのような演芸場や公共の集合場に客を奪われたけれども、今日に至るまで地域社会の結節点の役割を果たしている。

このパブの出現は、自由に流動する人たちがいつとはなしに作り出すコモンズ＝共同知の領域の誕生を意味している。今日はともあれ、パブは決して単なる飲食の場ではなく、情報が流通し、共同知が形成され、蓄積される場となっていたのである。周知のように、居酒屋＝酒場はアルコール飲料が宗教的＝儀式的意味を薄くしてくれて、商品として一般化したところでは、商業化した農村や、特に宿屋のある地域を含めて都市にはほぼどこでも出現したものである。例えば、中国においても、戦国時代から酒店、酒肆、酒楼、あるいは旗亭などと呼ばれ存在した。特に有名なのは李白にうたわれた唐代のそれであり、宋代の汴京《べんけい》（開封）や杭州において爛熟の域に達し、近代についても魯迅によって言及されている。しかし、中国では共同知の形成には至りえなかった。店の壁には「莫談国事」（政治について話していけない）というビラが貼ってあったのである。

フランスにおいては、一八世紀より居酒屋が増加しはじめ、一九世紀には労働者が仕事の情報を交換したり、新聞を読んでもらったりと、イギリスのパブに近い雰囲気が生まれたが、ゾラの『居酒屋』に見られるように、労働者の生活の頽廃的な側面がより強かったと思われる。

共同知の場＝コーヒー店

確かに、アルコール飲料は理性を麻痺させ、過度に過ごすときブルー・マンディーといった二日酔い的現象が現われる。この欠点がなく、多くの人たちを惹きつけたのが、コーヒー店である。コーヒーはアルコールと反対に人間の意識を眼覚めさせるものであるだけに、アルコールによる情緒的な人間交流とは違った理知的な人間交流を求める人たちに愛好されたのである。

コーヒーについては早くからその存在は知られ、イブン＝シーナー（アヴィケンナ、九八〇―一〇三七年）はその薬効について記述しているという。しかし、それを突き砕いて煮出して作った飲料を供するコーヒー店が現われるのは、一五世紀のアラビアのメッカであったようである。しかし、それがエジプトやトルコ（イスタンブール）をへて、ヴェネツィア経由で西ヨーロッパに入って来たのは一七世紀の中葉であった。イギリスに最初のコーヒー店が生まれるのは、一六五〇年、オックスフォードにおいてユダヤ人ジェコブスによってであったという。（同市のもう一つのコーヒー店、ティリヤードは、一六六二年のローヤル・ソサエティ〔イギリス学士院〕設立の一つの場となった。）その二年後の一六五二年にはロンドンの王立取引所の近く、セント＝マイケルズ通りにも出現した。おりから、クロンウェルの共和政時代で、ピューリタンの嗜好にあい、つぎつぎとコーヒー・ハウスが生まれて、そこにはピューリタン派の政治家や軍人が出入して、政治問題、宗教問題を議論していたという。

一六六〇年の「王政復古」はチャールズ二世をしてパブリック・ハウスを解禁させたが、コーヒー店は「反逆者の温床」であるとして、一六七五年にはその閉鎖令が出された。ところが民衆からごうごうたる非難を受けた。結局、国王もその禁止の不可能を知り、たった一一日間で禁令は撤回され、コーヒー店の開業を許可制にし、コーヒー一ガロン(四・五四六リットル)につき四ペンスの消費税を課すこととした。かくて、一ペニー(イギリスの最小の貨幣単位、複数がペンス)を支払えば一杯のコーヒーが飲め、温い暖炉のそばで新聞が読め、さまざまな人と歓談することができたので、多くの人を惹きつけることとなった。そしてそこは、パブよりも静かで、かつ安価であったばかりでなく、西ヨーロッパ人の視野が拡がりつつある時代において、世界中のニュースと情報が集まっていた。それ故、コーヒー店側としても、新ニュースは書きとめて、壁に貼り出すといったサーヴィスもしたので、一八世紀初めには早くもロンドンに二〇〇〇軒から三〇〇〇軒のコーヒー店ができたという。

一七世紀中葉からのジャーナリズムはもとより、文芸、法律、証券、商業、その他多くの分野の興隆を見るとき、それらはコーヒー店の存在抜きで語ることはできない。とりわけ保険業はまさにコーヒー店より発生したといってよい。保険はリスクの売買であるが、キメ手は何といっても情報であった。コーヒー店に集中・蓄積された共同知が保険を単なる賭博ではなく、ビジネスとしたのである。それ故、コーヒー店を揺籃として出発した保険会社は少なくない。ウェストミンスター社はラッセル街にあったコーヒー店「トムズ」を、またロンドン社はブロード街にあったコーヒー店「ライジング・サン」を、そしてフェニックス社は「ラングボーン・ウォード」というコーヒー店をそれぞれ出発の場所としている。その中で特に有名で、今日まで続いているのがロイズ・コーヒー店である。

特に注目しておかなければならないことは、ロイズとは保険会社ではないことである。それはロイズ・コーヒー店に出入りしていた個人のアンダーライター（保険引き受け業者）の集団である。このことはビジネスがコーヒー店を場とする共同知＝コモンズによって成立したことを端的に示している。それにこのコーヒー店はまさにぴたりとふさわしい場所にあったのである。一六八八年頃にエドワード・ロイドがコーヒー店を開業したのはロンドン塔に近いタワー街においてであった。そこはプール・オブ・ロンドンというロンドン橋とタワー・ブリッジの間の船着場からテムズ街を下りて二本目の通りに面しており、船主、船長、船員、貿易商が集まるところであるばかりでなく、一六六六年のロンドン大火以後、東へ移ったロンドンの商業の中心に接していたのである。

この地の利に加えて、エドワード・ロイドは商売熱心であって、特に海事については信頼できる最新情報を提供することで有名になっていった。それは海上保険にとってなくてはならない情報だったのである。それをどこよりも早く入手するために、彼は船が着いたというニュースを波止場から店に走って知らせるランナーを雇った。重大事故など大ニュースが入ったときは、店の一角にある演壇から給仕の一人が大きな声でアナウンスしたという。かくてロイズ・コーヒー店は大繁盛し、店が手狭になったので、一六九一年、タワー街から市の中心、ロンバード街、中央郵便局の東隣りに移転した。そこの回りはビジネス街で、船員は来なくなったが、今度は多くの商人たちが利用したので、移転後九四年間、そこに店をかまえることとなる。この間に海上保険の中心市場としてのロイズの基礎は固まったのである。

その後のロイズについては、一六九六年から印刷した新聞『ロイズ・ニュース』を週三回発行するようになったこと、その記事の訂正を上院の委員会からを命ぜられたが、エドワードは頑としてこれに応ぜず、新聞の発行をやめてしまったこと、しかし海事ニュースの方は手書きで回覧され続けたこと、などの話が残っている。エドワードは一七一三年に死んだが、その店は続く。一七三四年からは『ロイズ・ニュース』を継ぐ新しい新聞『ロイズ・リスト』が発刊され、今日まで続いているが、最大の事件はロイズを根城とするアンダーライターたちが、賭博保険を是とする一派とそれを否定する堅実派とに分裂し、後者がその拠点を王立取引所内に移したことである。このときまで海上保険はいつもロイズ・コーヒー店とともにあったのであるが、以後ロイズはコーヒー店と別れる。しかし、このときすでにイギリス人の嗜好はコーヒーから紅茶に移っており、上流階級はクラブを、労働者階級はパブをもっぱら愛好するようになり、一九世紀のロンドンではほとんどコーヒー店は見られなくなっていたのである。

フランスでも事情はほぼ同様であったが、コーヒー店の話題はイギリスのように経済的ではなく、政治的=思想的であった。パリにコーヒー店が最初に出現したのは一六七二年のことであったが、本格的なカフェがアンシェンヌ・コメディ街に店開きしたのは、一六八六年の「プロコープ」によってである。これがフランスにおけるカフェ時代の発端で、多くの文化人や劇場人の溜り場になっていった。一七世紀には上級夫人たちの開くサロンが貴族や上流ブルジョアの社交の場となっていたが、一八世紀には中小ブルジョア出身の知識人たちがカフェで政治や芸術をめぐる議論を戦わせて、「啓蒙時代」を作っている。例えば、ラフォンテーヌ、ヴォルテール、ディドロ、ダランベール、ボーマルシェといった人たちが「プロコープ」の常連であった。フランス革命期には、パレ・ロワイヤル界隈のカフェには革命派が集まっており、例えば、「カフェ・ド・フォア」はジャコバン派の拠点となっていた。

革命以後は、カフェは政治的・社会的運動の場であることをやめる。パリでは労働者階級は居酒屋に移動している。しかし、コーヒー店は芸術家の溜り場であることを全ヨーロッパ的に拡げてゆく。ウィーン、ローマ、そこにはいわゆる「文学カフェ」が成立して二〇世紀の文学・芸術（音楽、絵画、映画…）の発酵槽となるのである。ワイマール期ドイツのベルリンのキャバレーもその一つの形態といえるだろう。

博物館

排他的な共同体が解体し、形式的平等の人間関係が成立することで、人間は任意に結合し、分離することができる。こうした条件のもとにおけるかつての広場、教会の役割を果たすのがパブであり、コーヒー店であり、時に公園（例えば、ロンドン、ハイドパークのスピーカーズ＝コーナー）であり、劇場であろう。そこには人間が集まってきて、共同知＝コモンズを形成させる可能性が生まれる。それと同時に全く違った条件のもとで、かつての神殿やモニュメント（凱旋門やオベリスク）の役割を果したのが、近代の博物館であり、美術館であり、図書館、動物園、水族館、植物園であろう。それには社会の成熟度と経済力が反映しているばかりでなく、編集が加えられて、国民の知識や感覚を秩序づけてきたのである。

博物館（ミュージアム）の歴史における初見は、すでに言及したヘレニズム時代のエジプト王、プトレマイオス一世の総合学術機関、ムーセイオンである。それを受けてローマ帝国では将軍たちによって戦利品である美術品や図書、各地の珍奇な物品が蒐集され、展示されることが行われた。大プリニウスの『博物誌』三七巻も紀元七九年に完成している。中世では、それはイスラーム世界において続行、発展させられたと思われる。しかし五世紀以後の西ヨーロッパ世界は、教会や修道院の聖遺物を中心とする宗教的な品物や呪術的意味を持つ物品以外には関心を失うが、その後イスラームの影響のもと（一三世紀）、ついで一五、一六世紀のルネサンス期に至り、古典古代の趣味が復活している。

その中で現存する著名なものは、メディチ家のコレクション（現在のウフィッツィ美術館）やルネサンス期に造り直されたカトリックの大本山、聖ピエトロ寺院、それにローマ教皇庁《ヴァティカン》の図書館であろう。また、一五世紀末からの大航海時代、それによる新大陸の「発見」では、世界各地の珍しい動植物の標本や土俗資料、新発明の機械類が蒐集され、展示することが始められた。そして西ヨーロッパ各地には大学や科学アカデミーが創設された。こうした中で、ミュージアムの名前を最初に使った施設が、一六八三年に建てられたオクスフォード大学のアシュモリアン博物館である。これは旅行家で探検家であったJ・トラデスカントの蒐集資料を中心に集めたイギリス最初の科学博物館、かつ大学博物館、公共博物館で、これ以後西ヨーロッパの各地ではコレクションの保存・展示を行う施設に対してこのミュージアムという名前が使用されるようになったのである。

しかし、今日に至るまで世界でもっとも重要な博物館は、一七五九年に開館した大英博物館（ブリティッシュ・ミュージアム）であろう。これは王立学士院《ローヤル・ソサイエティ》の院長を務めた医学者ハンス・スローンの大コレクション――歴史的遺品類六万五三五二点、手写本四一〇〇点、印刷本一〇〇〇万点――など、彼自身が見積った金額の一〇〇〇分の一の二万ポンドで国家に遺贈したものを根幹としている。これに「リンディスファーンの書」やマグナ・カルタの原本などを含んだR・コットンの蔵書、オクスフォード伯の二代にわたる蔵書が加えられ、これらを収蔵、展示するためにこの頃現在地にあったモンタギュ・ハウスを購入して発足したものである。以来、大英帝国の発展とともに博物館の収蔵品は充実していった。ナポレオン戦争の結果として入手したロゼッタ・ストン（エジプト象形文字を解読する鍵を提供した）をはじめ、多くのエジプトの彫刻やミイラが寄贈された。また、エルギン卿によってアテナイのパルテノン神殿の彫刻群が、あるいは一八三〇—四〇年代に各地で盛んに行われていた発掘による、例えばアッシリアの浮彫りなどが、この博物館の骨格をなす収蔵品として多数運び込まれたのである。

大英博物館の建物も、ジョージ二世（在位一七二七—六〇年）がテューダー家伝来の王家の蔵書を寄贈したのにならって、ジョージ四世（在位一八二〇—三〇年）がジョージ三世（在位一七六〇—一八二〇年）の蔵書を一八二三年に寄贈したのを機に改築が始まり、一八四七年に今日見られるような新古典派様式の正面をもって完成したのである。この博物館はその創設の時代から図書館を包含しており、かつては円形の大閲覧室が有名であった。しかし収蔵品の拡大とともに、まず一八八一年に自然史部門が、一九七〇年に人類学部門がそれぞれロンドン市内の建物に移され、図書館（ブリティッシュ・ライブラリー）も一九七三年に別組織となり、一九九八年にセント・パンクラスの新館に移っている。

ロンドンを訪れる者、いや、イギリスを訪れる者が大英博物館を訪れるように、パリを訪れる者、いや、フランスを訪れる者が必ず訪れるのがルーヴルである。ルーヴルは日本では美術館と訳されているが、原語はミュゼ・ナシオナル（国立博物館）である。その内部は、古代オリエント部、古代エジプト部、古代ギリシア＝ローマ部、中世以降の彫刻を集めている彫刻部、中世以降の絵画を集めている絵画部、宝飾品を含めての工芸部の六部からなっており、他に版画やデッサンも蒐集保存されている。もともとこれはフランス王家のコレクションであった。それはフランソワ一世（在位一五一五—四七年）から歴代の国王の蒐集品であるが、特にルイ一四世（在位一六四三—一七一五年）のコルベール時代に飛躍的に増加している。それらはまずルイ一五世時代（在位一七一五—七四年）にリュクサンブール宮殿において公開展示され、革命中の一七九三年八月一〇日からは共和国美術館として、ルーヴル宮殿で公開される。その後、ナポレオン時代のエジプトからの採集品、その後の各地の発掘品、購入品、寄贈品によって今日のルーヴルは形作られているのである。

百科全書

博物館を共同知の編集作業の焦点、枠組みとして取り上げたからには〈百科全書〉についても言及しないわけにはゆかない。どの時代であれ、社会や世界の変化が一段落したときに知識の総合、共同知化が試みられるのであって、ローマ帝国最盛期に完成した大プリニウスの『博物誌』はそのもっとも成功したものであり、後世に広く影響したものである。中世においても、スコラ哲学そのものが総合知の性格を持つものであったが、その補助的なものとして百科全書的なものが編集された。しかし、それは中国の類書と同じように引用文の集積であった。

西ヨーロッパにおいてはルネサンス期以後、新しいタイプの百科全書が生まれ、スコラ哲学の総合を拒否し、近代の新しい知見に基づく学問の再編集という性格を持つこととなる。それは旧来の学問の言葉であるラテン語から離脱して、生れつつある近代国家の国語（フランス語、イギリス語、ドイツ語）を確立する努力と結合して編集されていたので、国語辞典という性格をもあわせ持つものだった。こうした前段階をへて、一八世紀には文字通り、知識集積の再編集、共同知の形成という意味での百科全書が生まれることとなったのであるが、その最初のものが、一七二八年のチェンバーズの『百科事典』二巻（イギリス語）である。これをモデルにして、当初はそのフランス語訳を目的として作成されはじめたが、思想史的に意義深いものとなったのはディドロ、ダランベール編集の『百科全書』である。さらに今日まで新版が出版され続けている『ブリタニカ百科事典』が一七六八―七一年に出ている。

ディドロとダランベールを責任編集者として、二六四名の執筆者の協力によって出版されたこの『百科全書』は正式には『一群の文筆家によって執筆された百科全書（アンシクロペディー）あるいは科学、技芸、手工業の解説的辞典』といい、縦四〇センチ、横二五センチの二つ折判で、本文一七巻、図版一一巻からなっていた。一七五〇年一〇月に「趣意書」八〇〇〇部を配布して予約購読者を募ったのち、本文は翌五一年六月から六六年一月～三月末にかけて、図版は六二年一月から七二年にかけて、それぞれ刊行をなしとげた。この百科全書の刊行はただ単なる書籍の出版に終わったものではなかった。宮廷内の反啓蒙主義派、イエズス会派、その他反動勢力による発刊禁止のための策動と闘いながら、執筆、刊行を続けなければならなかったのである。社会もこれを知り、『百科全書』の成功を一つの思想戦と位置づけて、購読者も最初の一〇〇〇人から、最後には四〇〇〇人までふくらんでいる。

一八世紀にはルネサンス以来の科学・技術の研究と地球上の新発見が尨大に蓄積された時代であり、さらなる前進が期待されていた時代だったのである。こうした時にあたって知識人はこれらの成長を収集し、整理し、さらに新しいものを受け入れることに限りなき使命感を抱いていたと思われる。この使命感は『百科全書』の執筆者に共通に認識されていたことであり、これが多くの人を動員する結果に結びついていったものと思われる。それはディドロ、ダランベール、ヴォルテール、ルソーといった代表的な啓蒙思想家で、アンシクロペディスト（百科全書派）と呼ばれる人たちばかりでなく、マルゼルブのような新進官僚、外交官のグリム、貴族思想家のドルバック、文筆の才人のジョクール、下級官吏で連絡係のダミラヴィルといった多様な人びとをも包摂するものであったのである。

今日に至るまでの影響力という点ではるかに有名な『ブリタニカ百科辞典』の初版（全三巻）は、一七六八年から七一年にかけての刊行であり、大英博物館を生み出したのと同じ時代の流れの産物であろう。これは、エジンバラの版画家ベルと印刷業者マックファーカーが印刷業者で学者のスメリーに編集を依頼し、分冊形式で毎週刊行するという計画で始まり、三巻にまとめられて完成したものである。この百科事典の特徴は、これまでのようにただ単にアルファベット順に項目を立てるだけでは無意味とし、科学の原理を体系的に叙述しようと試みた点にある。その後、体裁が変わり、著作権はアメリカの通信販売会社シアーズ＝ローバックに買収され、やがて権利はシカゴ大学に贈与された。一九七四年には『新ブリタニカ百科事典』と改称され、事典本来の項目を体系的に把握できる〈プロペディア〉一巻と、小項目事典で索引を兼ねる〈マイクロペディア〉一〇巻、それに大項目事典の〈マクロペディア〉一九巻の三部として刊行が続けられている。

五　近代社会における共同性

自発性と共同知、そしてそれとともにコミュニティに統合されるのが共同性である。しかし、この三つの統合は共同体の既得権と排他性が打ち砕かれるにあたって、ばらばらにされてしまった。かくて、〝近代社会はゲゼルシャフト化したのであるから、社会の共同性に対しては無関心である〟というのが近代の常識となったのである。近代においては、人間にとって利益動機は自然なものとされ、最小のコストでもって最大のベネフィットを入手する行動様式が経済学の公準となった。しかし、カール・ポランニーは、「労働への誘因は、通常、利益ではなく、互恵、競争、仕事の喜び、社会的承認である」と主張したのである。

彼はその最初の大著『大転換——現代の政治的、経済的起源』（原著一九四四年、加筆と原典に関係する注解を追加した版は一九五七年）の全篇においてこのことを力説する。彼は、一八世紀のイギリスにおいて市場経済が人びとを悪魔のひき臼のように圧倒している事実を見る。市場経済とは正確には自己調整的市場であって、その内部で価格が自己決定される市場である。これは近代以前における社会統合の原理である〈互酬〉〈再配分〉とともにその三つめのタイプ（〈市場交換〉）をなすものである。そのもとにおいて、本来は商品でないところの労働、土地、貨幣が他の商品とともに完結した世界を構成しているかに見えるが、しかし、この市場経済の網の目が覆っている下には〈社会〉がひそんでいるのである。ポランニーによれば、この〈社会〉の思いがけない噴出の一例がスピーナムランド法（一七九五—一八三四年）だったのである。

彼によれば、この法律は市場経済の論理によっては理解することはできないという。

「いまだに、スピーナムランド制度は無差別の貧者救済を意味するにすぎないと広く考えられている。しかし実際には、それとはまったく異質の系統だった賃金扶助だったのである。そうしたやり方がテューダー法〔いわゆる救貧法〕の諸原則と真向から衝突するものだということを当時の人々は部分的にしか認識していなかったし、勃興しつつあった賃金制度とまったく相容れぬものだということは少しも認識されていなかった。実際的影響として、それが一七九九―一八〇〇年の団結禁止法と結びついて、賃金を押し下げ、雇用主にとって助成金となる傾向を持ったということは、後になるまで気付かれなかった。」（三八一ページ）

スピーナムランド法の意義

ポランニーはスピーナムランド法を次のように位置づける。彼によれば、これまでこの法律はヘンリー八世の一五三一年法で着手され、一六〇一年法で完成したといわれるイギリス救貧法体系の流れの下で理解されてきた。もともとこの救貧法は一六世紀に囲い込みの進行による農村からの農民の排出、毛織物産業を始めとする産業の発展、その他の諸要因による貧民の激増に対する対応策であった。とりわけヘンリー八世がカトリック教会との絶縁を決意し、イギリスの農地の三分の一にも及ぶ修道院の所有地の没収に踏切ったことは、中世以来、貧民保護の役割を担ってきた教会に代わって絶対主義国家がそれを引き受けざるをえなくしたことを示すものである。この政策は一六〇一年のエリザベスの救貧法としてともかく完成したのであるが、その内容は次のようなものであった。

まずそれは、浮浪と乞食の禁止とこれに関する処罰を、そして児童であれ成人であれ、労働能力を持つ者には就業を、無能力者には保護を、末端の地域自治体である聖堂区（パリッシュ）に命じている。

そしてその実際の執行については、聖堂区ごとに置かれる貧民監督官が当たり、そのための経費を救貧税として徴収する。それまでは貧民救済のための経費は教会十分の一税、寄付といった個人的慈善によって賄われていたが、いまや地主から徴収される固定資産税のような形で税金として取り立てられることとなったのである。全体としての方針は中央の枢密院や議会より通達されたけれども、しかし、救貧法の実施主体はあくまでも末端の聖堂区にあったので、その実施状況は各地の聖堂区の有力者、つまり地主や教会の牧師など、さまざまな人びとによって決められていた。特に浮浪と乞食の禁止は難題であるし、また労働能力のある貧民の処遇は各聖堂区の大問題であった。

貧民の生活に責任を持たされている聖堂区にとって、よそから貧民が流入してくることは負担の増大につながり、困った問題だったので、これに応えて一六六二年に貧民の居住地を制限する定住法（セツルメント法）が制定された。これを踏まえて一七世紀後半からは貧民を労役場（ワークハウス）に収容して仕事を与え、国の富を増やそうという意見がもり上がって、実際に労役場が建設され、そこで紡糸、織布、その他の仕事が産業革命期まで各地で行われたのである。一七二二年の労役所テスト法では、この労役所への収容を救済の条件とすることによって、一つには収容を嫌う貧民の救済申請を抑制しようとし、もう一つには救貧法の執行を請負い制にした。このことは、請負い人たちが救貧法行政にかかる費用を可能なかぎり切りつめ、労役所に収容された貧民を可能なかぎり働かせるという傾向を生んだ。そのため、この過酷な貧民処遇に対しては農村地主からの批判を呼び、その結果、一七八二年のギルバート法では労役場を保護施設と位置づけ、その経営の請負い制度を禁止し、さらには、一七九五年のスピーナムランド法の制定へと至るのである。

スピーナムランド法は一定水準以下の賃金労働者に対して救貧税から生活補助金を支出するというものである。ポランニーは、この法律はエリザベス時代（一五五八―一六〇三年）よりギルバート法に至るまでの救貧法の系列の中では異質なものとしている。すなわち、ギルバート法までの救貧法は、もう一つの徒弟法とともに一貫して市場経済を志向する労働者政策であったが、突如として、一七九五年にスピーナムランド法という奇妙な法律が出現したというのである。徒弟法は、法律的には一三四九年の労働者勅令や一五五五年の織布工条令など、それまでのイギリスの労働立法を集大成することで一五六三年に発布されたものだが、正式には「職人、日雇い、農事奉公人および徒弟に対する諸命令に関する法律」、別称「職人法」として知られているものである。それは次の三つの部分からなっている。

まず第一の部分は労働の強制である。そして第二の部分は雇用契約の条件を規制したものである。この第二の部分では、期間一年未満の雇用契約や治安判事の許可を得ないで契約期間内に解雇することを禁止した。解雇後あるいは契約期間満了後の労働者の移動もきびしく制限し、また、最低七年間の徒弟期間を終了していない者が手工業に従事することも禁止した。第三の部分は具体的な労働条件を規定したもので、職人、日雇いは四月中旬―九月中旬は朝五時から夜七時ないし八時まで、その他は夜明けから日没までが労働時間とされ、賃金は治安判事らによって毎年の裁定によって定められるとした。この徒弟法は約八〇年間、厳格に施行されたという。後にこの徒弟法の条項は、伝統的な職種に限定され、綿業のような新産業には全く適用されなかった。また、生活費を基準とする毎年裁定される労働賃金も一六六〇年の王政復古後は大半の地域で中止された。したがって、徒弟法が資本主義の発展にとっての桎梏となったとする議論もあるが、しかし、例えば徒弟関係の規定は一八一三年、一四年に徒弟法が廃止されても、実際の慣習として残ったし、適時に修正ないし適用除外が行われたので、逆にエリザベス時代以来のイギリスの市場経済志向の流れを促進するものだったといえよう。

これら救貧法と徒弟法の流れの中においてはスピーナムランド法は異様なものだった。ポランニーは言う。「スピーナムランド・システムは、当初は間に合せの手段にすぎなかったが、これほど文明全体の運命を決定的にした制度も稀であった。だが、新しい時代が開始されうるためには、これは放棄されなければならなかった。それは転換の時代に特有の産物だったのであり、今日、人間の営みを研究する者すべてにとって注目に値するものである」(一一ページ)。一般的に、この法律の成立の意義については、この時期のナポレオン戦争と凶作による農民の窮乏の深刻化があげられている。そして、その実際の結果としては、ポランニーも認めるように、生活補助金が団結禁止法と結びついて、賃金を押し下げ、それによって資本家に対する助成金の役割を果たすこととなったし、さらに、さまざまな好ましくない現象も生まれた。(例えば、労働意欲の低下。)

にもかかわらず彼は、「農業経営者に過重な負担をかけることなく、社会的破壊から農村の基盤を守り、伝統的権威を強化し、農村労働の流出を阻止し、そして農業賃金を上昇させる方法が見つけ出されねばならなかった。その手段がスピーナムランド法だった」(一二七ページ)と断言しているわけである。これを理解するための一つの方法は、国際的に視野を拡げることであろう。一七九五年はまさにドーヴァー海峡の向こうのフランスにおいて農民革命が荒れ狂っていたときであったことは、すでに見た通りである。実際、フランス革命はブルジョア革命といった概念で捕えきれるものではなく、その過激化を引っぱったのはルフェーブルのいう自律的な農民革命であった。それは抑しつぶされようとする

〈社会〉、言い換えれば共同体を守ろうとする最後の農民のあがきであった。そしてこれがフランスからイギリスに伝染することを怖れて成立させたのがスピーナムランド法だったわけである。

イギリスにおける社会改良

やがてこの奇妙な法律は、労働者の労働意欲を減退させ、救貧税負担を増大させるという理由から、一八三四年に廃止され、いわゆる新救貧法と呼ばれる新法が発足する。この新法は旧来の立場よりすれば根本的な旋回をとげたものであった。この法律では、貧困を個人の道徳的な責任であるとし、被救済貧民の生活水準を自立した労働者の最低の状態よりも下にしなければならないという劣等処遇の原則が立てられたのである。また、中央に救貧法委員会を置いて聖堂区連合体を指導・監督することとした。この救貧法委員会は一八四七年に救貧法庁と改称され、七一年には新設の地方自治庁に吸収されて、その一部局としての救貧法局となった。これは貧困問題が国家の政策の一環として位置づけられ、その立場から自己責任という理念が支配的になったということである。いまや〈社会〉の出る幕ではなくなっていた。

共同性もばらばらの破片の一つとして、それが労働問題として処理されるようになってゆく。「産業革命」が生んだ工場制度は生産性の飛躍的上昇をもたらしたが、児童や婦人のすさまじい長時間労働、事故の多発、原因不明の〈工場熱〉の流行、風紀の乱れなど、それ自体が放置することのできない社会問題を引き起こしていた。そのため早くも一八〇二年にロバート・ピールの提案によって、綿工場に働く児童を保護するための立法が作られ、これが世界で最初の工場法となるのである。さらに一八一九年にはロバート・オーウェンの尽力によって、九歳未満の児童労働が禁止されるとともに、一六歳未満の児童に対しては一日一二時間以上の労働と夜業が禁止される。これらは当時の青少年の肉体的・精神的脆弱化が識者たちによって国家の危機と感じられたためにとられた措置であった。

もっとも、これらの法律の実施は地方の治安判事の裁量に委ねられていたので、規定はほとんど守られなかったようである。工場法が実効をあげるようになったのは、シャフツベリー伯らの努力によって一八三三年から工場監督官が置かれるようになってからである。さらに一八四四年法で初めて安全対策が義務づけられ、一八四七年の一〇時間労働法とその後の改正によってすべての繊維労働者の労働時間が短縮された。それ以後、労働者保護の立法は着実に前進していったのである。

この労働立法の進歩は、単なる人道主義のみならず、国家的な立場によるものであるが、同時に労働者階級の闘争の結果であったことも否定できない。労働者たちの抵抗に激烈なものがあったことは、一七九九—一八〇〇年の団結禁止法が必要であったことからも明らかであり、さらに一八二五年には労働組合の組織が合法化されていることによっても知ることができる。このように労働者の抵抗によって彼らの地位が一段一段と向上していったことは、西ヨーロッパの近代社会が古典古代以来のコミュニティの民主化の歴史的傾向を引き継いでいることを示すものであろう。ウェーバーはその『都市の類型学』で非正当支配の伝統を語っている。それは支配の正当性を認めないにもかかわらず、被支配者が支配者と共存しているところから、両者が決して関係破裂に終わらず、ポリスでは貴族→ホプリーテン（重装歩兵）→民主的市民といったように、また中世都市では都市貴族→商人ギルド→同職（職人）ギルドといったように、都市共同体の主要な担い手の進化の原動力となったことを強調しているのである。一九世紀のイギリス史はまさにこのことを立証しているように思われる。

　イギリスの労働者たちはまず労働組合という組織を作るために闘い、自らも一九世紀後半においては新型の労働組合へと脱皮してゆくのであるが、やがて政治運動へと乗り出してゆく。一九世紀前半におけるそのピークが先にふれた一八三八年から四八年にかけてのチャーティスト運動であった。この運動の要求の一つの柱が普通選挙権である。しかし、選挙法改正を要求していたのは彼らだけではなかった。「産業革命」による社会構造の変化に対応できなくなっている一五世紀以来の選挙法に対して、工業都市を拠点とする資本家や中産階級もまた改正の運動を始めていたのである。

　それは、旧来の選挙区がバラ（都市）選挙区とカウンティ（農村）選挙区とに分かれ、いずれも中世に人口の多かったイングランド南部に集中していたため、新興の北部では代議士を出せなかったからである。それ故、一七七〇年代から八〇年代にかけての改革運動は盛り上りを見せた。ナポレオン戦争中、選挙改正運動は一時中断したが、戦後再び開始されて、一八三二年のホイッグ党内閣のもとでは初めて改正を実現し、中世以来の衰退した都市で失っていた議席をマンチェスター、バーミンガムといった工業都市が獲得した。選挙権も都市では年賃貸価格一〇ポンド以上の家屋・店舗の占有者にまで、また農村でも中規模以上の借地農・農民にまで拡大され、ほとんどの中産階級が参政権を獲得したのである。

　さらに一八六七年の改革によって、選挙権は都市の上層労働者にまで拡大された。かつてチャーティスト運動は成年男子普通選挙権、秘密投票制を要求して行われたのであるが、成功しなかった。しかしながら、五〇年代、六〇年代の経済の発展の結果をふまえ、選挙権は都市では救貧税＝地方税の納税者である戸主に、すなわち熟練労働者に、農村では中小借地農・農民に付与されたのである。ついで、カウンティ、すなわち農業・鉱山労働者の上層にも、七二年には秘密投票法、八四年には戸主選挙権が適用され、八五年には選挙区への議席配分を一選挙区一議席とする人口に比例した小選挙区制が導入された。このようにイギリスの選挙制度は一九世紀末までにほぼ民主化された。そして戸主（非納税者）選挙権や女性選挙権、あるいは若干の複票制（大学などの例外で）といった残された問題も、二〇世紀に入りすべて解決されることとなる。

再び浮かびあがる共同性

市場経済の拡大期には、個人の自立こそ社会的な一大目標であったから、この論理に乗って貧困問題が自己責任として処理され、さらにまた、その反面の参政権も拡大された。しかし、一九世紀も末になると、自己責任の論理があまりに形式主義的であることに意識が及ぶようになり、再び共同性が表面に上ってくるようになる。このとき、成熟した中産階級の商人や産業家たちによって思い出されたのが慈善である。彼らは自由競争を勝ち抜いた成功者として、その敗残者に対して救済の道を見つけたのである。それは苛烈な競争を泳ぎぬくことができたという、いささか戦慄をともなう感謝の念によるものであるが、そこに労働者たちを懐柔しておきたいという下心がなかったとはいえない。

あるいは宗教的立場からの、あるいは社会正義を目指す立場からの、あるいは「慈しみ深き」レディーズたちの感傷の立場からの慈善は、その動機もさまざまで、意識されずになされたものもあっただけに、当初は無秩序であった。一方では過剰な慈善が押しつけられたり、他方では本当に救済が必要な人たちに行きわたらなかったり、好ましい結果を生むだけとは限らなかった。そこで、この弊害を避けるための慈善事業の組織化の必要が自覚され、かくして一八六九年、ロンドンに慈善組織協会（COS）が設立されるのである。アメリカでもこれをモデルとして、一八七七年にバッファロでCOSが設立される。その仕事は慈善に計画性を与えることであった。そしてまず救済者のリストの作成と交換、ケース＝ペーパーの保存、申請者の生活調査、ボランティア訪問者による救済者に対する助言などが行われた。これらの活動から、やがてケースワーカーと呼ばれる社会事業者が生まれ、公的制度をも巻き込んだ社会福祉事業が発展してゆくのである。

国家としてこれにいち早く乗り出したのがビスマルクのドイツである。この国は後発の資本主義国であっただけに、近代化＝工業化にともなう社会のぎくしゃくした関係に早くから全社会的に当面しなければならなかったのである。それは学問的に言い換えると、イギリスのメーンの〈身分から契約へ〉（関係の生得性から選択性へ）という図式を、ドイツのテンニスの〈ゲマインシャフトからゲゼルシャフトへ〉（共同社会から利益社会へ）という図式に、より一国的に一般化させる風土であったからだともいえよう。この国では一八七一年にようやく（オーストリアを外したとはいえ）いちおうの民族統一をなしとげたのであるが、この時点で早くも労使関係、労働条件、そして生活保障といった諸問題をいっきょに解決しなければならなかったのである。

かくて「社会政策 Sozialpolitik」という言葉が生まれる。この言葉が広く喧伝されるようになるのは、一八七二年（ドイツ統一の翌年！）に社会政策学会が創立され、そこに結集した新歴史学派の人びと（ワーグナー、シュモラー、ブレンターノ）によって語られてからである。そこでは単に近代化にともなう社会の歪みといった一般的な理由だけでなく、もっと切実な問題に当面していた。それはいわゆる社会主義運動の出現である。一八六三年にラッサールが全ドイツ労働者協会を設立し、六九年にはマルクスの弟子ベーベルやリープクネヒトらが社会民主労働党を結成することで、その勢力を着々と労働者たちの間に扶植しつつあったのである。そして一八七五年にはラッサール派とマルクス派とが合同してドイツ社会主義労働者党(九〇年に党名をドイツ社会民主党に変更)を創立した。ビスマルクはそれに弾圧政策でのぞんだが(一八七八年―九〇年の社会主義者鎮圧法)、同時に労働者の要求を社会政策によって実現することで、これらの動きを国力増進に役立たしめようとした。

この「社会政策」の全体を簡単に記述することは難しいが、それをとりあえずまとめてみると次のようになろう。すなわち、国家による社会のあり方への介入は、その土台に倫理的正義がすえられなければならない。そこから歴史学派の鬼子であるウェーバーを含め、彼らの間で社会科学と社会政策の価値判断が問題にされたゆえんを見ることができる。経済における倫理的正義といえば、何よりもまず分配的正義であろう。それは現存する近代社会=資本主義体制の中において、自由主義に反対するとともに社会主義にも反対して、社会改良の道を探究することなのである。そのための手段として、例えば、累進所得税の導入など租税改革による私有財産に対する規制や、資本家―労働者の対立激化のクッションとしての自営農民・手工業者など中産階級の維持=拡大、あるいは労働者に団結の自由を保障するなど労働組合による自己救済の領域の拡大、そして単に労働者のみならず国民全体に対して行う生活保障、といったものが考え出される。実際、一九世紀末からのドイツはこの考え方に基づき、国家が積極的に関与することによって、労働者を手始めとして国民すべてを強制保険としての社会保険に加入させていったのである。

ドイツのこうした流れはイギリスでも同様に見られた。この社会政策において熱心であったのは自由党のロイド・ジョージである。彼はアスキス内閣のもとで、一九〇八年に炭鉱労働者の実労を八時間に制限する法律と無拠出老齢年金法をともに通過させ、翌一九〇九年には最低賃金法と職業紹介所設置法、そしてついに一九一一年には健康保険と失業保険を内容とする国民保険法を制定したのである。言うまでもなく、これらの政策、とりわけ国民保険法は尨大な経費を必要とする。しかも時は第一次世界大戦を前にして、イギリスは海軍の増強を必要としていた。〝国民保険も艦隊も〟。ロイド・ジョージがやったこと、それは所得税の改正、相続税の税率倍増・累進強化、そして土地税の新設である。彼はこの「人民予算」を上院（貴族院）の反対を押しきってまで通過させようと、貴族院の権限縮小を含む法案をも通すことによって、ついにこれをやりとげたのである。

4章　東アジア（中国と日本）の立場

今日の社会科学の概念はまず欧米社会を前提として構成されているし、また、いま世界全体を支配している近代文明も欧米社会から出発しているところから、前章までは主に西アジア→西ヨーロッパの線で歴史をたどりながらコミュニティ形成の経験を見てきた。しかし、これで問題のすべてが明らかになるわけではもちろんない。コミュニティの問題は人類全体に関わるものであるから、他の文明の経験についても知識を持たなければならない。

もとより、いまの段階ではそれはまだ不完全なものとならざるをえない。しかし、コミュニティ形成の多様な線を念頭においておく必要から、ひとまずここではユーラシア大陸の反対側、東アジアの歴史をたどってみることとする。なぜなら、東アジアの文明は世界史において西アジア→西ヨーロッパのそれに続く比重を持っているからであり、しかもその中には、二〇世紀末において非欧米人で近代文明の中心部に入りえたユダヤ人以外で唯一の民族、日本人がいるからである。このことは、欧米社会以外の線で歴史をたどらなければならない場合に、見当をつけるには避けられない欧米社会の概念について配慮すべきことを教えてくれるだろう。

この点で興味深いことは、西アジア→西ヨーロッパの線も、東アジア→日本の線もともに文明の影響の仕方において中心・周辺・亜周辺の三重構造において共通していることである。そして両者とも、中心から離れてゆくにしたがって、社会が単一中心的な体制から多数中心的な体制へと変化しているのである。ただし、東アジア↓日本の線においては、オリエント帝国とグレコ＝ローマ社会が闘争したのとは異なり、あるいはローマ帝国と西ヨーロッパのゲルマン族が闘争したのとは異なり、中心（中国）に対して亜周辺（日本）が明確な対決をしていない。したがって、東アジア↓日本の場合はこうした対決の中でくっきりと姿を現わすはずの民族の自律性が自覚的になっていない。このことから、都市国家あるいは自治都市の用語を使うときは、むしろ、西アジア↓西ヨーロッパの線と東アジア↓日本の線の違いにアクセントを置かなければならないのである。

確かに、ユーラシア大陸の東西の間には大きな違いがある。宗教的には西側は一神教へと収斂したのに対して、東側は多神教のまま「停滞」していたと西側の眼からすれば見える。このことは社会学的に決して小さな違いではない。それは契約といった社会関係に深い相違をもたらす。しかし、この次元のさらなる深層には共通なものがあるのである。それは人間が狩猟採集の生活から農耕の生活へと飛躍するときに身につけた自発性と共同知と共同性であり、また、それが冷え込んだときに出現する支配＝従属の関係である。だからこそ、東西ともに同じように都市や国家を成立させたのである。

以上のような立場から東アジア↓日本の歴史を見るとき、まず気がつくことは、東側が西側より大幅に遅れてスタートしたことである。青銅期時代に入ったのは、西では紀元前第四千年紀であったのに対し、東では紀元前一六〇〇年頃であり、おそらく東は北アジア経由で西の影響も受けたと思われる。

一　漢族の都市と農村の開始

中国が誕生するのは、紀元前一五五〇年頃、黄河流域の周辺の数カ所に邑《ゆう》（都市）が成立したときである。これらの都市は遊牧＝狩猟民と農耕民とが出会う交易場であった。遊牧＝狩猟民はシベリア、モンゴリアから南下して来た人たちであり、農耕民は東南アジアから海岸線沿いに北上するか、雲南、四川から長江を流れ下って、黄河流域に入った人たちであった。この二種類の人たちが出会う交易場の管理者として中国の国家が成立したのであり、彼らが混合することによって漢族が生まれたのである。

この交易場を制度化して成立した都市の構造は『周礼《しゅらい》』（周代〔前一一〇〇頃〜前二五六年〕の制度を記しているということになっている古典）の記述によって推測することができる。この書は儒教の古い経典の一つで、周公旦の選述したものとされているが、もとよりそれは後世において擬定されたものである。実際には、それは秦代の焚書にあったが（前二一三—前二一二年）、その後の漢代に全六編のうちの五編が漸次発見され、残りの一編「冬官」が欠けていたので「考工記」をもって漢初に補われたものである。したがって、当然にこの「考工記」は現実の叙述ではなくて、当時の理念による都市計画を述べたものであるが、それだけに古代中国の都市についての概念を理念型として教えてくれるものであり、考古学的な発掘の結果が及びえない都市の生活の相をうかがわしめるように思われる。

この『周礼』の問題の個所は次の通りである。

「匠人営国。方九里。旁三門。国中九経九緯。経涂九軌。左祖右社。面朝後市。」

ここでいう国とは都市国家である。方九里とは一辺九里の正方形に造られているということで、周代から漢代にかけての一里は約四〇五メートルであるから、一辺約三・六キロメートルとなる。その東西南北の各辺に旁三門、つまり三カ所の門が開かれている。国中九経九緯とは、内部はタテヨコそれぞれに九本の道路が走り、経涂九軌であるから道路の幅は九台の車が通れるほどである。左祖右社、すなわち中央の左側に祖先の廟、右側に社稷（土地神）の壇があり、面朝後市であるからその前面には朝廷があり、その後背には市場があるというわけである。

中国の歴史を見るとき、諸王朝の都城はおおむねこれを基本的な理念型として都市を構築していたとすることができるだろう。秦の咸陽、漢の長安と洛陽、魏《ぎ》の鄴《ぎょう》、晋の洛陽、唐の長安、宋の汴京《べんけい》、元の大都などの都市計画を見れば、その基本的な骨格はこれに則っていたといえよう。各県城もどの時代であれその形態は決して一様ではないが、いずれも交易の結節点であり、政治の拠点であるところから、このイメージが自らについての観念の中核にあったものと思われる。

漢族都市の出発

より端的に言うならば、中国の権力者はこうした都市の市場《いちば》を取りしきる秩序維持者、紛争を調停して上納金を吸い上げる強力組織が原型であったのである。それに対応するものを日本に求めると、日本には早くから別系統の権力者が成立したので、中国におけるようなそれは社会の裏側に矮小化して現われる。それはナワバリの中の営業者からミカジメ料を取り立てたり、タカマチに集まる香具師《やし》からショバ代を吸い入れる親分のようなものである。時には賭場を開帳して、テラ銭を吸い上げたりする。中華帝国ではこうした親分の頂点に立つのが皇帝であり、その子分にあたるのが都城より各県城へ派遣される官人であったわけである。ウィットフォーゲルのいう中国官僚の経営者的性格はこのような歴史的＝本質的背景を考えあわせると、よりよく理解されるものであろう。

この市場を中心とするナワバリに基づく専制国家という型は、中国においてのみ見られるものではない。紀元一〇世紀から一六世紀にかけてサハラ砂漠の南の縁辺にいくつかの黒人帝国が出現するのであるが、これらについてもほぼ同じような状況があったものと思われる。それは一〇世紀からサハラ砂漠を横断するキャラヴァン＝ルートが開かれて、イスラーム商人たちが西スーダンの金《きん》を求めて南下し、砂漠の縁辺のサヴァンナ地帯に交易のための市場町を誕生させるのである。この市場町を中心にガーナ、マリ、ソンガイといった専制帝国が展開する。それらはいずれも隔地間商業を押えることによって、そこから利得を引き出していたのである。

しかし、アフリカの中世帝国はいずれも外部的条件の変化により短命のうちに消滅したが、中国の国家は発展を続けた。それは利得の源泉が流通から農耕に移ったからである。黄河流域に農耕が始まったとき、耕地が開かれたのは周辺の小河川のある高台に限られていた。そこではアワ、キビ、モロコシといった雑穀が栽培されていたのであるが、沖積平原での栽培は避けられていた。それは、黄土地帯を流れる黄河は大量（河水の約三分の一）の黄土を沈殿させるため、河はたちまち天床川（川底が周囲の地面より高くなった川）となり、定期的に氾濫するという危険があったからである。しかし、春秋戦国期

（前六世紀―紀元三世紀）になると鉄器が普及して、農耕や土木が手速く効率的にできるようになり、その結果、平原に農民が下りて耕作をはじめることになる。それはこの地帯がモンスーンの末端にあり、降雨量は年間五〇〇ミリ内外であれ夏季に集中するため、乾地農法が可能であったからでもある。ここから中国の皇帝のもう一つの機能である雨乞師が生まれてくる。

この農業生産の増大によって春秋戦国期の経済発展は起こり、やがて諸国が統一されて秦漢帝国となり、一連の中華帝国が始まる。こうして典型的な東洋的専制主義が成立するのである。もっとも、いっきょにそれが形成されたわけではない。それに先立ち漢族の青春があり、百花斉放、諸子百家の時代を経験する。中国の歴史において人間の自発性と共同知と共同性がもっとものびのびと展開したのはこの時期である。都市も多数簇生した。すでに殷《いん》の中期（前一三〇〇年頃）、鄭州《ていしゅう》で発掘された都市は板築《はんちく》（突き固められた土）でできた方形の城郭で囲まれ、南壁が一七五〇メートル、東壁が一七二五メートル、北壁が一七二〇メートル、西壁が二〇〇〇メートルであった。そこに権力者の住居、祖先の廟、土地神の壇、さらに手工業者の仕事場などがあったことは明らかである。やがて、春秋戦国期に入ると各地に大都市が発生し、思想＝職業集団が成立する。その都が燕《えん》の薊《けい》、魏の大梁《たいりょう》、趙《ちゅう》の邯鄲《かんたん》、韓の宣陽、魯の曲阜《きょくふ》、なかんずく斉の臨淄《りんし》である。

これは春秋戦国期に農業のみならず商業が非常に繁栄した結果である。そのため紀元前五世紀にはコインが出現している。すでに銅貨では、布、刀、円銭、蟻鼻銭といった多様なタイプがあり、金貨も存在していたように、秦代から卑金属鋳造貨幣という中国型に統一されるに先立って、コインの種類は多様であった。都市には権力者のみならず、手工業者、そして商人が住んでいた。城内は内城と外城に分かれ、内城には支配者の宮殿や廟があった。はじめ内城の東西両側には各種の店舗が並んでいるほか、そこは住民の社交場、憩いの場でもあり、演芸、闘鶏、博奕《ばくえき》なども盛んであった。後には、この市場の四方に壁を築いて外城とし、四門を開いたが、そこに住むためには政府の許可が必要で、営業の特権も与えられ、特別な戸籍に入れられた。とりわけ戦国期らしいのは、各国から招いた学者、思想家、技術者のために外城に一郭を設ける場合があったことである。(斉の宣王の「稷下《しょっか》の学士」。宣王の優遇政策により、天下の学者が皆ここに集まった。)

思想も後代のように儒教に統一されてはいなかったため、あの孟子も「稷下の学士」の一人として世に出たのである。仁義による徳治を説く儒家は礼の専門家であったが、もともと葬礼の取り扱い業者であったようである。孟子のほか「稷下の学士」には「墨家」の宋鈃《そうけん》、尹文《いんぶん》、「道家」の環淵《かんえん》、田駢《でんべん》、「陰陽五行説」を唱えた鄒衍《すうえん》、「兵法家」の孫臏《そんぴん》がいた。「墨家」は非戦主義、博愛主義を唱えたが、同時に築城技術者集団で、城の防備を得意としていた。「道家」はバランスを重んじ、一つのことにこだわることの愚かさを説いた。すなわち、天地万物、人の生死、是非善悪、すべてバランスが大切であるとした。なお、「道家」の経典の一つである『老子』には兵法の側面がある。

しかし、秦の始皇帝によって斉、燕、楚、魏、趙、韓がつぎつぎと滅ぼされ、郡県制がしかれ、諸制度が統一され、思想統制が行われることによって、このような自由闊達な空気は今日に至るまで失われてしまったのである。

漢族国家の特徴

かくて中国の体制の特徴は徹底した〝国家統制〟とすることができるが、これに対する批判として中国国家の政治の粗放性を指摘するむきがある。つまり、この国の人口と比較して官人があまりにも少数であるから、人民を掌握しきることは難しいとするのである。こうした議論は昔からあり、かつて稲葉君山はこれを次のようにまとめている。

「支那の政治はその名に副《そ》うほど独裁的なものではなかったから、地方人民は、それぞれ自治的生活を発達せしめていた。つまり、支那の社会の健全は、中央の政治力が微弱であったことに基因す。」（四八ページ）

しかしながら、稲葉はこれを誤りであるとする。確かに、この国にも自治らしいものが見られはするが、それは「中央の政治力が微弱であったためではない。却って熾烈に働き出したからであった」と主張したのである。

この国の政治の粗放性を主張する人の論拠は、かつてこの国の統治組織の末端は県であったが、中央からここに派遣される官人の数はたった一人であったということにある。たった一人の知県（県知事）が平均一〇万単位の人口の上に親民官、皇帝の代理として君臨するのであるから、当然に中央政府の管理はゆきとどくはずがない、というのが「小さな政府」という説の根拠なのである。この考え方は、明らかに欧米社会の常識に無意識によりすがったものである。中国独特の国家の営利機構としての性格が考慮に入れられていない。

確かに、知県は現地で唯一の官人であり、統治の責任の一切をとることになっていた。しかし、実際にはこのようなことは可能であるはずがない。衙門《がもん》（役所）において彼はまず幕友（官人の顧問）たちの補佐を受けていた。特に裁判と税制においては専門の知識が必要であったので、彼らなくしては、統治は不可能であった。とはいえ、幕友は知県の私的な顧問であり、その報酬も知県が自らの俸給の中から支払っていた。さらに、衙門には多くの胥吏《しょり》（下級役人）が存在して、さまざまな事務を執行していた。それは知県にせよ、幕友にせよ、その土地の実状を細かく理解しているはずもないからであり、そもそも「回避」の制度によって官人はその縁者のいる出身地の役職につくことが禁止されていたからである。この地元出身の胥吏は政府によって任命された者ではなく、その報酬も事務にともなう手数料であって、近代の行政の常識をもってすれば、単なる代書人にすぎないであろう。

しかしながら、この国の統治を考える場合、こうした見方だけでは本質を見おとす。そもそも知県を頂点として、末端は門番、獄卒に至るまで、衙門全体が営利機構だったのである。その根底にはこの国の税制が徴税請負い制（包《バオ》）を採用していたということがある。一定額の中央への上納分以外は衙門の収入となった。それを増やすのが胥吏の仕事である。中央で定められた税率以外にさまざまな名目での付加税を搾りとることが胥吏の腕の見せどころである。もちろん、収入の一部は知県に奉呈される。であるからこそ、知県の俸給が著しく微少なものであれ、やっていけるどころか、「三年清知府、十万雪花銀」（三年知事をやれば、清廉潔白と言われるように決してえげつないことをしなくても、孫子の代まで食べてゆけるものが貯まる）ことになる。

胥吏も儲かる職業である。それ故、そのポストは利権として売買、相続されていた。カネを出さなければ、門番には取りついでもらえないし、獄卒には徹底的に虐待された。地方の衙門だけではなかった。中央の官人には面子《めんつ》をこわさぬよう中飽（賄賂）を渡す仕掛けがあったし、国家それ自体が税金のみならず、牙行《がこう》（官許仲買人）による流通管理や専売による独占利潤によって利益をむさぼっていたのである。したがって、商人たちの営利もこれら国家の営利機構に寄生することに集中した。例えば、揚州の塩商がその典型的な姿である。この国の政治は粗放的であるどころではない。自立したブルジョアジーはついにこの国には成立しなかったのである。

秦漢以後の中華帝国の歴史はこの営利機構がより完璧なものになってゆく歴史である。漢帝国の崩壊によって黄河流域を占領した北方遊牧民はむしろその傾向を強めた。北朝（五—六世紀）のみならず、隋（六世紀末—七世紀初）も唐（七世紀初—一〇世紀）も北族系である。唐末・五代（後梁、後唐、後晋、後漢、後周）の大混乱も宋（一〇—一三世紀末）による再編強化をもたらし、モンゴル人も満州人もその傾向を徹底させた。あえて画期をあげれば、宋代であろう。科挙の完成は、この国のエリートのエネルギーを皇帝の子分になることに向かって強力に収斂させてしまったのである。宋の真宗《しんそう》（北宗三代皇帝）の勧学歌は次のように青年を煽動している。

「金持になるに良田を買う必要はない
本のなかから自然に千石の米がでてくる
安楽な住居に高堂をたてる要はない
本のなかから自然に黄金の家がでてくる

外出するのにお伴がないと歎くな
本のなかから車馬がぞくぞく出てくるぞ
妻を娶るに良縁がないと歎くな
本のなかから玉のような美人が出てくるぞ
男児たるものひとかどの人物になりたくば
経書をば辛苦して窓口に向かって読め」（宮崎市定訳、一五—六ページ）

漢族における地域社会

このあまりにもあけすけなアジテーションが権力者によって行われる社会においては、正常な形で人間の自発性と共同性が統一的に発揮されることは不可能である。自発性が昇官発財（官人として出世し、金儲けすること）にもっぱら投入されれば、共同性は伝統的な宗族→氏族→家族といった原生的共同体の枠の中にとどまらざるをえない。そのため、村落は氏族共同体と重ならないかぎり、共同体からほど遠いし、都市もまたコミュニティとはなることができない。それ故、漢族が唯一のよりどころとした同族共同体からも見放されたり、そこから脱走したりした者がたどりつくところに帮《バン》＝秘密結社という倒錯したコミュニティ、黒社会があったのである。

このことは中国社会の底辺における自治を考えるとき、心得ておかなければならないことである。一言にすれば、一貫してこの国においては地域社会としての村落が近隣集団としての共同性をいくつかの次元で備えてはいたけれども、その基本はあくまで中央政府の支配に対して連帯責任を負わされる納税集団であったのである。もちろん、二〇〇〇年を越える歴史の中で、村落も大きく変わってきて当然である。その形成の歴史よりして、地域的な大きな差異が、例えば、黄河流域から広がる北部と揚子江以南に広がる南部で著しいことは言うまでもない。ただ、全体としては一〇世紀、一一世紀に最大の画期があったということはできよう。それは豪族を中心とする氏族体制が崩壊して、いわば頂点のない同族体制に再編されたのである。

そのため、村落を代表し、それを取りしきる者は、前期においては村の長老であったが、後期においてはいわゆる郷紳（村の有力者）であった。この郷紳とは単なる隠退した官僚のみならず、科挙（官吏任用試験）制度の中から生まれた階梯の中の身分である。例えば、清代（一七―二〇世紀初）の受験制度でいえば、県試（以下、府試・郷試ともに地方での試験のこと）をパスして童生となり、童生が受ける府試をパスして生員となるが、このとき生員は官人に準ずる身分を取得する。彼らはこれ以上の試験に合格しなくても、幕友になる道が開かれる。この生員が郷試をパスしてなる挙人はすでにエリートであって、この挙人が会試（都での試験）をパスして貢士となり、最後に貢士が殿試（宮中での試験）をパスして、めでたくなるのが進士である。これが科挙の到達点であり、官人となることができるのである。このように、郷紳にはこの官人ＯＢのみならず、それまでの試験合格者も含まれていた。

科挙以前の漢帝国においては、官人は豪族によって占められており、彼らが中央より郡県に派遣されたのであるが、現地における事務をとる小吏もまた豪族の影響下にあった。のみならず、これら豪族たちは官人にならなくても、「二十等爵位」の制度によってヒエラルキーに組み入れられており、村の長老も彼らの中の一人だったのである。このように底辺にまで頂点の影響力が及んでいたのであり、しかも単なる人的ネットワークだけではなく、元代（一三世紀末—一四世紀）からは古来からの救荒政策に加えて、組織による直接掌握も行われた。すなわち、元代には民家五〇をもって一社とし、勧農、教化、相互扶助にあたらせたのである。これはあまり成功しなかったようであるが、明代（一四—一七世紀）には里甲《りこう》制がしかれた。

これは一〇〇戸をもって一里とし、それに里長を置き、さらに一里を一〇戸ずつ一〇甲に分けて甲首を置き、相互扶助、共同合作を勧めたものである。これを受け継いで、清代にも保甲制として再現した。これは一〇戸を一牌《いっぱい》として牌頭を置き、一〇牌を一甲として甲頭を置き、さらに一〇甲を一保として保長を置くという一〇〇〇戸編成とし、より率直に治安と徴税にあたらせたのである。そのイデオロギーは明の太祖《たいそ》の「聖諭六言」にあり、これを敷衍した康熙帝《こうきてい》の聖諭一六条（一六七〇年）に表現されている。陳腐な内容だが参考のために挙げておく。

1　孝弟を敦《あつ》くし以って人倫を重んずべし
2　宗族を篤《あつ》くし以って雍睦《ようぼく》を昭《あきら》かにすべし
3　郷党を和して以って争訟を息《や》むべし
4　農桑を重んじ以って衣食を足すべし
5　節倹を尚《とうと》び以って財用を惜むべし
6　学校を隆んにし以って士習を端すべし
7　異端を黜《しりぞ》け以って正学を崇《とうと》ぶべし

8 法律を講じ以って愚頑を儆《いま》しむべし
9 礼譲を明らかにし以って風俗を厚くすべし
10 本業を努め以って民心を定むべし
11 子弟を訓《おし》へ以って非爲を禁ずべし
12 誣告《ぶこく》を息《や》め以って善良を全うべし
13 匿逃を誡《いまし》め以って株連《まきぞえ》を免《まぬか》るべし
14 銭粮《せんろう》を完うし以って催科を省くべし
15 保甲《ほこう》を機収し以って盗賊を弭《や》むべし
16 讎《しゅう》念を解き以って身命を重んずべし

ここまで立ち入られると、人間の心は萎えてしまうものである。したがって、この国の農村においては共同体は育たなかった。すでに古代において、山川藪沢は無主地として、共同利用のルールはなかったので、その利用状況は極めて荒廃的であった。記録に残っているだけでも、戦国期（前四—紀元三世紀）の斉の都の近くの牛山、南北朝（五—六世紀）の肥水のほとりの人公山などは禿山になっている。勝手に樹を伐り、家畜を放牧したために、木の根も掘りとられ、土壌も削りとられていた。そのため、しばしば土砂崩れと洪水が起こったという。利用できる土地や河川において豪族による私的占取が進められたのである。

宋代からは同族共同体による共同所有、共同利用が現われるが、ついに村落共同体的なものは極めて薄弱であった。権力の空白期間といえる二〇世紀前半の状況においてもまた、福武直、村松祐次らの調査はこの国における村落共同体的なものの弱さを指摘している。もちろん、大きな地域差があることは彼らも認めているところであるが、一般的に言って、村落の自治機構の中心となるべき村公所もほとんど自前の建物はなく、村廟か同族村落では祠堂《しどう》に置かれていたという。村落の所有財産についても行き倒れの人の埋葬地と公共井戸ぐらいであって、帳簿すらろくになく、戸籍事務用の保甲冊や収支帳も村長や役人の自宅にあるありさまであった。自治法制によってさまざまな任務が委託されているが、必要やむをえないもののみが取り上げられ、ほとんどの事項は有名無実であった。したがって、村落の第一の仕事は村廟の祭祀である。この祭祀にあたっては廟会と呼ばれる年の市が開かれ、その際、交易とともに諸種の娯楽が提供されることもあるが、それが行われるのは、大村落か特別に有名な廟のみであったという。

村落の第二の仕事は看青《かんせい》（耕地監視）と求雨＝雨乞いである。特に華北では自然が苛烈なので、経済的に不利な立場に立つ者は容易に村づきあいから脱落し、窮乏戸が多かった。それ故、彼らによる農作物の窃盗は極めて多く、それを防ぐために、村民が交替に、あるいは雇用して監視人を置くことが多く、盗人を捕えた場合の制裁は村の重要な仕事で、そのための組織は看青会と呼ばれていた。この会がそのまま村の公会の役割を果たしたという。もっとも江南では北方とは作物が違うばかりか、集落が少数戸で分散しているので、養魚池の魚の盗難を防ぐことのほかはあまり見られず、監視組織が村の中枢機関となることはなかったようだ。次に求雨＝雨乞いについても、やはりモンスーン地帯の縁辺である華北については切迫した課題であった。その内容は呪術的なもので、神像が村内を一巡するのであるが、その費用は有志の寄付もあったが、おおむね村の公費で行われた。

第三の仕事は村の防衛である。もちろん、地方によって事情は異なるが、中国の村落は一般的に盗賊、土匪《どひ》の脅威にさらされていた。その危険が大きいところでは、集落は住宅が密集しており、村の周囲に土壁をめぐらすことは稀でなく、どの村落も自衛組織を持っていた。それは打更《ダーゴン》と呼ばれ、看青期間中は看青夫がこの打更の役割を果たしたが、冬期や治安が特に悪化したときは、打更による夜警も行われた。この打更は村が雇用することもあるが、村民が交替に出ることもあった。彼らの詰め所は多くは村廟であった。この種の組織が特に発達していたのは華南で、公費のかなり多くの部分が割かれており、形だけではない性能を持った武器も備えられていた。さほど危険がない地域もないわけではなく、そこでは県から区、さらに郷鎮というように系統的な官製の自衛があるだけで、ときには少数だが有給の団丁《だんてい》（私兵）が雇用され、これを村の公費で賄っていた。

宗族共同体

もちろん、中国の村落においてもこれら警察的な面ばかりでなく、近隣同士での自然発生的な相互扶助は当然にあった。しかし、制度的には共同体は育たなかったといって大過ないであろう。一見、共同体的であるかのごとく見えるものは、同族共同体が実体であって、このような事例は村名を見ればすぐに判断できる。例えば、李家荘《りかそう》あるいは鄭家屯《ていかとん》、郭家堡《かくかほ》といった具合である。多くの家族からなる村落も少なくはないが、長城近辺は例外として、おおむね北方よりも南方に、すなわち比較的新しく開拓された村落に同姓村落が多いということができよう。そこでは、一般の村落においてはほとんど見られなかった村民の共同連帯行動がしばしば見られた。特に福建、広東などにおける械闘《かいとう》（武器をもってする村と村の闘争）は激烈なもので、流血のみならず、しばしば死者すら出すほどのものであったのである。

この同族村落は、とりわけ宋代以後、豪族支配が後退するとともに前面に現われる。二〇世紀の初めまで、この同族村落は共有財産として義荘、祭田、学田を持っていた。義荘は宋の太宗から仁宗にかけて仕えた范仲淹《はんちゅうえん》（九八九―一〇五二年）が始めたといわれている。それは同族内の冠婚葬祭にあたって金銭を送るとともに、貧困なる者、老廃疾者、孤児、寡婦を援助したのである。また同族全体に、人数に比例して米を送ることもあったという。その管理は一族の枝分かれした支族ごとに同数の董事《とうじ》（理事者）を選出して行った。祭田は同族の共通祖先の祭祀のための費用を賄う不動産である。それは第一には長老の主宰による春三月の清明の祭り、冬一二月の大塞の祭りの費用であり、第二には祠堂の掃除や鐘鼓を打つ者を雇う費用であり、第三には祠堂の修築のための積立てであった。学田は祭田がその役割を果たしたこともあったが、単に一族の子弟の勉学のための援助に使うにとどまらず、同族のための学校を維持することにも使われた。目的は、言うまでもなく、一族中の優秀な者に科挙を受験させるために援助を行うことである。かつてはほとんどの名族、大族が学田を所有して、同族より官人を輩出するよう計ったのである。中国においては、相続にあたり遺産の均等分割が原則であったので、いかなる名家であれ、数代経つと特に変わったところのない家になってしまう。したがって宗族の維持にとってはこれら共同財産が大きな意味を持つのであった。

豪族が消えるのと同時に、都市のいわば「市民」生活が開花するのも宋代である。中国の歴史的意味を正しく伝えるには、この用語を使うべきではないが、現象的には「市民」と呼べるだけの都市現象は、首都のみであるが見られたのである。隋唐時代には、科挙はあったけれども、本質的に貴族、豪族が大きな力を持っていた。首都の坊（区画）もそれぞれが大路に面するところに壁があり、日中だけ門が開かれるという閉鎖的なものであった。しかし、宋代には大路に各坊の入口は常時開かれた。盛り場にはレストラン、居酒屋、劇場、寄席、妓楼が林立して、毎日たくさんの人出があり、そこで多くの人びとが生活していたのである。しかしながら、この宋代の絢爛たる「市民」文化、多彩な「市民」生活が女真族（金）、モンゴル族（元）の侵入によって蜃気楼のごとく消え去ってしまったのはなぜか。それは宋代の農村、とりわけ江南がチャンパ米の導入によって二毛作を可能とし、全体として生産性が高まったこともあるが、首都の開封《かいほう》や臨安が農村の大海に浮かぶうたかたであり、市民形成、都市形成の新しい論理を生み出しえなかったからであろう。

　確かに、唐代まで東西の市《し》にとじ込められていた行《こう》（みせ）は、そこよりはみ出し、都市の他の地域や近郊に進出し、時間、場所に制約されず営業することができるようになった。農村に簇生した鎮（小都市）や草市（農村市場）での商工業活動も活発になっている。この新しい商工業者たちが、相互の競争を調整したり、商品の価格や品質を規制したり、統一的な対官折衝や相互扶助のため、共同の神を祭って行《こう》あるいは作《さく》という同業組合を作ったのである。これを中国型ギルドと呼んでもおかしくはない。しかしながら、これら中国型ギルドはついに都市内において横断的な連帯を達成するまでには至らなかった。官との関係においては、官による収奪、タカリを受ける反面において特権と保護を受け、互いに寵愛を争っていたのである。行の内部においても行頭あるいは会首による寡頭支配が行われ、行相互間でも明清時代には米穀商、両替商、質屋などの大行がまとまって、多くの行を支配下に置いたのである。

なお同郷人が北京その他の大都市において会館を設け、会員の親睦、宿泊、困窮者救済、死者の葬送、特に死者の棺を一時あずかる丙舎《へいしゃ》（死体保管所）、墓地といった事業を行うことは明代からあった。会員を同業者、いくつかのギルドのメンバーに限ることもあった。多くの場合、ある地方の出身者が一つの業者に集中し、これを独占したから、同郷人と同業者との一致が多かったのである。その維持には会費や寄付金のほか、会館の営む事業収入があてられた。運営は会員の総会によって決められた。総会は規約を定め、董事を選出し、日常の運営にはこの董事たちがあたり、そのもとに事務職員を置いた。この施設は首都や大都市に用事のある商人、学生、官吏らにとって必要なものだけに、ほとんどの省のグループ、人数が多いところでは各県のグループによって作られ、人数が少いところでは数省、数県のグループによって作られた。しかし、それはあくまでも個別のクラブの段階にとどまり、これらの会館同士が交流するということはついに起こらなかったのである。

近代の大都市、例えば上海では、ロンドンのコーヒー店と同じように茶館が同業者の溜り場、時には事務所、応接間として活用されたし、また野鶏（娼婦）の商売の場ともなった。こうした面では確かに近代における情報の集中する場ではあったが、これまた共同知の蓄積の場として結実するまでには至りえなかったようである。

漢族における帮《パン》

中国においては、都市においても、農村においても、宗族や職業を越えた横断的な自治団体は成立しなかった。しかしながら、血縁関係からも、職業関係からも排除された人たちは現実には存在する。その彼らの行くところが帮《パン》=会（秘密結社）である。それはまた表面では体制に順応していたが、裏面では体制に知られては困ること、とりわけ体制と対立し、しばしばそれへの反逆を覚悟している人びとをも受け入れていたのである。

漢帝国確立までは司馬遷の『史記』の「遊俠列伝」に描かれたような人物が存在しえたが、それ以後はこの種の人物は暗黒社会を生きるようになる。それが大衆化する発端となった事件は、秦の崩壊期に進退極まった陳勝《ちんしょう》、呉広《ごこう》の反乱（前二〇九年）であろう。しかしこれはあくまで自然発生的なものであった。組織された最初の帮は、後漢末（二世紀末）の太平道であろう。これは張角《ちょうかく》によって組織された宗教団体であるが、符水（おふだ）や呪文による病気治療などを通じ、河北や山東で天災や圧政に苦しむ数十万の信徒を獲得したのである。そして紀元一八四年に反乱を起こしたが、信徒らは五行説（歴代帝王の変遷を万物の元となる木・火・土・金・水の五行によって説く教え）によって漢の火徳に取って代わる土徳を唱え、これを示す黄色の頭巾をつけていたので、黄巾《こうきん》の賊と呼ばれた。この反乱は結局鎮圧されたが、漢帝国が崩壊する要因を作り出す大事件となった。

これ以後、今日に至るまで秘密結社は中国の歴史のもっとも重要な要素となっている。中国における王朝の交替は、北方異民族の侵入、軍閥間の争奪、そして流民を組織した帮の反乱の三つがきっかけではないだろうか。二〇世紀の中国においても、このことは変わらない。国民党にしろ共産党にしろ、系譜的に見ても、内実的に見ても、その起源は帮会なのである。この問題についての詳細は拙著『革命の社会学』（田畑書店、一九七五年）第二章第五節で見られたいが、ジャン・シェノーは、それがこの国の体制に正面から対立する裏社会であることを次のように説明している。

「清国政府は、彼らの活動を極めて過酷に弾圧した。彼らは反道徳的であり（淫）、邪悪であり（妖）、異端的である（邪）と断罪された。国家がこれらについて、もっとも我慢できなかったものは、これらの反逆集団が、家庭、宗族、村落、ギルド（行）といった、人間の自然の状況の受け入れの上にではなく、意志的創意と個人的選択の上に基礎づけられていたことである。これら集団は、事実上、宗族集団の代わりをし、これら浮浪の徒や反逆の徒に対して、良民に宗族が一般的に提供するサーヴィスを提供したのである。」（P. 6）

この種の集団が中国の歴史において執拗に発生する理由については、フィーリング・デイヴィスの説明によるならば、「中国の秘密結社の歴史は、非合法的《小ブルジョアジー》の形成の歴史である」（P. 64）ということになる。彼によれば、一般の勤労者は安定した生産過程から排除され、逸脱せしめられたとき、流通面（輸送、商業）によって生活することを余儀なくされる。しかし、この国の官僚の独占と収奪は、これと癒着した特権的大商人を別として、彼らの営業を不可能としてしまい、不可避的に塩の密売のような非合法の世界に入ってゆかざるをえなくする。この彼らを組織し、保護するのが帮なのである。彼らは農民と違ってつねに移動し、独特のネットワークを作り上げているので、一般農民がそれまでの生活を不可能とされ流民化させられる危機にあたっては、農民反乱の指導者の役割を果たすことになる。このとき、彼らは王朝を顛覆する機会をも与えられるのである。

二〇世紀における帮として有名なのは、青帮《チンパン》と紅帮《ホンパン》である。青帮はもともと中国の南北を貫通する大運河における運輸労働者ないし波止場人夫の相互扶助組織として生まれたものであるが、やがて小商人、小作人、漁民、船頭、手工業者を巻き込み、二〇世紀前半には上海租界の工部局（租界の行政の担当機関）の巡査の大半を獲得したのである。紅帮の方はより犯罪との関わりが強く、密売人、強盗、乞食なども結集していたといわれている。もちろん、そこには社会の底辺の人たちばかりでなく、立身出世に挫折した知識人もまた数多く見出すことができるが、多くの反乱における軍師は彼らの中から現われるのである。こうした帮が二〇世紀の中国社会をも動かしていることは青帮、紅帮いずれにおいても言うことができる。国民党も共産党もこれらの帮と地下茎で縦横につながっていたのである。

例えば、国民党そのものは、孫文もその一員であった三合会の一派として発足したのであるし、青帮の大親分の杜月笙《とげつしょう》と蔣介石との関係は浅からぬものがあったことは周知の事実で、中国国民党は青帮と浙江財閥と国民党軍の合股（合名会社）であるとすらいわれていた。中国共産党にしても、それが大衆党となることができたのは、国民党への加入戦術（入党して内部から獲得する戦術）によってであり、ひとにぎりの知識人の党がゲリラを持つ軍閥となることができたのは、井崗山《せいこうざん》において紅帮系の土匪の部隊を乗っとることによってであった。この建党＝建軍の路線が偶然のものでなかったことは、早くも李大釗《りたいしょう》の最後の政治論文や毛沢東の論文「湖南農民運動視察報告」に示されている通りである。

そこに孕まれている問題は、この帮の勝利が決して新しい社会の原理の勝利ではなかったことである。それは帮の組織が中国の中心的な組織原理である父系血族、すなわち宗族的結合の裏返しでしかなかったからである。帮はいずれもその加入にあたっては、おどろおどろしき入社式（イニシエーション）、つまり血盟を行うのである。例えば、三合会の入社式においては、雄鶏の首を斬って、その血を器に注ぎ、新入りはその左手の人差し指に釘を刺して、ほとばしる血をその器に滴らせる。そして誓詞を燃やして、その灰をこの血に混ぜて啜ったという。かくして加入した以上は絶対に脱会は許されない。それは血縁関係が永久に絶ちえないのと同様で、さらに組織への絶対服従の下、その秘密を漏らす者は、怖ろしい死の制裁をもって罰せられるのである。

この「結合形式の呪術性、外界に対する閉鎖性と排他性、仲間の正義の非客観性、仲間の行為の非自由性」(仁井田陞、一一八ページ)は、決して人間のより自立した次元における結合をもたらすものではなかった。この点はキリスト教的用語を散りばめた秘密結社、上帝会の太平天国の乱(一八五〇—一六四年)においても変わることはなかった。同じくマルクス主義的用語を散りばめた中国共産党の「解放」にしても、帝政より党政への変化はあったが、その専制支配は不変であるが故に、新しいコミュニティを生み出すことはできなかったのである。

二　日本における都市と農村

同じ東アジアにあり、漢族の文明に影響を受けながら、日本は中国とは違った方向に歴史の歩みを進めた。明らかに日本の文明には中国の影響が刻みつけられている。日本人の使う文字は漢字とそれを変形した仮名である。世界の思想の吸収においても、すでに日本の型が完成していた一六世紀からは西ヨーロッパ人の影響を受けるが、それまでは中国を通じ、漢字で表記された概念によってこれを学習したのである。あるいは成文法（律令）による官制も唐より学んだものである。コインもまた中国の方孔円形（四角い孔のある円銭）の通宝銭を原型として自らのコインを鋳造したのである。

しかしながら、模倣しながら、日本人は同時に全く異質なものをつけ加えたり、違ったものに変形したりしたのである。漢字を学びながら、その表意文字としての性格に拘束されず、同じ字を音として使うのみならず、訓として使い、同じ意味の日本語の表記とした。それだけでなく、表意文字という漢字の本質を無視して、似た音の漢字の一部ないし崩した字を表音文字として使い、それを吏読《りと》（古代に朝鮮語の助辞を表記した漢字）のように単に付属的な記号のレヴェルにとどまらず、全面的に活用して、漢文とはおよそ異質な和文（仮名文）を展開することすらあえてしたのである。

思想についてもしかり。儒学にせよ、仏教にせよ、その時代時代の思想を忠実に学ぼうと努力はするが、特に仏教においては鎌倉仏教のようなユニークな思想（例えば、親鸞や日蓮の思想）を展開している。法律や官制についても、唐のそれを模範としながら、太政官に対する神祇官のような日本的なものを組み入れている。それのみではない。この律令を公家法として保存しながらも、これに対立する幕府を併立させ、その法律として「御成敗式目（貞永式目）」（一二三二年）から始まる武家法を発展させていったのである。コインにしても、唐銭まるうつしの皇朝十二銭（奈良朝から平安朝初期まで）から出発しながら応仁の乱（一四六七―七七年）以後、銅銭のみならず、金貨、銀貨よりなる多彩なコイン文化を発展させたのである。

その他、いくつもの事例を列挙することができるが、いずれも日本文明の独自な歴史的展開を指し示すものであって、都市についても同様であった。持統天皇の六九一年より造営に着手し、六九四年に奠《てん》都《と》した藤原京は、中国の都城の条坊制（東西南北を碁盤の目のように街路がはしる都城制）を採用した最初の首都であった。そして元明天皇の七〇八年に造営に着手し、七一〇年に奠都したのが平城京であった。しかし、このいずれも渤海《ぼっかい》の上京竜泉府のような長安城の忠実な模写ではない。中国の都城と日本の二つの首都との関係についてはいろいろと議論があるが、ここでは深入りしない。

ただ長安城と平城京を単純に比較すると、まず第一に平城京には城壁がないことが注目される。形態にしても、長安城が東西に長く、南北に短いのに対し、平城京は東西が四・三キロ、南北が四・八キロで、南北が長い。また、平城京には東西一・六キロの外京（張り出し部分）がついているが、その面積は長安城の四分の一にすぎない。その他、長安城では宮城と皇城が区別され、皇城が官庁の地域となっているのに対し、平城京では両方が大内裏《だいだいり》として一括され、そこに唐風の朝堂院と和風の内裏があり、前者が公的政治の場であるのに対し、後者が天皇の私的生活の場であった。このように奈良時代はもっとも唐の文明に傾倒していた時代でありながら、すでにこれだけの差異が生まれているのであるが、平城京には七〇余年しかとどまらず、恒武天皇の代には七八四年の長岡京を経て、七九四年には平安京に奠都するのである。

平安京と日本の道

平安京は平城京をひと回り大きくしているが、おおむね平城京の構造を踏襲しているといえよう。しかしながら、この都は当初はともかく、だんだんと中国の都城とは違った方向に発展してゆくのである。結局、この都は一八六八年に至るまで京都として公家政治の中心にあったが、その間に源頼朝が一一九二年に鎌倉に幕府を開いたりするなど、原理的に中国とは異質な日本文明の特性が明快に現われることになる。唐の長安以後、北宋の汴京《べんけい》、南宋の臨安、元の大都、明の北京、清の北京と続く中国では、王朝交替ごとにその都は決して同じものではないものの、基本的骨格を同じくして再現されるのであるが、日本ではそのようなことにはならなかったのである。

この日本の京都の歴史を理解するためには、京都のみを見るだけでは不充分であろう。そもそも唐より学んだ律令体制の適用の仕方自体が違っていたのである。確かに中国の郡県制にならって日本でも同じような国郡制がしかれたのであるが、その施行される実態は全く違ったものであった。それぞれの国には国司（地方官）が中国の知県と同じように中央政府から派遣されてはいた。しかし、国司は単に守《かみ》ひとりではなく、他の官庁と同じく守・介《すけ》・大小掾《じょう》・大小目《さかん》の四等官制をとっていた。しかもこれら在庁官人はついに科挙によって任命されることはなく、中央の貴族の力関係によって選ばれるものであった。のみならず、彼らの多くは現地の有力者から任命されることも少なくなかったのである。特に、国司の監督下に郡の民政司法を掌《つかさど》る郡司は、大領・少領・主政・主帳の四等官よりなっていたが、彼らは大化（六四五年）以前の地方首長＝国造の子孫で、大化以後も祭祀の官として存置されていた人たちから任命された。

こうして日本では、いかにも律令制に基づく官僚制によって統治されるという外見を作ったが、上層の官人が有力貴族であるばかりでなく、下層の官人においても地方豪族だったのである。したがって、農民たちの耕す土地にも条里制（日本古代国家の土地区画制度）がしかれ、公地公民制の建て前から、班田収授（口分田《くぶんでん》の支給）がとりあえず行われはしたが、班田農民の逃亡と口分田（農民に支給する田地）の不足によってたちまち崩れてゆく。これを加速したのが開墾の奨励による荘園（貴族・寺社の私的領有地）の成立である。まず有名貴族、大社寺を中心とする墾田地系の荘園の成立（八—九世紀）に始まって、一〇世紀からは地方豪族や有力農民が自力で開発した土地を有力貴族の本所、領家に寄進して荘園とし、その預所、下司職として実質的に占有するようになる。かくて九〇二年を最後として班田が実施されなくなると、公田（国家の土地）も名《みょう》という課税単位に編成しなおされて年貢を取り立てることになる。この名田に編成された公田を請作する農民（田堵《たと》＝自立農民）が請作の長期化により名《みょう》主《しゅ》となるが、同様に荘園においても、土地は名田として編成され、これを請作する田堵が請作の長期化により名主となってゆくのである。

いまや平安京は中央集権的官僚の都ではなかった。それは荘園の本所、領家である有力貴族と国衙領《こくが》（国家の土地）の管理者である受領《ずりょう》（中級貴族）の都になっていたのである。そしてこの都の変化の基盤には、荘園においては預所、下司職を確保した開発領主（土着地主）の、また国衙領では郡司や在庁官人の強化があったのであるが、彼らはいずれも地方豪族、有力農民であって、その背後に多くの名主たちを従えていた。この過程には、中央における貴族間の争いに敗れて、国司＝受領として地方に下り、在任期間が終わっても、そのまま土着して有力豪族となったり、あるいは彼らにかつがれて地方に下る人たちもからんでいた。平氏や源氏はそのもっとも著名な例である。言うまでもなく、そうした情勢は中央政府の体制をそのまま維持することを難しくする。一〇八六年に白河上皇によって始められた院政、一一六七年の平清盛の太政大臣就任によって始まる平氏の政権は新しい体制の模索であったのである。

この模索は源頼朝、北条泰時によって出された一つの結論によって終わる。源頼朝は一一八五年、平氏を滅亡させ、義経追討を口実にして守護、地頭を諸国に設置し、一一九二年には鎌倉に幕府を開くのである。守護は大番催促（内裏警備義務の催促）、軍務への動員、大犯《だいぼん》三か条（謀叛＝殺害など）の検断の権限を持ち、地頭は国衙領、荘園ごとに設置され、土地（下地）管理権、警察（検断権）などを持つとされた。そして幕府は侍所、公文所（のちに政所《まんどころ》）、問注所よりなり、軍事、警察、行政、財務、司法などを担当することとなった。さらに北条泰時は一二三二年に御成敗式目（貞永式目）を制定し、鎌倉の政権を支える在地豪族（武家）の間で行われていた慣習法を整理し、成文化して武家法を発足させたのである。

これは形式・実質ともに、すこぶる日本的な解決法であった。（朝廷と幕府の公武二元体制。）形式的には、この武家法はいささかも律令体制を否定するものではなく、法律としては律令は明治維新まで有効であったのである。また守護も国司を否定するものではなく、地頭も荘園を否定するものではない。すでに実質では荘園は律令制を侵犯するものではあるが、現実をそのまま承認して、貞永式目も本所、領家の権利を尊重することをうたっている。明らかに二つの法体系が併存することになったのである。これは東アジアにおいても他に例を見ないやり方である。これを若干連想させるものは、世俗法と教会法の相補関係やローマ法とゲルマン法との併存関係である。例えば一六世紀の西ヨーロッパでの、共同体解体期に共同地に否定的だったシヴィル・ロー（ローマ法）と、慣習を尊重したコモン・ロー（ゲルマン法）の二つの法思考の対立が知られている。

現実には、この二つの法体系↓社会体系の共存が唱えられても、一方による他方への侵食が進むことは避けられないことである。貞永式目が制定された当時、すでに問題が起こっている。それは地頭は年貢の徴収権を持っているので、さまざまな理由で年貢を横領するために荘園領主（本所・領家）との間で紛争が起こったのである。そこで地頭請所が行われる。これは、地頭は荘園領主に年貢納入を確約するが、その代わり荘園領主は荘園のことには一切くちを出せないというもので、これにより地頭の荘園管理権が確立することになる。それでも地頭は年貢を横領するので下地中分《かちちゅうぶん》という方法がとられる。これは荘園を二分して、領家分と地頭分とし、かくて地頭にも荘園の領主権が確立するというわけである。この間、国衙領もどんどん守護、地頭に食われている。これに対し幕府はいたずらにブレーキをかけようとするのであるが、その最後の試みが一三六八年の応安の半済令《はんぜいれい》である。これは天皇上皇領、摂家世襲領、寺社本所の一円所領以外の所領は下地半済《かちはんぜい》といって、守護・地頭に対し年貢の半分を収得する権利を与えるというもので、これによって苦情を調停しようとしたのである。しかし、守護請（守護の年貢徴収請負い）による守護の所領侵略はその後もとめどもなく進み、守護大名の強化や一五世紀の応仁の乱の中で、荘園制度は全面崩壊してしまうのである。

ボランティア活動の発生

以上の日本の社会体制の転換は村落のみならず都市の性格をも大きく変えた。それは複雑多様な社会的課題を生み出したのであるが、これに国家の施策が応えられぬことが、ここに人間の自発性と共同性から噴き出すボランティア活動を展開させることになるのである。その最初のものが行基（六六八―七四九年）の活動である。それは七二九年の長屋王の変（長屋王〔天武皇孫〕の謀反の企て。藤原氏の陰謀といわれる）に現われたような律令体制の動揺にあたって注目されることとなる。彼は河内国大鳥郡

（のちの和泉国）の豪族高志《こし》氏の出であって、最初、僧尼令（僧尼に関する法律）に定める通り得度（出家・受戒）して修行し、官僧として身を立てた。しかし国家官僚としての官僧の生活にあきたらなくなり、民衆の中に入っていったのである。

彼は全国を巡遊して、寺院、堤、道路、橋の建設など社会事業に尽くしながら、布教活動を行った。それは当時の政府にとっては危険分子と見えた。七一七年にはその名をあげて彼を批判している。「近時、小僧行基とその弟子たちは、街衢《ちまた》にあふれ、みだりに幸・不幸を説き、同志を集め、指や臂《ひじ》を切ったり焚いたりして苦行といい、戸別訪問して食事以外の寄付まで要求し、悟りを開いたなどと詐称して百姓を妖惑している」（『続日本紀』）。しかし、繰り返される禁令にもかかわらず、彼の影響力は衰えるどころではない。結局、聖武天皇が七四一年に諸国に国分寺、国分尼寺を建立し、さらに七四三年に総国分寺としての東大寺に大仏を造立する願を立てるにあたって、行基の組織力を利用することになり、彼も弟子や民衆を動員して協力し、七四五年には大僧正（僧官の最高位）に任じられたのである。

官僧の枠にとらわれたくない遁世僧、私度僧の系譜がその後も断ちえなかったことは、『日本霊異記』（景戒《きょうかい》、八二二年頃成立）に伝える通りであるが、空海も初めは私度僧であったのである。一〇世紀に入ると、行基に続く重要人物、空也（九〇三―九七二年）が現われる。彼が平城京に出現したときは、承平年間に東（平将門）と西（藤原純友《すみとも》）に勃発した反乱（九三六―九四一年）と、打ち続く厄運、地震、兵革の中で、多くの人びとが救済を求めていた頃であった。彼も私度僧であって、各地を遍歴しながら念仏をすすめる布教活動を行っていたが、九五〇年、金字の大般若経を写経することを発願し、募金活動を始めたのである。これと並行して彼は東西両所の諸々に井戸を掘り、囚人をも見捨てることなく念仏をすすめている。彼は市《いち》に立って民衆に語りかけたので市聖《いちのひじり》、阿弥陀聖と呼ばれたが、中級貴族に至るまで信奉者を増やしている。

この空也が活躍する時代には、京都もすっかり変貌していた。かつて、京は官人とその従者の住まいであり、農民、海人《あまびと》、山人、手工業者も太政官の官制の中に組み入れられていた。しかし、平安中期以後、官に隷属する身分が解放され、自由に営業することができるようになり、行商ほか店舗も東西の市からはみ出すようになる。そして、平安末期には京の七条に商業聚落が発展するばかりでなく、九条あたりや三条、四条に小売店舗が出現して、京都は押しも押されぬ商業都市へと成長していたのである。

これら商業都市を支えている商人にも、新しい組織が生まれている。それが座である。座とは、朝廷に奉仕する供御人《くごにん》や駕輿丁《かよちょう》、神社に奉仕する神人《じにん》、寺院に奉仕する寄人《よりうど》や坊人《ぼうにん》などの自主組織で、彼らはそこに都市の住民として登場したのである。彼らは産品の一部や労働奉仕を朝廷や寺社権門に提供する代わりに、通行自由権や販売権や製造権などを獲得する。これはいわば荘園制度を流通や製造販売の領域に適用したものであって、座とは寺社権門を本所として連帯する同業者集団であったのである。そのメンバーは本所の権威のもと、自らの営業独占権などの特権を連帯して主張することになる。

史料に最初に現われる例は、一〇九二年の山門青蓮院を本所とする八瀬里座である。これは杣内夫役《そまうちぶえき》（木こりの夫役）を奉仕し、後には駕輿丁《かよちょう》を奉仕する代わりに、洛中での薪商売の特権を与えられたものである。

その他、東大寺や興福寺に所属する建築業者や、手工業者の座などが平安後期に出現している。さらに朝廷に奉仕する四府駕輿丁座もすでに多くの分野で営業者を生み出している。鎌倉時代に入ると、商品貨幣経済の発展にともない、座は商工業者、芸能者の集団として、奉仕者としての性格よりも営業者としての性格を正面に押し出してくる。本所領主の側も現物の納入や労働の奉仕よりも、上納金の方をあてにして座を承認し、特権を与えることとなった。そのため各種の商工業者は連帯して座を作ることになるが、古くからの座が発展して営業的にさまざまに変化することも稀ではなかった。

この京都および各国府や地方の港町、門前町などの繁栄のうえに、行基→空也の系譜をひく多くの勧進聖《かんじんひじり》の活躍が目立ってくる。〈勧進〉とは大衆を教化救済する宗教活動を意味するが、そのための方便として、社寺や橋梁、井戸などの社会施設を造営・修復するために人びとから広く資財を集める募金活動が重視されるようになる。こうしたボランティア活動を行う人びとが勧進聖と呼ばれ、諸国を回って、人びとの自発性に訴えるのであるが、そのための趣意書が勧進帳あるいは勧化帳《かんげ》と呼ばれるものである。その他、勧進帳とは別に、趣旨に参同した人びと（結縁者《けちえん》）の名前を記した交名帳、寄進者の名前・金品名・数量などを記録した奉加帳などの文書も作られている。

この勧進聖は呪術者、葬祭者としての性格を持つ修行者（ひじり）の一種であって、宗教官僚ではなく民間教化者である。その中の一つのグループが勧進聖で、彼らは山林や村里に隠遁することなく、廻国遊行して広いネットワークを持って結縁者を集めたのである。彼らの中でももっとも著名なのが、俊《しゅん》乗坊重源《じょうぼうちょうげん》（一一二一―一二〇六年）である。彼は下級貴族の出であったが、早くから醍醐寺に入り、青年期には大峰、熊野など山岳で修行するほか、喜捨を募って写経などの功徳を積んだという。三度、宋に渡航したと伝えられているが、詳細は明らかではない。一一八〇年に平重衡《しげひら》の兵火によって東大寺、興福寺が炎上したため、彼は翌一一八一年に造東大寺大勧進の宣旨（指名）を受けた。八四年には大仏の鋳造をほぼ終え、翌八五年八月、大仏開眼会《かんげんえ》（最初の供養会）を行い、九〇年に大仏殿の棟上（建物の骨組の完成）に成功、そして一二〇三年には東大寺総供養にこぎつけたのである。

重源が短期間にこの大事業をなしえたのは、彼の組織者としての才能もある。彼はその出発点として、醍醐寺以来の各地での遊行による庶民勧進の実績が素地にあり、また、伝えられる入宋三回の経験が宋の建築、鋳造、美術工芸などの導入吸収を可能にしたともいわれている。さらに事業の母体としては東大寺のほか播磨（兵庫県南西部）、周防（山口県東部）など各地に別所＝出張所を設け、堂宇（お堂）を建てて宗教活動を行い、参加する人びとに阿弥号（下に阿弥のつく名前）を与えて、同朋衆として同志意識を醸成した。各別所には必ず湯屋を設けて多くの人の福祉をはかり、道路を開き、橋を架けるなどの社会事業も経営した。そして、彼が作り上げた勧進ネットワークの要所には腹心の同朋衆を配置して、彼らを統率し、各種の技能を持った人物や集団をしてその才能を充分に発揮させたのである。

鎌倉時代は重源以外にも多くの勧進聖が活躍した時代で、それを必要とし、それを支えることができる社会も物心両面で整っていた。この社会の中で聖（ひじり）たちは廻国遊行しながら、念仏、造寺、造仏、写経、鋳鐘、架橋などで広い勧進活動を行ったのである。重源以外にもさまざまな系統があった。その主要な流れは、律宗と時宗、そして禅宗である。重源に次いで著名なのは西大寺の叡尊であり、その弟子で極楽寺に移った忍性である。しかし、その他多くの聖（ひじり）たちの活動は、非人救済など単なる慈善活動に傾斜してゆき、善光寺、四天王寺、高野山などを拠点に広汎な勧進活動を続けながらも、末期にはその堕落が著しくなってゆく。

町衆《まちしゅう》の成立

唐の文明が移植された八世紀の平城京から一五世紀の応仁の乱までは、いわば二重体制の時代である。この時期、日本人の自発的共同性の精神は〈勧進〉というボランティア活動によって表現されたのであるが、この間、日本社会の底辺である都市と農村が停滞したままであったわけではない。いずれも気づかれないような速度ではあるが、着実に社会の秩序と人間の成熟を推し進めつつあったのである。そして応仁の乱以後、それは（日本的に完成された）コミュニティとして出現するのである。

すでに言及した都市についてまとめるならば、平城京、いや、それに先行する藤原京も条坊制によって管理されていた。発掘によって確認されているところでは、藤原京も平城京も大路によって区画され、さらに一坊（一区画）を小路で一六分の一に分け、その一画が坪あるいは町と呼ばれていた。貴族の大邸宅はいくつもの坪をあわせ持ったが、庶民はこの坪＝町をさらに一六分の一ないし三二分の一に細分していた。事実は平安京にとっても同様であって、これが町（まち）の起源である。ただし、当初は東西の二方向についてだけ開口する（門を開く）ことが想定されていたが、後には南北の二方向へも開口することが認められ、一〇世紀前期には町（まち）は商店街を意味するものとさえなっている。

このように条坊がそれぞれ孤立していた平安京が、四面に門を開いた四面町となると、街路は単に交通路としてではなく、住民の関係の場に変わってくる。つまり四方のそれぞれの面が町として分化、独立してくる。それは四面町が四丁町になったということである。このように都市の重心が移って、鎌倉時代末期から庶民の町は同じ道路に面した〈ちょう〉（家の連なり）になっていたのであるが、応仁の乱による破壊、荒廃の中から生まれてくる京都では一つの街路を挟んだ両側の町が一つの〈ちょう〉を形成し、この両側町が京都の都市の基礎単位となり、自治組織の誕生となったのである。

これが平安京の終末であり、京都の成立であった。それまでは大内裏や官庁街が北部にあり、その南には里内裏、院御所、官人の邸宅があって、ここに都の中心があった。巨大な勢力を持つ大社寺や、さらに平家以後の武家の政庁（六波羅）は市域の外側にあり、商工業者も三条、四条のあたりや七条に集まって、この都を全国的な商業都市としていたのであるが、これらはいわば王朝時代の諸勢力の間に散らばっていた。武家権力の中心である鎌倉も小型の京都であった。北端中央の鶴岡八幡宮が大内裏にあたり、中央に幕府の諸機関と御家人の住宅があり、寺社や商工業者は周辺に散居していたのである。

この状況がゆらぐのが室町幕府の登場である。いわば公家勢力と武家勢力が同じ京都に全国的中心を持ったということであるが、これは政治体制の強化をいささかも意味しなかった。むしろ政治は分散化の方に進み、その到達点が応仁の乱であった。この時期に商工業者はこの都市において土地所有権を確立し、それに支えられて自らの定住地域である上京、下京を形成するのである。これは日本の都市におけるコミュニティの成立であった。西ヨーロッパのブルジョアに対応するものが、林屋辰三郎のいう「町衆《まちしゅう》」である。彼らは街路を挟む二つの〈ちょう〉からなる基礎単位の構成員であり、土地所有権者であるばかりでなく、自己の責任で自己の町を防衛したのである。

この町が連合してできたのが、町組（まちぐみ、ちょうぐみ）である。その成立の時期は不明だが、一五六八年に織田信長が入京したときには上京、下京を単位として成立していた。当時、上京は一条組四町、立売組一四町、寄町分二九町、中筋組一二町、小川組一〇町、川ヨリ西町二一町からなっていた。下京は中組一八町、牛寅組一五町、川ヨリ西組一七町である。信長はこの町組を使って町民の自治組織を支配したのである。この町組には一六世紀の前半より、すでに月行事と呼ばれる代表者が置かれ、町の年寄がひと月ずつ輪番でこれを担当した。彼ら月行事は町の運営費として夫銀（割り当て金）や納入金の徴収をするほか、さまざまな行事を取りしきっていた。

月行事の取りしきる行事の中で、もっとも重要なものは祭りである。その随一はやはり祇園会《ぎおんえ》あるいは祇園祭であろう。もともとこの祭りは平安時代初期に、疫病をまき散らすと考えられる非業の死をとげた人たちの怨霊を鎮魂し、疫病の退散を願う御霊会の一つとして始まった。古代都市の大きな悩みである流行病をしずめることは人びとにとって最大の関心事であった。それ故、早くからにぎにぎしく多くの人が参加して行われていたのであるが、南北朝からは、それまでのように有力者の寄付によってではなく、町衆によって担われ、華やかに行われるようになっていた。もっとも、応仁の乱などの室町時代の戦乱は、祭りどころではなくしていたのであるが、ようやく一五〇〇年に二九年ぶりにこの祇園会が再興され、町衆のエネルギーを高揚させる場となったのである。

この祭りの見どころは、人形などを飾って作った作山《つくりやま》や、鉦《かね》や太鼓に合わせて神人たちが踊るための華美な鉾《ほこ》（ほこを立てて飾った山車《だし》）である。これらはもともと神霊が降下する場をかたどったものであるが、美々しく衆智をしぼって飾ることで町々がそれぞれの趣向を競いあった。それだけに町衆はその財力と労力を出しあって毎年、楽しみを盛り上げてきた。例えば、四条通りに店舗を開く町衆たちは、一五六六年頃には「祇園会地口銭」を間口に比例して――四条坊門で八〇文（当時、一〇〇文で米一斗二升）――支払っていたのである。したがって、一五三二年に法華一揆（商工業者を中心とする法華宗信者らの蜂起）によって京都が忙殺されていたとき、これを理由として幕府がこの祭りを停止させると、町々の月行事らは祇園社に集まって「神事これなくとも、山ホコ渡したし」と要請したのである。

この町組は京都のみではなく、堺、近江八幡、大津など、主として織田＝豊臣時代に生成、発展した近世都市にいくつも見出すことができる。それはこの時代における日本の都市社会の特質、そのコミュニティとしての構造を示すものであろう。それは江戸時代、幕藩体制のもとでも生きのびているが、この頃にはもはや初期に持っていた一定の警察権などは失われている。しかし、幕末においても上京に一三の町組、八四七の町、下京に八の町組、六〇七の町、東西本願寺内に一二〇の町があったという。

日本の自治都市――堺

この京都の町衆の成長とならんで、特筆しなければならないのは堺の発展である。それは一六世紀の中葉には自力で防衛できる自治都市にまで到達するのである。この都市の地理的位置は、仁徳天皇陵をはじめとする大型の古墳群に取り巻かれ、無数の須恵器（古代の陶器）の古窯があるところで、古くから人びとが住んでいたところである。平安時代には熊野参詣路に設けられた九十九王子の一つである小堂があり、摂津、和泉、河内の三つの国の国境に当たっていたのでサカイの名がつけられたのである。

鎌倉時代初期には荘園が設定されて、北荘（摂津）と南荘（和泉）の二つの集落に分かれ、二つを合わせて堺荘となっていた。この町が単なる一荘園から目立ってくるのは南北朝に入ってからである。この頃から、宗教活動、文化活動（出版活動）が盛んになり、一三九九年の応永の乱では焼失した民家一万戸と記録されるほど大きな都市になっているが、いっきょに海外貿易の拠点となったのは、一四六五年に兵庫を出発した遣明船が帰途、瀬戸内海を通ることができず、四国の南を回って一四六九年に堺に帰着してからである。このときから、この都市は遣明使の発着港となったばかりでなく、明、李氏朝鮮、琉球などとの貿易において博多とならぶ港町となったのである。

　この海外貿易は堺を一躍天下の堺とした。地主や商人たちが尨大な利益を得たばかりでなく、関税や土倉《どそう》、納屋《なや》、問丸《といまる》など金融業を営んでいた倉庫業者が強力になり、この富のうえに堺の町はコミュニティとして発展してゆくのである。町衆（商工業者）が自治の力量を蓄えた都市においては、自治は有力者（会合《えごう》衆）の合議制によって行われたが、堺では納屋《なや》貸一〇人衆あるいは三六人衆によって取りしきられていた。彼らは領主に対して納税の請負い（地下請《じげうけ》）をかちとり、町内の公事《くじ》訴訟の決裁を行うといった都市づくりを押し進めた。さらに大名勢力の争いによる戦乱で被災した経験から、市街を兵火から守るため、南、北、東に濠をめぐらし、傭兵隊を置いて要塞都市としたのである。一六世紀の中頃、この都市に来たイエズス会士は、「堺の町ははなはだ富裕で、大なる商人多数あり、ヴェネツィアのような政治が行われている」（ビレラ）と記録している。

　一五六八年、信長はその戦略の到達点として京都への進駐を行うが、堺に軍事費二万貫の要求を出した。これに対し、堺の三六人の会合衆たちは断乎としてこれを拒絶し、信長との一戦を覚悟した。しかし、頼みとした彼らの同盟軍が退却したため、ついに屈服させられ、一五六九年には信長の直轄地となり、代官を迎えることとなる。さらに豊臣秀吉は自治都市の象徴でもあったこの町を取りまく濠《ほり》を埋め立てさせたりしている。しかも一六一五年の大坂夏の陣では大坂方によって焼き打ちされたが、徳川家康はこの都市に好意を持ち、復興の一環として濠もまた復元された。

　復元された堺の中心部は、東西に走る大小路と南北に走る大通筋によって区分され、これらに並行して走る道筋の向かいにあった長方形の両側町一七八によって構成された。各町は南北両郷（後に南北両組）に分けられて運営され、それぞれの惣会所において、惣年寄五名、惣代三名、職事三名が問題を処理していた。初期においては有名商人が中国との生糸貿易の特権（糸割符《いとわっぷ》）を持っていたが、やがて生糸貿易の衰退によって、町は活気を失ってゆく。この凋落の大きな原因は、港がもともと遠浅であるために艀《はしけ》を使っていたのだが、大和川の付け替えで尨大な土砂が海岸へ溜ったように、港町としては条件が悪く、そのため海外への窓口を長崎に奪われたところにあるだろう。

とはいえ、堺の歴史的意義は巨大である。それは応仁の乱後、幕藩体制の安定までの日本人の第二の青春に絢爛と咲いた華の一つであった。それはまず鉄砲の生産であり、次に〈茶の湯〉の完成である。もともとこの都市は金属の鋳造と加工で知られており、大量の梵鐘と日本刀が生産されていた。それ故、一五四三年、ポルトガル人が種子島に鉄砲をもたらして以来、その主要生産地となるのである。一六世紀の日本にはヨーロッパ全体の量をしのぐ三〇万挺以上もの鉄砲があったといわれるが、その大量生産を可能としたのが、日本刀の生産技術だったのである。

文化の面では、この都市の商人たちは文化芸能の力強いパトロンであった。書籍出版のような仕事から、肖柏《しょうはく》（堺の人。連歌師）が宗祇《そうぎ》（連歌の大指導者）に「古今伝授」を受けたような高いレヴェルの雰囲気に至るまで、この町にはあったのである。あるいは、その後の日本の伝統音楽の主要楽器となる三味線が琉球の蛇皮線として流入して、日本型に形成されたのもこの頃のこの都市においてである。しかし、なかでも特筆されなければならないのは、やはり〈茶の湯〉であろう。茶は鎌倉時代から伝えられていたが、この茶を中心とするパーティーとしての〈茶の湯〉が成立したのは室町の中頃、東山文化の時代である。当初は〈茶の湯〉はいわば宴会、遊興であって、豪華なものであった。その中で、とりわけその精神面を重要視したのが村田珠光である。その珠光の孫弟子にあたるのが堺の武野紹鴎《じょうおう》で、その弟子が千利休である。

もともと〈茶の湯〉は高価な唐物《からもの》茶器を必要とするものであった。したがって、これを嗜《たしな》むためには巨大な財力を必要とした。それは中国より渡来した絵画、陶磁器などの美術品などであって、それだけに独特な美的意識を研磨するものであった。この意識は当然にマナーを洗練させる。そしてパーティーも清浄化されて、人間と人間の心のふれ合いに向かってゆくことになる。この〈茶の湯〉の持っている傾向を極限にまで推しすすめ、完成させたのが利休である。彼以前から、堺は経済的力量と文化的伝統のゆえに多くの優れた茶人を生んでいた。魚問屋を経営していた利休の父も納屋衆（堺三十六人衆）の一人だったといわれている。利休はこれら茶人の生み出したものを総括し、「一期一会」の覚悟で「和敬清寂」の境地を目指した。その美意識は草庵の侘び茶事（豪奢をつき抜け、閑寂の境地に遊ぶ茶事）と呼ばれるように研ぎすまされて、日本独特の美学を完成させたのである。

惣《そう》の形成

町衆コミュニティが高揚した頃、農村においても〈惣《そう》〉の高揚が見られた。惣とは、中世の自治的な組織の総称であって、なかでも農村共同体の運営機関としての〈惣〉が代表的なものである。惣という字は〈すべて〉とか〈あらゆる〉といった意味での日本製の漢字であって、惣国、惣郷、惣荘、惣村、惣百姓、惣寺といった使い方をされる。それはそれぞれの単位で寄合いを持って、その寄合いの構成員の総意によって事を決することの意義を強調したものであるが、中世の末にはその集団そのものやその執行機関自体を惣と呼ぶようになってゆく。

すでに見たように、統一国家が成長して以後は、公地公民制で出発しながらもたちまち荘園が発生して、律令制は有名無実のものとなってしまう。律令のもとでは五〇戸を一里とする画一的な行政村制と五戸を一保とする隣保制がしかれるのであるが、これは勧農、徴税、検察といった行政の管理手段であった。その実情は山上憶良の「貧窮問答歌」に描写されたようなもの（村長《むらおさ》の税金催促に苦しむ農民の姿）であったろう。しかし、国衙領であれ荘園であれ、村落はその内部に発生し、発展し、戸数編成の行政村落という形から、郷や荘の内部に形成された比較的小さな地域区画を意味するものへと変質していったのである。その歴史にはさまざまな地域差、発展段階差があるが、村落の展開の鍵はその内部の名主《みょうしゅ》の性格にある。それは一般的には墾田や蓄稲などの私有財産の確保によって自己の経営を拡大させて抬頭してくる田堵（自立農民）が成長したものである。

この村落がやがて惣を発展させるのである。鎌倉時代にはすでに、領主支配地に対応する形で、まず荘園を単位として惣荘の名が歴史の中に現われてくる。荘園が土地支配体制として整ってくるにしたがい、近隣の荘園との間で発生する山野＝用水をめぐる紛争、あるいは年貢をめぐる領主との対立などから、荘内の名主、農民たちが団結して訴訟することが多くなるが、その訴訟主体となったのが惣だったのである。こうした活動は惣の団結を確保するための宣誓や掟を必要としたし、その活動範囲が拡大してくると、惣は自治的な業務のための財源・財産として、共有地などを持つようになる。そして領主との力関係で地下請といった惣による定額の請負いも行われ、さらに自検断（内部の警察権を惣が持つ）

の村も出現したのである。

この間に惣そのものも姿を変えてゆく。当初は農民の中でもとりわけ富強な名主たちが他の住民に対して排他的な態度をとる閉鎖的な惣荘であった。しかし、中世も末に近づくと小農民たちも力をつけて、名主層以外にも惣の構成員が拡がった。それにともなって、惣もまた荘園の枠にとらわれることなく、農民の現実の生活と生産の場である村を単位とすることになり、ここに惣村が誕生したのである。そこでは惣のメンバーはもはや内部に身分の差異を含んでおらず、平等の原則が強められたので、その指導機関も年齢楷梯制に従って乙名《おとな》、老《おとな》、年寄（いずれも村の実力者）によって構成されるのが普通であった。この惣村を基盤として戦国時代の土一揆も起こったのである。土一揆が発生する中で、この惣村がいくつも連絡しあって、やがて惣村の代表者による惣郷が結成されるところまでゆくのである。

この惣の発展の事例はいくつも見られるが、その一つが九条家の所領、和泉国日根野荘（大阪府南部）である。九条政基が在地勢力による荘園押領の危険を感じて、自ら現地に下向して荘務を行ったのは一五〇一年から一五〇四年にかけての四年間のことである。それは在地の諸勢力と対峙して、いくらかでも年貢を確保しようとする試みであった。当時の日根野荘で課税可能なのは日根野村の二九町一反三二〇歩と入山田村のほぼ二町六反であったという。（入山田村の耕地が少ないのは、多くが紺灰座〔紺染め用の灰作り座〕と組んで、染物用の灰を作っていたからである。）この場所にいくつもの勢力が入り乱れて争っていたのである。その第一の勢力が荘園領主の九条家である。そして第二の勢力は九条家が守護勢力の圧力に耐えかねて引き入れていた近くの根来《ねごろ》寺の勢力である。第三の勢力は和泉国の守護である細川家、第四の勢力は在地の領主層で、多くは和泉国南部の寺社本所領の荘官の出身であった。

領主、九条政基はこれらの勢力と時には連衡、時には合縦の戦術をとり、虚々実々の駆け引きに明け暮れたのであるが、その中でもう一つの絶対に無視できない勢力を発見することとなるのである。それがかつての有力名主たちの組織する惣荘という村落連合を内側から打ち破って生成させた惣村である。その頃、「惣寄合」、「惣評定」といった百姓たちの全体合議はすでに日根野荘の中でも日根野、入山田という各村単位で行われていたのである。具体的には、日根野村は二つの集落、入山田村は四つの集落からなっており、各集落には集落内の有力者から領主が選任する番頭がいた。彼らは年に二回の反銭（土地にかかる税）を徴収したり、領主の下知《げぢ》を通達したりしていたのであるが、同時に神事や祭礼を主宰したり、問題が起こると惣寄合を召集して意見をまとめ、他の諸勢力と交渉したりしていた。いわば、彼らは領主の連絡係であるとともに惣村自治の担い手だったのである。

この惣村の自治の仕事にはいろいろあるが、その一つは裁判である。形式的にはそれは荘園領主が行うことになっていたが、実質的には村人たちが自分たちで犯人を捕えて、自分たちで判決を下すのであって、領主の九条家はそれを否定することはできなかった。もう一つは日本の農耕、何よりも米作には死活的な重要性を持つ用水の管理である。流水や溜池の水についてはタテマエでは領主のものであったが、実質的にはその使用や保守などの管理は惣村によって行われていた。さらに、これら水の管理は惣村や惣荘の枠を越えて、関係する近郷や近村との協力、連合が必要であることが多かったのである。

惣村の展開

日根野荘の例は決して突出したものではない。それは農業生産力の先進地帯である近畿地方には一般的に見られるものであった。より突き進んだところでは近江国の菅浦惣があげられよう。菅浦惣の一五六八年の掟（置文）では、「十六人之長男《おとな》、東西之中老二十人」の署名で「守護不入自検断の所」とうたっている。これは、守護側の役人は立ち入らせず、村が警察権や裁判権を行使するということを確認するものである。

この地は琵琶湖の北岸にあり、延暦寺の檀那院の荘園であったが、山が迫ってきており、ほとんど田畑がなく、人びとは漁業で生活していたところである。それだけに湖水における漁業権は死活の問題であり、自らの権利を守るために必死にならざるをえなかった。特に西隣の三井寺の円満院の荘園である大浦荘とは早くから漁場をめぐって争っており、さらに鎌倉時代末期の一三〇〇年前後には両荘の間にあった四町五反の田畑をめぐり流血の合戦を繰り返していた。この事情が漁民たちの自覚を高め、南北朝時代には荘園領主である檀那院との間でも激烈な争いを続けているが、これらの争いは惣の自覚をも高めたのである。

特に惣が自検断にまで踏み込むことができた惣村は、一般的に在地領主のいないところが多かったようである。例えば、春日神社、東大寺、法隆寺、西大寺といった大寺社の荘園においては、在地の領主（のエージェント）がいない場合が多かった。そこでは刑事事件の捜査も領主らによってではなく、かつては「落書起請」といって荘民が神仏に誓約したうえ、領主に密告する慣習があった。こうした荘園では「落書起請」を一歩すすめて自検断にまで至ったものと思われる。ところで、惣による自検断は村民たち自身の生活と生産のために自らの手で必要な秩序を作り出さなければならない。領主に対する年貢の納入も惣の責任でなされなければならないので、多くの惣は自らの掟を定めたのである。例えば、近江国蒲生郡の今掘惣についてはいくつかの掟が史料として残されているが、その中でもっとも古い一四四八年の掟には次のようなことから定められている。

一、寄合ふれ二度に出でざる人は五十文咎《とがめ》たるべき者なり。
一、森林木なへ〔苗〕切木は五百文咎たるべき者なり。
一、木葉ならびにくわの木は百文宛咎たるべき者なり。

最初のものは、二度まで通知を受けながら惣の集会に出席しなかった者には五〇文の罰金をかけるという規定で、寄合の大切さを物語っている。二つめ以下は山野の共同利用についての規定であろう。以上のような惣の出現とその発展の核となったのは、おそらく宮座（村落の祭祀組織）であったように推測されている。例えば、菅浦惣は鎌倉時代末期以前の惣に関する尨大な古文書を残しているが、それらを長い間、開けずの箱の中に秘匿していた場所が菅浦の鎮守、須賀神社であったことからもそれは推定されるという。つまり、村の神社が惣の結集の中心にあったということである。すでにその頃、村人たちは宮座という集団を作って神社の祭礼を執り行い、社会を維持していたのである。

もともと座とは平安時代末期からのもので、商工業者、農漁民、芸能者、遊女に至るまで、あらゆる職業、階層にわたって形成された共同組織のことである。これをさかのぼると、神仏など高貴なものに対する祭祀、奉仕のための組織であった。その中で、朝廷、寺社、権門貴族を本所とし、それへの奉仕の名のもとに同一職業の者がその営業特権のために組織したのが座であるが、宮座はこうした座の原点にあるものであって、座の用語の原意には不明確なものがあるけれども、いちおう社殿の中における座席を意味すると理解されている。

宮座の発生はやはり律令制の崩壊の中に求められるであろう。今日なお近畿地方に多く残っている宮座は、村民たちの中の乙名《おとな》と呼ばれる村の実力者たちが交替制で当屋《とうや》(氏子代表)を務め、定められた順次に従って春秋の神事を執行する制度である。おそらくこれは、最初は荘園や国衙領の在地支配における頭役・番役などの負担体制と、祭祀組織などの支配体制とが融合したものであろう。だからこそ、神事にあたっての座席の位置によって宮座内部の上下の秩序が維持され、さらに宮座が他とは区別される集団という意味を持っていたのである。したがって、宮座はまず荘園内の名主や名田を要素として作られたのであるが、荘園の解体期に惣荘、惣村が成立する中で、地縁的な集団になっていったのであろう。そして、その構成員も乙名、老、年寄といった年次《ねんじ》(年齢楷梯)によって組織されたのであるが、このことは惣の精神的な絆が神事であったことを教える。土一揆の際にも、村人たちは神社に集まって「一味神水」(皆で飲む水さかずき)を汲んで団結を固めたのである。

この惣の発展をもたらしたものは、やはりこの段階における農業生産力の上昇であろう。応永年間(一三九四—一四二七年)の末頃、日本に来た李氏朝鮮の使者、宋希璟《そうきかん》の旅行記『老松堂日本行録』の中には、日本ですでに二毛作、三毛作が行われ、灌漑・排水技術が優れていると感嘆している記述があるという。これは農民の努力による水の利用=管理の進歩が彼ら自身を豊かにしていたことを意味する。

したがって、このことは第一に、先進地帯における当時の村民とは、もはやかつての名主たちではなく、名《みょう》(かつての課税単位)がいくつもに分割され、それを耕作している小農民であったこと、そしてこの小農民たちの経営が集約化、安定化していたことを意味している。そして第二に、かつての名主たちの後裔である豪農たちが吸い上げられ、やがて小領主化して、兵農分離にあたって侍身分に転化する者が出てくる方向を示していたということである。

三　日本の近代化と封建制

一四世紀から一六世紀までの日本はコミュニティの開花期であったろう。それは東アジア文明の中で、日本においてだけ横断的な惣や町衆が成立したということであるが、その背景には日本社会の多数中心化の爆発がある。その精神的昂奮は一七世紀から一九世紀中葉まで続く幕藩体制のもとで鎮静するけれども、その成果は決して抹殺されたわけではない。このことは明治・大正・昭和に至るまでの日本人の食事の習慣、住居などの生活文化、能、狂言、歌舞伎などの芸能文化が応仁の乱の時期にその出発点を持つことによって明らかであろう。むしろ幕藩体制はその到達点を全国的秩序の中でコミュニティとして定着させたというべきであろう。

この歴史のコースは日本の近代化にとっていかなる意味を持っただろうか。結論的には、それはおそらく近代への道を促進する前提条件を整えたのである。それはまず第一に、一五世紀の大内乱（下剋上）が日本史における最大の画期となりながら、万葉より小学唱歌に至るまでの日本人の叙情、時間感覚を決して切断しなかったことである。（宗祇らの活躍、古今伝承の言い立て。）しかも幕藩体制が傷痕（古代の徹底的破壊）を癒すアフターケアを行って、日本人のアイデンティティを再確立できたことである。第二に、日本の基底にある地域社会は社会・経済的には枠をはめられたとはいえ、全般的な安定のもとで全国的に視野を拡大させながらコミュニティとして成熟していったことである。とりわけ、江戸幕府のもとでは、約二七〇の藩が分立しながら、いささかも覇権争奪戦を演ずることなく、中心の中央集権的専制政治の拡大を断乎として阻止し、北は松前、津軽から南は鹿児島まで、教養が少なくとも士族の間では統一され、ほぼ同一のレヴェルに達していた。

一般的には、近代化はブルジョア化として理解されているようである。この観点よりするならば、西ヨーロッパ全体にわたって自治都市を成立させ、これを基盤に等族会議（パーラメント、エタ＝ジェネロオ、シュテンデ、コルテス等の身分代表者会議）を成立させるところまで日本の町衆、町人が充分成長しなかったことは事実である。また堺などの自治都市も例外的なものであった。しかし、これらの事実を物差しとして日本史を測定してよいものか。西ヨーロッパにおいても、身分としてのブルジョアがそのまま近代の資本家に発展したわけではなかった。自治都市がそのまま近代の産業都市に成長したわけでもなかった。イギリスの産業化は、実際は中世以来の自治都市（タウン）を迂回して、バーミンガム、マンチェスターのような自治特権を持たないカントリー都市から蔓延していったのである。

日本の歴史的特質は士族にある。中国や朝鮮半島の人たちは日本のサムライは士にあらず、兵《ビン》なりと軽蔑した。確かに、日本の士族は科挙体制の中の読書人ではない。彼らは平安時代末期から農民が成熟するにしたがって武人化した階層である。この上昇転化は戦国時代まで続いた。豊臣秀吉の刀狩りをきっかけに幕藩体制が確立し、それとともに兵農分離は、島津や土佐の郷士のような中間的存在を残したものの、ほぼ完了した。士族は城下町に集められ、やがて各藩の身分的官僚となってゆくのである。

彼らは武人であることを決してやめなかったが、文武にわたる教育を受けた。江戸の昌平坂学問所を始めとして、各藩はいずれも藩学を設け士族を教育した。のみならず、岡山藩の閑谷学校、仙台藩の有備館のような庶民教育のための郷学も設けられた。もちろん、大坂を中心に町人の自発的な教育も開花し、高度な文化を生んでゆく。寺小屋というボランティア的庶民教育の機関も津軽から鹿児島まで全国的に簇生したのである。幕末には約三万の寺小屋が、読み、書き、そろばんを教えていたという。これらの点を押えずして、日本の近代化をそしることは西ヨーロッパ・モデルの当てはめでしかない。

幕藩体制における共同知

言うまでもなく、幕藩体制における政権は徳川家にあった。彼らは日本大君として外交権を掌握していた。とはいえ、彼らは京都の朝廷と公家、そして全くの形式的なものではあれ、律令体制をも否認せず、一定の枠はめをしながら、その権威を尊重していた。将軍自身が京都より位階をもらい、征夷大将軍に任命されていたのである。経済的には全国の領地のうち、徳川家の領地は全体の約四分の一であり、親藩、家門、連枝、譜代といった同族家来の領地が約三分の一、かつての同輩であった外様大名の領地が同じく三分の一、そして残りの一二分の一が天皇領、皇族、公家、寺社の領地であって、天皇直轄の禁裏御料三万石にその他を加えても公家・寺社の領地はわずか一〇万石程度であった。

このうち徳川家の領地は、その中に三割弱の旗本の領地が含まれているので、徳川家の直轄地は差し引き約四二〇万石であった。そのほとんどは関東にまとまっていたが、しかし全国六八カ所に散在し、天領と呼ばれていた。この天領には、比較的広いところには郡代、狭いところには代官が置かれた。興味深いことは、佐渡をはじめとし、石見（島根県）、生野（兵庫県）、伊豆など貴金属産地を直割領としていることである。そのうちもっとも重要な佐渡には奉行を置いた。その他、重要な都市、すなわち京都、奈良、山田（現在の伊勢市）、日光といった寺社町や、大坂、伏見、駿府といった軍事上の要地には城代とともに町奉行を、さらに長崎、後に函館、そしてかつての堺にも奉行を置いて統治した。

徳川家の領地以外は、親藩であれ、外様であれ、軍事的、行政的、財政的な自治をはじめとして、実質的な独立国として統治されていた。しかし、東海道、奥州街道、日光街道、甲州街道、中山道は徳川家の立場から五街道とされ、その他、青森から鹿児島まで脇街道も四通八達して、全国的なネットワークができあがっていた。こうした陸上交通によってのみならず、海上でも大坂→瀬戸内海→下関→日本海を北上して松前までゆく北前船がまず発達し、江戸―大坂間の菱垣廻船、樽廻船が栄え、ついで酒田から津軽半島を廻り、三陸沖を通って、石巻→銚子→江戸という東廻り航路が開発された。これらの交通路が商品を動かしたが、人間もまた動いた。お伊勢参り、金毘羅参り、善光寺参り、上方見物と、庶民も寺社参詣の名において旅行した。労働力としても関東はもとより、近江、伊勢、越後、信州などから多くの出稼人や移住者が江戸に出てきている。

参勤交代は、それ自体は各藩に対して経済的に極めて苛酷な負担を強い、初期、中期の土木工事の負担、転封（国替え）とともに幕府による外様大名統制の重要手段となっていたが、文化的には極めて貴重な役割を果たした。言うまでもなく、参勤交代は一六三五年に将軍家光によって命令されたもので、石高一万石以上の大名は江戸と国元とで隔年、一年ずつ生活しなければならないとするものである。さらに、正室と世子は江戸に人質としてずっと滞在しなければならないというものである。四月が交代期で、往復の道中に多大な貨幣が必要であったのみならず、各藩とも江戸には上屋敷、下屋敷を維持しなければならなかった。そしてそこには幕府への働きかけや大名間の交際、情報交換を行ういわば外交のための留守居役ほかが、藩主の滞在中はもちろん、留守中にも多数常駐しなければならなかった。全国から集まってくる彼ら藩士がいかに多数であったかは、一〇〇万人都市・江戸の人口の半分が彼らであったこと、市街面積の四分の三が武家屋敷であったことによっても理解されるだろう。

　このことは全国に散在する各藩の藩士たちの多くが江戸の生活を経験していたことを意味する。さらに、彼らが江戸の文武の塾において藩の枠を越えて交流し、ユニークな共同知の領域を作っていたことは刮目に価する。これが幕末における尊王、攘夷、開国、佐幕、倒幕といったキーワードの全国的な流布と変転とその政局への影響のパイプとなったことは言うまでもないが、それに先立ち江戸の文化の発展の場となっていたのである。そのもっとも顕著な例として、一八世紀の中葉、明和から安永、天明を経て、寛政の改革に至る田沼時代の江戸軟文学の開花、鈴木春信が錦絵を創始した時代をあげよう。この時期、地方出身の藩士たちや幕臣、それに町人のサロンが多数生まれて活気を呈したのである。

　当時、狂歌の分野では何々連《れん》、何々側《がわ》と称するいくつかの同好会が高名な狂歌師を中心として活躍した。その中で武家を中心とするグループが唐衣《からごろも》橘洲《きっしゅう》の四谷《よつや》連（酔竹側）とこれに対抗する四方赤良《よものあから》の山手連（四方側）および朱楽菅江《あけらかんこう》の朱楽連であるが、橘洲と後二者とは対抗関係にあり、後二者は狂歌集を協力して出している。（『万載狂歌集』、『徳和歌後万載集』、『狂言鶯蛙《おうあ》集』。）唐衣橘洲は本名、小島謙之、田安家（徳川家の御三卿の一つ）の家臣である。四方赤良は本名、大田覃《たん》、号は南畝《なんぽ》、別号は蜀山人、幕臣である。朱楽菅江は本名、山崎景貫、幕府の与力である。この後者のグループの中にいたのが手柄岡持《てがらおかもち》と酒上不埒《さけのうえのふらち》である。前者は秋田佐竹藩の留守居役、本名は平沢常富であって、戯作者としては朋誠堂喜三二《ほうせいどうきさんじ》と称し、黄表紙（江戸時代の通俗的な絵入り読み物の一種）の作者として知られ、代表作は『文武二道万石通《ぶんぶにどうまんごくとおし》』である。後者は前者の親友で、駿河小島藩の留守居役であって、本名は倉橋格、戯作者としては恋川春町《こいかわはるまち》と称し、『金々先生栄花夢《きんきんせんせいえいがのゆめ》』で有名だが、弾圧されて自死している。彼らは武家であるが、ペンネームではあれ、軟文学に関わった最後の人たちであろう。一七七八年にはロシア人が国後島にやって来たり、一七九二年には林子平が『海国兵談』で筆禍をこうむったり、地方藩士たちは戯作どころではなくなってゆくのである。

幕藩体制における村

この活発な文化的交流、日本の文化的統一化のもとで、日本は政治的＝権力的には二百数十の半独立国、自治体に分かれていたのである。このことに注目することなしに、江戸時代の地域社会の状況を正確に把握することはできないであろう。しかも、政治的に分権といっても、民衆も各藩内に封鎖されていたわけではない。名主《なぬし》の発行する通行手形さえあれば、誰でもどこへでも旅行することができた。貧しい農民でも伊勢講、富士講といった講＝アソシエーションを組めば、寺社参詣の美名のもと、旅することもできたのである。

このことは天領であれ、各藩領であれ、変わらない。かえって天領の方が年貢も軽く、警察的取り締りはゆるやかであった。特にさまざまな領地が入り組んでいたところ、とりわけ関東の利根川流域においては、周知の通り、博徒＝アウトローが多数生まれて、縄張りを争奪していた。したがって、頽廃に流れる傾向がむしろ天領において強かったり、士族が比較的多い藩領の方で統治が引き締まることもあった。単にこれだけの要因ではないが、これが地域の文化的雰囲気に影響する場合もあったように思われる。もとより、このことは小さなことであり、日本の農村全体を一般的に語ることも不可能ではない。いわゆる僻地においては名子《なご》、被官《ひかん》といった隷属的な農民が存在し、また幕藩体制下の農民はその内部に本百姓と水呑百姓の階層差を作っていたけれども、決して農奴ではなかった。こうした農民によって構成されている村落は一つの共同体であり、自治体であった。それがそれぞれの支配者によって上からつかみとられ、納税の単位とされ、治安維持の枠組とされていたのである。

自治体としての機関は、地方によってその名はさまざまであるが、その主要なるものは村方三役と呼ばれた名主《なぬし》、組頭、百姓代の三つである。なお、名主《なぬし》は関東の用語であり、関西では庄屋と呼んだ。その任務は極めて広汎で、行政的にも人別改、宗門改から戸籍事務、検見の立ち合い、年貢の配賦や取り立て、代官の触れの伝達、それに訴訟の仲裁やつき添い、証文の奥書き加判（現代の登記にあたるもの）など限りなかった。また名主＝庄屋は村の代表者であって、他の役人とともに一村を代表し、他村と折衝し、協定を結ぶなどの法律行為も行うことができた。執務は自宅で行うのが通例であって、村の経費でもって雇人、定使を使うことができた。その職は関西や辺境では村内に田地を多く持っている大高持（大地主）が世襲するのが一般的であった。しかし、関東では、古くは世襲であったが、享保（一七一六年）以後は一代限りとなり、惣百姓の入札または推薦でもって指名し、代官がこれを任命した。所によっては、これを二、三の旧家で回り持ちしたので、世襲の代々名主と区分し、年番名主とも呼ばれていた。

組頭もまた関東における用語で、関西やその他では年寄または脇百姓といったという。ともに名主＝庄屋の補佐役であって、惣百姓の入札または協議によって、百姓の中で筆算が上手で、人品よく、高（財産）も相応に持っている者が選ばれたという。その定員は三名ないし五名で、村内で任免し、後に代官に届け出ればよいことになっていた。百姓代はいわば監査役であって、名主、組頭の行う年貢の配賦、村の経費の収支などを監査する村方（村役人）の目付役である。これには名主、組頭の執務に多くの利害関係のある大高持が任ぜられるのが原則であった。それ故、長百姓《おさ》とも呼ばれ、定員は一人であることが多かったが、村によって二人、三人になることもあった。なお、村方三役はいずれも無給ということになっており、このうち名主、組頭は年貢を減額される特典を与えられたが、百姓代にはこの特典はなかった。

村方三役に次ぐ村の自治機関は臨時に開かれる百姓寄合である。かつては野寄合と呼ばれた惣百姓の集合であって、古くは村の唯一の自治機関であった。百姓寄合においては村中の惣百姓が集まり、年貢の配賦、村の予算、村の借金、用水の分配など、村民の利害に関わる重大事項について協議した。これは名主が招集するのが通例であるが、一揆騒動のときなどには、寺の鐘が乱打されて、自然発生的に神社や寺院に集まってきたといわれる。

これが村の制度的な側面である。中国の村落と違っていたのは、その第一は石高制によって村の地域が明確に定められていたことである。石高とは米の生産高であるが、これを擬制して、米が生産されない山間、海浜等の地域の面積をも算定した。この石高をもって年貢、諸役（負担）の基準としたのみならず、武家、公家、寺社の知行（領地）の算定基準としたのである。その第二は、村請制（村による年貢の請負い制）であって、村方が年貢を請負い、これを配賦したのである。これは、村というものが領主による農民支配のための手段、行政単位となったということではあるが、同時に農民の共同体や法人でもあったということである。辺境では行政の手段として数カ村まとめて一つの村とすることがあったが、村請制については変わらない。

これに対し中国では、先述の通り、村の面積は村民の所有する土地の面積であって、村としての領域は存在しなかった。さらにまた、租税の徴収は中央より派遣される知県の請負いであって、知県が胥吏《しょり》を使って徴収したのである。

このように日本の近世の村落は共同体であったから、それだけにその社会的役割は極めて大きかったといえる。経済的には、まず用水の管理と配分であり、これをめぐって他村と交渉し、時には訴訟しなければならなかった。このことは、アジアの水力社会においては権力が水を掌握して、専制主義の道具としている事情とは大きく相違しているとウィットフォーゲルも認めている。それにまた、日本の農業においては水とともに林野が大きな役割を果たしていた。したがって、共有林野の入会《いりあい》をめぐっては、他村との対立とともに、村民によるその用益（燃料肥料の蒐集）を秩序づけるための村法＝村の掟が不可欠となり、それを村民に遵守させることも村の重要な仕事となった。

掟の違反者に対する制裁もまた必要であった。これは密通事件についても、野荒しについても同様である。制裁としては、刑事問題についてはすでに領主のものになっていたが、その他の問題については閉門、罰金、除名、追放などをもって処理している。特に有名なのが村八分で、これは火事と葬式の二つを除いて絶交することを意味した。

さらに村の精神的な中心である氏神ないし鎮守の祭礼、さらにはおりおりの道切り（疫病など邪悪な霊の侵入を防ぐ呪術）、虫送り、雨乞いなどの共同祈願も、村のゆるがせにすることができない仕事であった。

幕藩体制における町

江戸、大坂における町については、村について言いうることがほぼ当てはまるように思われる。これに対し、門前町、宿場町、港町、市場町など、前代より引き続き存在するところでは、秩序維持的方向に制度化されていったとしてよいであろう。しかし幕藩体制下の町の特質をとりわけ現わしているのが城下町の成立であったように思われる。そして、これが近代日本における都市の大方の始源となった。一八八八年（明治二一年）において人口二万以上の都市は四五あったが、このうち東京、大阪、京都の三都と横浜、長崎など九港町、奈良などの二門前町を除いた三一都市は旧城下町であったのである。これは藩が全国に満遍なく配置されていた結果であるが、このことはその背後に二万に達しない中小城下町が全国的に展開していたことを意味し、日本の国にバランスのとれた発展をもたらした。

もとより、城下町は近世初頭における兵農分離の結果であり、サムライ化する農民の上層部をすくい取って、城下に集中させたもので、全く政治的な意味で形成されたものである。その形成や城郭の築造、城下町の構造については近世軍学のやかましいところで、古くは甲州流（信玄流）、越後流（鎌信流）があり、その後、いろいろ枝分かれしている。いずれにせよ、そのほとんどは一六世紀に建設されている。通説となった矢守一彦説はそのプランの類型を五つ（詳細には六つ）に分けた。そのaは戦国期型で、山上の居城と山下の特にまとまりのない町とが分離している。bは安土桃山期の総郭型で、居城と城下町全体とを土居（土の垣）で囲むものであるが、内部はなお分散的であり、その地域の分化の程度によって二つのタイプに分けられる。cは内町・外町型で、土居や水濠によって侍屋敷と有力商人が居住する内町を保護し、外町と区別されている。dは郭内専士型（城内は侍屋敷のみ）で、侍屋敷を土居・水濠によって守り、町人町や職人町と区別している。eは開放型で侍屋敷の一部と町人町、職人町とが入り混じっている。

この城下町の成立によってサムライ身分は武人であるままに官僚＝吏員化し、俸給でもって生活するようになり、現物経済から離脱する。その彼らの政治用具（武器や工芸品）と生活必需品を賄うために、商人や職人を呼び集めたのであって、その結果として当然に町人も領内における特権的地位を与えられる。士分と町人、職人を合わせた人口はおおむね領内人口の一割程度であったと推定されるが、その意味は経済的なところにあるのはもとよりであるが、近代化の観点よりするならば、それが政治都市であったことも注目されるべきであろう。経済の面における流動化の果ての分解＝集中の過程はもちろん全国的にあった。しかし、権力が多数割拠する体制のもとで流動＝分解を一定の枠内に押しとどめ、すでに説明した事情によって政治的、文化的に一国を平準化せしめたのが、その神経系統の結節点である城下町であった。

この城下町の存在によって、幕藩体制は近代化においてフランスの絶対王制の役割を果たしえたのではなかろうか。しかしユーラシア大陸におけるこの東西の歴史の流れの違いゆえに、パリにあたる江戸が政治戦の主戦場であったのは桜田門外の変（一八六〇年）までで、以後は各藩、特に西南雄藩内で戦われ、各藩がその成果を持ちよったところは京都であった。それまで京都は江戸の権力に対抗する権威を持つが、政治都市ではなかった。それ故、城下町を政治都市であるということで、中央集権的首都の出張所である中国の県城と同一視することはできない。

近代化の観点よりすれば、こうした城下町の意義に比べると、その他の都市の役割は小さい。戦国時代に達成されたコミュニティ的なものは、確かに存続はしていたが、矮小化されている。農村における本百姓と水呑百姓の階層的関係のように、都市内部、例えば京都においても地主・家持と店借《たながり》、あるいは住居でいえば町家と長屋といった階層に分かれ、後者が人口の六〇—七〇%を越えていたのである。そして都市の自治は家持や町屋の問題であった。京都における町屋の人びとの相互の関わり方は次のようであったという。(1)お互いに隣家のことに立ち入らない、(2)隣人同士で物の貸し借りをしない、(3)井戸端会議はしない、(4)近所づきあいは冷いが、町内というムラづきあいは盛んである。こうした町屋の社会では町内の義理を守ることがもっとも重要であった。その義理とは町内のさまざまな行事、祇園祭りなどの祭礼を取りしきり、町会所を所有、管理することである。したがって、隣人同士の生活における相互扶助は、路地に入った長屋の借家人の間でだけ見られたという。このことはすでに町衆時代の立場は特権化しているということである。

京都に比べ、新開地である江戸と大坂は村のモデルがそのまま当てはめられた。したがって、藩にあたる都市全体そのものが一つの自治体を構成していたわけではなく、飯田町、連雀町、平野町、宗右衛門町といった個々の町々が、村とほとんど同じような組織を持った自治体を成し、納税の主体となり、法人として町の財産を持ち、町として借金し、債務を負ったのである。都市全体としては江戸も大坂もともに町奉行があり、そのもとに与力、同心、手先といった吏員がいて、市政全般と治安維持の責任を負っていた。いわば町奉行が領主、代官の立場にあったわけで、そのもとで、江戸の町々には名主、大坂の町々には町年寄がいて町政をつかさどっていたのである。

彼らの任務は村の名主＝庄屋とほとんど同じである。江戸の名主は古くからの特定の家の世襲であったが、新しく立てるときは町内の家持の中から互選し、奉行がこれを任命した。大坂の町年寄は、町人（家屋敷の所有者）と準町人（必要によっては家屋敷を管理している場合の家守《やもり》と女戸主の代判人（女戸主に代わって署名捺印する者））による複数の候補を入札によって選挙し、惣年寄がこれを任命した。この惣年寄は江戸での町年寄（大坂の町年寄とは違う）にあたり、ともに町奉行と名主＝（大坂の）町年寄との間の中間的存在で、江戸では樽屋、奈良屋、喜多村の三氏が徳川家入府以来の名家としてこれを世襲した。大坂の惣年寄は古くは元締衆として一二人おり、これまた世襲であった。いずれも、江戸、大坂の土豪的名望家であって、江戸では先の三家が役所を持っており、大坂では惣年寄が皆、惣会所を持っていた。このように、江戸、大坂においては町年寄や惣年寄が町奉行と名主＝町年寄との中間にあったこと、そして京都においては伝統ある町組が所司代とそれぞれの町との中間にあったことが江戸時代の大都市の特徴である。

村や町の中の自発性

江戸時代においては、村や町の自治が存在したが、いずれも伝統主義化していたといえよう。また、村の自治が本百姓に独占されていたように、町の自治も江戸では地主と家守（いわゆる家主、借家の管理人）のみのものとなり、地借《じがり》人、店借《たながり》人は地主・家守から一様に店子《たなこ》と称され、排除された。大坂の自治も町人と準町人のもとにあり、借家人は同じく排除されていた。しかし、自発的共同性の精神は決して窒息させられていたわけではない。村においては、若者組といった年齢集団がコミュニティの名残りを代表している。多くの村においては若者組が労働や祭礼における労働力の主力となったし、ハレの日を中心に年間三〇日余りあった休息（骨休め）の日を遵守させるために、その監視者としての役割も買って出ている。これは町においても同じように考えてよかろう。

この種の年齢集団は、その指導者がところを得た場合、祭礼や災害にあたり大活躍をすることもあるが、もちろんそれはいつも期待できることではない。むしろ村落で日常一般に行われていた共同行動は〈結《ゆい》〉である。これは家々の間で相互に手助けし、労働を交換しあうことである。これをテマガエ（手間替）、テマガリ（手間借）と言うこともある。それは複数の家が組んで同じ人数で同じ日数だけの労働を互いに提供しあうことであり、いわば労働の等量交換であるが、各家が多くの労働力を集中的に必要とする際にとられる方法である。田植えの結《ゆい》が代表的なものであり、稲刈りや脱穀などの農作業についても、さらにまたかや葺き屋根の葺きかえなどの重い作業のときも行われた。古代においては結《ゆい》は雇うものであって、上下関係のある家の間で行われたと思われるが、近世に入ってからは上下関係のない家々の間で交換されるものとなっていた。

もう一つ、前近代の日本人が自発的に加入した任意集団は〈講《こう》〉である。これにはさまざまな種類があるが、大別すれば宗教的講と経済的講と社会的講の三つとなるだろう。そしてその中心であり、出発点となったのが宗教的講であると思われる。宗教的講にも、その内容によっていろいろある。その一つは原始的な自然信仰に基づく山の神講、地神講、水神講、田の神講、月待講や、村落共同体鎮護の鎮守・氏神を祭る氏神講、鎮守講などである。これに対して、ムラやマチの枠を越えた信仰に基づくもので、教派神道の御嶽《おんたけ》講、大社講など教団の末端組織を講の形にしたものもある。また、浄土真宗の報恩講、日蓮宗の身延講、浄土宗の御十夜《おじゅうや》講などは壇家を組織したものである。あるいは日本の特徴である山岳信仰を講にしたものには御岳講、大山講などがあり、著名な神社仏閣への参詣希望者を組織したものには伊勢講、善光寺講などがある。

このように近世日本の都市と農村における講はさまざまな形で自発性を引き出す役割を果したたと思われる。これら以外には鍛冶屋、牽き馬業者、建築業者、養蚕業者、薬屋など、職業別の守り神信仰の講、あるいは年齢別、性別のグループの講組織も見られた。これらの中で、例えば伊勢講などの宗教的講が伊勢参宮のための費用を積み立て、講のメンバーが輪番で一生に一度の参詣をしたように、やがてこの講がある目的のための貯蓄機関へと発展することは自然であった。いわゆる頼母子《たのもし》講や無尽などの庶民金融の集まりはかくして生まれるのである。しかし、いずれの講であれ、集まりには飲食はつきもので、それは一つの慰安の場であるとともに、情報交換の場でもあったのである。

四　日本におけるムラとイエの解体

幕藩体制があっという間に解消し、それから一〇〇年も経たないうちにムラ・イエもまた解体してしまったのは、世界でも比類のない日本の歴史の特徴であろう。その原因の一つは、すでに説明したように、参勤交代による大衆的知識人としての士族の全国的交流である。確かに、幕末・維新期におけるこの国の指導者の多くは、長州、薩摩、土佐、そして江戸の出身者である。その他では肥前の江藤新平と大隈重信が出ているほか、宇和島の伊達宗城《むねなり》、越前の松平慶永、由利公正《きみまさ》、中津の福沢諭吉などが眼につくくらいである。しかし、近代日本の共同知を準備した江戸時代の人物となると、まさに全国的に散らばっている。

北からあげると、八戸から安藤昌益（思想・医学）、秋田から平田篤胤（国学）、水沢から高野長英（蘭学）、仙台から林子平（経世）、工藤平助（医学・経世）、米沢から佐藤信淵《のぶひろ》（経世）、会津から山崎闇斎（儒学・神道）、山鹿素行（儒学）、越後から本田利明（経世）、竹内式部（勤王思想）、下野から蒲生君平（勤王思想）、上野から高山彦九郎（勤王思想）、水戸から会沢正志斎（藩政）、長久保赤水《せきすい》（地理学）、下総から大原幽学（農政）、伊能忠敬（地理学）、江戸は省略する。信州の松代から佐久間象山（思想）、飯田から太宰春台（儒学）、金沢から稲生若水（博物学）、相模から二宮尊徳（農政）、甲州から山県大弐《だいに》（勤王思想）、三河の田原から渡辺華山（洋学者）、近江から中江藤樹（儒学）、若狭から伴信友（国学）、海保青陵（経世）、伊勢から本居宣長（国学）、野呂元丈《げんじょう》（医学）、宇田川榕庵（蘭学）、京都と大坂は省略する。津山から宇田川玄随（蘭学）、鳥取から稲村三伯（蘭学）、岡山から熊沢蕃山（儒学）、広島から頼《らい》山陽（儒学）、安崎安貞（農政）、高松から平賀源内（博物学）、柴野栗山《りつざん》（儒学）、伊予から尾藤二州（儒学）、高知から谷時中（儒学）、野中兼山（儒学）、萩から吉田松陰（思想）、九州にとんで、杵築から三浦梅園（哲学）、博多から貝原益軒（儒学）、長崎から西川如見（天文学）、志筑《しづき》忠雄（天文学・蘭学）、高島秋帆《しゅうはん》（兵学）、そして豊後の小藩、日出《ひじ》からは帆足万里《ほあしばんり》（哲学）と大蔵永常（農学）という具合である。

日出藩について思い出されるのは、滝廉太郎である。日本の近代音楽を作った滝廉太郎の父は日出藩の家老であり、父が郡長をしていた同じ豊後の竹田で廉太郎は育ったのである。また石見（島根）の津和野は西周《にしあまね》、森鷗外という明治を語るときに外してはならない人物を出している。

もう一つの、日本の歴史のまだ説明していない特徴は、日本社会が儒教を学んだとはいえ、宗族制度をついに中国から受け入れなかったことである。朝鮮も琉球もヴェトナムも、中国の制度に従ったけれども、日本人は血縁の絆を絶対のものとはしなかったのである。ただ一つ、天皇家だけが血のつながりによって家を継ぐ原則を曲げなかっただけで、最高の貴族から一般庶民に至るまで異姓の養子を決して忌避することはなかった。取子取嫁《とりことりよめ》（夫婦養子）といった完全に血のつながりのない場合ですら、許容されたのである。このことは東アジア文明の中では例外的に、日本においては近代社会的な人間関係を作り出すことを促進することとなったのであった。

明治以後の地方制度

かくて、内戦らしい内戦もなく、日本は近代国家への道を歩みはじめる。一八六八年、明治元年一月から翌年五月までの戊辰戦争にしても、世界的標準よりすれば内戦の名に価しない。例えば、中国の王朝交替の戦争は全人民をも巻き込む徹底破壊の戦争であって、時に数十年も続いて、全人口の何割かは失われるというものである。しかしながら、戊辰戦争は士族のみが参加し、他の国民には無関係だった。

その山場である会津戦争にしても、士族は凄惨な戦争をしたが、百姓たちは弁当を持って見物に来たといわれる。これは事実上の京都軍の指揮官、板垣退助が述懐しているところである。それは続く箱館戦争も同じで、いわば封建戦争であり、武士道は守られたのである。

一八六九年（明治二年）の版籍奉還にしても、一八七一年（明治四年）の廃藩置県にしても、全く流血を見ることなしに実行された。また、一八七四年（明治七年）の佐賀の乱にしても、一八七六年（明治九年）の萩の乱、秋月の乱、神風連の乱にしても刑事事件として処理された。最後の内乱である一八七七年（明治一〇年）の西南戦争にしても士族の戦争であった。多少とも民衆を巻き込もうとした自由民権運動は一八八四年（明治一七年）の秩父事件をピークに鎮静する。ただしこの段階では士族のみならず、地方名望家も指導者に押し上げてはいるが、彼らも一九〇〇年（明治三三年）にかつての敵である伊藤博文の政友会に組織され、議会主義的な軌道に平穏裡に乗るのである。

西ヨーロッパ以外において、近代的な経済、社会、文明、国家を国家的に志向してからわずか三〇年でともかくもこれを達成した例はこの国以外には存在しない。にもかかわらず、この国のアカデミズムが日本の前近代性を誇大に指摘してきたのは、日本が二〇世紀前半において極度に危険な国際関係の中に置かれながらも、この挑発に自ら簡単にのり、ひき臼の間の穀粒のように粉砕されてしまったからである。しかし、そこにある本当の問題点は、日本社会の前＝反近代性ではなく、日本人のナイーヴな幼児性にあった。近代化に成功したとたんに、この幼児性は日本の置かれた戦慄的な窮地にすら気づかせず、ドンキホーテ的にふるまわせてしまったのである。すなわち、日本は人類史の中でかつてない巨大な二つのエネルギーに挟撃されたということに気づかなかったのである。その巨大なエネルギーの一つは、社会に対する満たされざる渇望を新天地において実現しようとする獰猛な人たちの貯水池としてのアメリカのフロンティア精神、もう一つは、東アジアの中華帝国であったという過去を忘れかねている老残の澱み水の溜め池としての中華思想である。そしてその両面から粉砕された今もそれに気づいていないという驚くべき無知、無邪気。しかし、そうした周囲の異様な敵意に囲まれた錯乱した一九三〇年代から四〇年前半にかけての日本の愚行をして、この国の社会の性格を決定づけるべきではない。むしろ、世界の大勢にナイーヴに順応してしまうところに日本人の特性があるのである。

維新後の日本の近代社会においては、単純に一つのコースを国民が歩むこととなった。絢爛たる共同知の世界を生み出した幕藩体制は惜しげもなく打ち捨てられた。明治以前においては、全国の諸藩・天領、知行所はさらに諸家臣領に分割され、その下にいわゆるムラ＝生活共同体が七万以上もあって、それぞれが共通の意識を持ちながら、それぞれユニークな個性を育てていた。しかし、明治政府はこれをプロイセンをモデルとして画一的な府県制、市郡町村制に整理してしまうのである。その整理の方向は行政の合理化であるが、そのためにとった措置が市町村の統合であった。特にドラスティックに行われたのは一八八八年（明治二一年）から一八八九年にかけてであって、七万余りの町村はいっきょに一万三〇〇〇の新町村に合併されてしまったのである。

しかし、実際には町村の運営は旧来通りの町村で行われていたので、一九〇八年（明治四一年）に内務省は「地方改良運動」を始めることになる。その目的の第一は、自治団体の事務・財政の整理である。それは、なお旧町村所有の山林を新町村に統一し、事務も統一的に行うというものである。これに対して農政学者の横井時敬は次のように批判した。

「歴史もなく、何等の関係もなき一個の町村というものが、今は圧制的に湧いて出たのである。かかる町村に向かって愛情がないとてこれを責むるは、責むる方が無理ではあるまいか。……今の部落的観念の抑圧の為に、その財産を取り上げ、その祭る所の神社までもこれを放棄せしむる、果してこれが合理的処作で、またこれが有効なる手段であろうか。」（三七三ページ）

単に町村所有の山林ばかりではない。旧村落の婦人会や青年団も新町村単位に編成替えさせられたのである。しかし、共同体的慣習を上から行政的に統合することは不可能であることは言うまでもない。

この路線は第二次世界大戦後においても再現される。今度はアメリカ型の地方制度が施行されることとなり、それまでの国の行政区画として行われた事務の多くが地方自治体に委任され、さらに教育・警察においても地方の主体性が尊重されることとなった。しかし、そのための財政措置がとられなかったため、一つには地方交付税のほかに、再び市町村の統合がすすめられることとなる。かくて、町村数は一九五三年（昭和二八年）の一万〇〇四一から一九五六年（昭和三一年）の三九七五へと激減してしまったのである。この合併によってもたらされたもっとも大きなことは、同一の市町村内に都市と農村が併存することとなって、旧来の伝統はこの枠組の中では全く継承の余地がなくなり、祭礼などのイヴェントも講的な任意団体で催せざるをえなくなったことである。

故郷を捨てる日本人

この制度的条件の変化に対応する社会の反応は、一言にすれば、人びとが故郷を捨てて都市、なかんずく大都市、とりわけ東京に集中することであった。この動向は明治の初期から戦後昭和の末期まで、戦争期のごく短期間を除いて、一貫してして見られ、その結果として過密と過疎の両極化をもたらした。それは社会の階層の上から一枚一枚とはぎとって東京に集中してくる歴史でもあった。

一八七一年（明治四年）、廃藩置県によって三府七二県に府知事、県知事が置かれて全国に対する統治体制が確立した。東京にはまだ太政官制という形のもとであれ、各省が成立し、一八八五年（明治一八年）に内閣制度、そして九〇年（明治二三年）には帝国議会の発足へと近代化の道の第一歩が踏み出された。このときから近代日本の人口移動の動力学も始まるのである。まず、かつて全国各地に割拠した藩主とその家族や、京都に集中していた公家とその家族たちが東京に集められている。彼らは一八六九年（明治二年）から公家、武家の別なく華族の名によって呼ばれていたが、一八八四年（明治一七年）の華族令によって、旧公家、旧武家に維新の元勲が加えられ、公侯伯子男の爵位を与えられることとなり、体制の中に安置される。

彼らよりも数量と役割において圧倒的に大きな意味を持ったのは、官員であろう。薩長をはじめとする最高権力者としての元勲、そして彼らと結びついている政商たちは別としても、巡査を含めて中下級官吏の大多数は全国各藩の旧藩士およびその子弟であり、地方から上京、就学、就職した者たちによって占められていたと思われる。さらに旧士族の子弟のみならず、中小地主、地方素封家の子弟たちもまた、学生として上京し、目立った存在になってゆく。彼らの中から新しいタイプのインテリゲンチャが生まれ、その成功した者が作家、芸術家として頭角を現わすのである。ただし明治、大正期においては、まだこれら高等教育機関の卒業生の多くは帰郷して、地方の官吏、官営工場の職員、小学校・中学校の教員として就職した。しかし昭和期に入ると、これら高等教育を受けて卒業した地方出身者の中には、そのまま在京してサラリーマンとして就職する者も多くなってゆくのである。

彼らが一九三五年〈昭和一〇年〉頃の世相において新しい現象として注目されたであろうことは、当時の文学、映画によってうかがい知ることができる。例えば、小津安二郎は昭和前期において早くから、東京の下宿暮しをする大学生の生活に関心を持っていたようである。すでに一九二九年(昭和四年)の「大学は出たけれど」は、当時の不景気の中で、上京し、大学を卒業したが、適当な職がなく、ようやく会社のしがない受付係に回されるというストーリーである。その後一九三二年(昭和七年)、小津はこの新しいサラリーマンの、当時普及しはじめた東京近郊の私鉄沿線の建売り住宅における生活を子供の眼から描いている(「生まれてはみたけれど」)。一九三六年(昭和一一年)の「大学よいとこ」は東京のある下宿屋の学生群像を描いたものであるが、今日もなお観ることができる決定版は一九三六年(昭和一一年)の「一人息子」であろう。おそらく田地を売り払いながら一人息子を育て、東京の大学に入れた地方に住む未亡人が有り金をはたいて上京し、サラリーマンとして就職している息子に会いに行くのである。そこで彼女が見たものは、息子が知らぬ間に結婚し、都市の郊外住宅でささやかな生活を送っている姿であった。(劇中、当時映画館で上映されていたウィリー・フォルストによるシューベルトの伝記映画「未完成交響楽」が極めて効果的に使われている。)

文学では一九三五年(昭和一〇年)に発表された井伏鱒二の『集金旅行』が、小津が明らかにした現実を別の角度から照明している。それは東京・荻窪のアパートの住人の話である。その多くは地方から上京して、大学に在学している学生たちである。アパートの主人が突如死亡して、その対策として部屋代を滞納したまま地方に帰郷している人たちを歴訪して未収金、立替金を取り立ててまわる話である。その中で特に大ものの滞納者は岐阜市内、神戸市郊外、岡山の郡部、福山市、尾道市、山口県の岩国町、福岡市の郊外という具合に分布している。それぞれの人たちのエピソードは、この頃、子弟を東京に遊学させることができる階層が没落地主、地方小名士のレヴェルにまで下がっていることを明らかにしているのである。

あえて小津安二郎と井伏鱒二の作品を紹介したのは、第二次世界大戦前の昭和期を、東北地方の「娘売ります」と二・二六事件で代表させたり、特高（国家主義国家）とアカ（国際共産党日本支部《コミンテルン》）との闘争を主軸にして描くという、今日テレビや映画を独占しているステレオタイプ化したイメージに抗議したいからである。これらのイメージは、「日本の中国侵略とエロ・グロ・ナンセンスの風俗」によって戦前昭和期をイメージさせるのと同様に歴史を一面化するものである。日本社会の明治から平成にかけての変貌、とりわけ、戦前期昭和と戦後期昭和とを連続性において把握することは可能であり、現代を過不足なく理解するためには、それはむしろ必要なことなのである。

戦前期昭和をファシスト国家としてのみ描くことは誤りである。軍国主義者の跳梁は尋常でないものがあったけれども、当時の少年がすべて「軍国少年」であったかのごとく描くことはとんでもない歪曲である。すでに社会の都市化、生活の現代化が始まっており（戦争中は一時、表面から姿を消したが）、伏流水のごとくニーズは存在し続け（ロッパ（戦前から戦後にかけてのコメディアン」の『戦中日記』を見よ)、戦後の復興とともに表面にほとばしり出るのである。

第二次世界大戦後の大変化

日本社会の変貌が奔馬的に加速したのは第二次世界大戦後のことであるが、その山場は一九五〇年代と六〇年代にある。産業構造の面でいうと、第一次産業従事者は一九五五年(昭和三〇年)の四一・一%から一九八五年(昭和六〇年)の九・三%まで激減している。第二次産業従事者は一九五五年の二三・八%から一九七〇年(昭和四五年)の三四・〇%まで増加しているが、その後は停滞、減少している。第三次産業従事者は一九五五年の三五・一%から増加を続けて、一九七五年(昭和五〇年)には五〇%を越えている。人口の地域分布の面でいうと、東京、名古屋、京阪神の三大都圏が全国人口に占める比率は、一九五五年の三六・九%から一九八五年の四八・二%に増加している。この一九八五年において、一〇万以上の都市が全国人口に占める比率は五七・五%であるから、いかに都市化が進展し、しかも異常に東京をはじめとする大都市が突出していったかがわかるだろう。

この変化の底流には人口の大移動があったのである。戦後、ついに都市への移動は、それまでの夜逃げの枠を越え、また、農閑期における東北、越後人の出稼ぎの域を大きく踏み出して、農村における少年少女たちをごっそりと東京をはじめとする三大都市圏に運び出していった。一九五〇年代中頃から、毎年三月末になると農村から義務教育を終えたばかりの「金の卵」たちを乗せた集団就職列車が大都市に向けて、つぎつぎと発車していったのである。彼らの労働の疲れを癒してくれるものはラジオから流れ出る歌謡曲であり、やがて彼らのアイドルになったのが美空ひばりである。これら少年少女たちの動きにしばらく遅れて、じりじりと、それまで高等教育に縁がなかった階層が、新制高校に進み、やがて各地方の新制大学をはじめとする大学に進学しはじめる。こうして高度成長期の一九六〇年代の後半からは大学の大衆化の段階に入る。そして、その頃、大都市は若年労働者をほとんど呑み込みつくして、地方に「過疎問題」を引き起こしていたのである。

一九六六年（昭和四一年）の経済審議会地域部会の報告書は述べている。

「都市への激しい人口移動は、人口減少地域にも種々の問題を提起している。人口減少地域における問題を過密問題に対する意味で《過疎問題》と呼び、過疎を、人口減少のために一定の生活水準を維持することが困難になった状態、たとえば防災・教育・保健などの地域社会の基礎的条件が困難になり、それとともに資源の合理的利用が困難となって地域の生産機能がいちじるしく低下することと理解すれば、人口減少の結果、人口密度が低下し、年齢構成の老齢化が進み、従来の生活パターンの維持が困難となりつつある地域では過疎問題が生じ、また生じつつあると思われる。」

日本の都市と農村の共同体はこの戦後の一九五〇年代、六〇年代にひとたまりもなく崩壊してしまったのである。もちろん、明治以後、それは少しずつ崩れつつあったことは事実である。地主の子弟は学生として都会へ出ていった。農民の子弟は商家の丁稚や手工業者の徒弟として町へ出ていった。特定の地域では、娘たちは女工として町の工場に出ていった。ただ彼女らは数年で故郷に帰るのであるが、再び帰郷する者の中で村に強いインパクトを与えたのは徴兵された青年たちであった。彼らは兵営において近代的な生活と発想を学んで、帰郷後は村の中堅幹部として活躍するのである。これらの情況を鳥瞰するには、一九三〇年（昭和五年）に発表された柳田国男の『明治大正史・世相篇』の第五章「故郷異郷」が便利であろう。しかし、村の変化が加速しはじめるのは一九三〇年代からである。不景気から回復して、軍需景気の中でいつの間にか労働力が都会に出ていったのである。それでも、その速度は第二次世界大戦以後のスピードと比較すべくもなかった。

　第二次世界大戦終了後まで、まだまだムラのコミュニティは存在していたのである。第一次世界大戦後の好景気によってムラから都会へ誘い出されていった人たちは、不景気になり解雇されても、必ずしもルンペンとなり、土管の中で暮したわけではなく、失業者として帰ってゆけるムラがあった。池波正太郎の随筆の多く（例えば、『私の歳月』の序章「東京の下町」）には作者が少年時代を過ごした浅草のことが言及されているが、そこにはまだまだマチがあった。戦争中、大都市における空襲を避けるために疎開するとき、すでにいく多の摩擦はあったけれども、帰ってゆく故郷はともかくもあった。そして戦後尨大な兵士たちが復員してきたときも、ムラやマチはそれを暖く迎えてくれた。しかし一九六〇年（昭和三五年）の安保闘争以後、帰郷運動というままごと遊びが唱えられたが、もはやこの頃になると、それまで心の支えと幻想していた故郷は失われていたのである。もちろん二〇世紀末の今日においても、まだまだ盆《ぼん》・暮《くれ》になると人びとは父母の住む故郷に帰り続けている。しかし、父母もいつまでも生存しているわけではないし、介護のため故郷の家から都会に引き取らねばならないこともある。まだまだ親子の絆は残っていても、進行を続ける高齢化現象とコミュニティの崩壊はイエ共同体の機能すら難しくしている。

日本の現状

すでに、一九六六年（昭和四一年）頃から、この事態は予想されていた。そしてそれに対する対応策として打ち出されていたのが「福祉国家」の構想であった。福祉については、一九五〇年（昭和二五年）の生活保護法の制定に始まり、失業保険、医療保険、年金とこの国において着実に充実していったといえよう。しかし、その前進を押しすすめる思想は、福祉を国家の責任とし、ひたすら国家に要求すべきものとする基調の上に築かれていた。そして、福祉における地域社会の役割を国家が主張することは、公的責任をいく分なりとも解除して、安上がりにしたい下心を隠し持っているとされた。

しかしながら、一九九二年（平成四年）から始まるデフレ不況によって全く流れが変わってきたのである。銀行が尨大なる不良資産を抱え込むことになったばかりでなく、たとえわずかでも株や土地といった資産を持っていた人たちは、大幅な損失をこうむることとなった。預金の利子も歴史上かつてない低水準に落ち込んでいる。それにもまして深刻なのは、国家財政における債務の天文学的な膨張である。わずかに救いはその債権の所有者がほとんど日本人（自国民）であることぐらいだが、その国民が返さなければならない借金であることには変わりない。それが福祉の予算を圧迫することは必至である。社会保険、年金についても事情は同様である。いずれも展望は暗く、改善どころではないというのが正直なところだろう。

それは一九九二年に起こったことが、単なる景気循環のひとこまでは決してなく、文明史上の一大画期をなすものであったということである。表層的に言えば、それは一九七一年（昭和四六年）のニクソン・ショックによって、基軸通貨であるドルが金とのリンクを取りやめて変動相場制に移行したからである。日本についていえば、一九七一年に一ドルが三六〇円であったものが、七〇年代後半には一時、一七〇円にまで高騰して反転し、レーガン時代（一九八〇年代）前半に円安が二四〇円台まで進み、一九八五年（昭和六〇年）のG5から円高に転じて、一年有余で二倍近くまで高騰、さらに一九九三年（平成五年）には八〇円代になって反転、一時は一四〇円台まで安くなったが、再び高くなるという具合である。この貨幣価値の変化に各国の国民経済は翻弄されざるをえない。それは基軸通貨国アメリカを含めて世界の経済の深層構造が変わったということであり、それが世界中の社会の流れを変えてしまったということである。

5章　人間的コミュニティに向かって

「まえおき」において筆者は、いま私たちは〈折返し地点〉に立っているのではないか、言い換えるならば、社会を自然に埋め戻し、経済を社会に埋め戻し、人間をコミュニティに埋め戻すよう方向転換する時期に来ているのではなかろうか、と述べた。しかしそれは大変なことである。人類が農耕生活に入った時期と比較できるような途方もない転換であるからだ。一〇年はおろか、一〇〇年、二〇〇年、いや一〇〇〇年の尺度で考えなければならないことなのである。

もちろん、いかに長期的な課題であるとはいえ、単にそのような社会観だけを抱いて座っているだけでは済まないであろう。すでに環境問題においては、いささか泥なわ式ではあれ、社会を自然に埋め戻す応急措置をとらねばならなくなっている。いや、今日なお市場経済の溜りに溜ったエネルギーは尨大であるから、超巨大な台風のように地球上を吹き荒らし続けることであろう。何びともこれを押しとどめることはできない。しかし、巨大な空気の流れだけに、ところどころに小さなエアポケットが生まれはじめ、そこから経済はわずかずつであれ、社会に埋め戻されはじめている。そして、まず部分的にであれ、人間をコミュニティに埋め戻す必要はこの動向を促進することであろう。

もしあのときに、という言い方は後知慧であって、歴史の中においては白昼夢でしかあるまい。しかし歴史の構造を説明するために、あえて、〈もしあのときに〉の物語をするならば、おそらく、一九一一年、先に説明したロイド・ジョージの改革が一つのポイント・オブ・リターンであったと言うことができよう。それは当時、世界でもっとも進んだ国で起こったことであった。もしもこの段階でイギリスを先頭に人類が方向転換をしていたならば、もちろんそれは絶対にありえなかったことではあるが、人類は今日の危機的状況に陥らずに済んだであろう。この時期が文明史にとって一つの画期であったことは、客観的には、第一にそれから三年後、一九一四年に第一次世界大戦が勃発していることによって、そして第二に、アメリカ合衆国においてはこの頃からフォードによる自動車、モデルTの生産が本調子に乗ってきたことによって立証できるだろう。

今日の危機はこの二つの事件によっていっそう深刻となっている。二つの事件のうち後者のモデルTはアメリカ的大量生産＝大量消費＝大量廃棄のシンボルであり、自動車はガソリンを尨大に消費することによって今日の地球環境問題を引き起こしたのである。前者は決して帝国主義の矛盾によって必然に引き起こされたものではなく、もしビスマルクが当時のドイツの指導者だったなら起こりえぬ戦争だったが、それだけに不幸なものを生みおとした。それがロシア革命（一九一七年）であり、その中から出てきたいわゆる「社会主義国」の存在の威力が世界の知識人の歴史感覚を狂わせたのである。誤った展望を鼓吹したのみか、当の存在が崩壊したいま、人類社会の未来を思考する能力も失われたままである。

コミュニティとコミュニスト

ロシア革命が知識人の思考を狂わせた要因は多々ある。その一つは、コミュニズムという用語がコンミューンの派生語であるところから、いかにもコミュニティの立場に立つかのように見せかけることによって、コミュニティの概念をメチャクチャにしてしまったことである。そもそも彼らの社会主義なるものは、マルクスの社会主義の概念とも違ったものであって、その正体は文字通り東洋的専制主義の新装再版に他ならなかった。彼らの主張は、資本主義を否定し、社会主義へ向かう道の第一歩には生段手段の私有制の廃止があるとし、それを収奪し、それを国有化することにあるとした。

彼らはこの国有を「全人民的所有」という美辞によって飾ることを好んだが、彼らがやった現実はあくまでも、収奪した生産手段を国有財産、国営企業とすることであった。この国有財産こそ、歴史の長い中国について言えば、秦漢代から明清代に至るまで一貫して存在した現実であり、専制官僚たちが勝手気儘に振舞ったところの舞台なのである。もしもそれが正しい意味における人民の共有財産であるならば、それはすでに資本主義社会で実現されている株式会社のようなものでなければなるまい。この民法上の共有においては、占有は共通占有である。つまり、株式を持つ株主は同一の権利を持ち、同一の利益を受けることができ、責任はその株式を放棄することで終わるのである。しかも、この共有においては持分権があり、離脱も自由で、離脱の際には持分の払い戻しを受けることができるのである。共同所有の概念は古代からの長い歴史を持ち、画期ごとに新しい内容を獲得して近代に至ったのであるが、資本主義を揚棄すると称する社会主義社会はこの近代的共有概念を身につけているどころか、彼らの「全人民的所有」なるものの占有は、マンションの廊下や長屋の井戸や便所のような共用占有でしかなかった。持分権や離脱の自由、持分権の払い戻しどころではなかったのであり、ましてや「全人民的所有」に対する「全人民」の管理権どころではなかったのである。

共有における持分権や私有財産が否定されているということは、個々人に権利はなく、それを管理する権力者、官僚が一切を握っているということである。まさにこの種の社会では、権力が一切の財の打ち手の小槌なのであり、その権力は何らかの他のものによって正当化されているのではなく、まず権力ありきなのである。したがって、レーニンがボリシェヴィキ党＝共産党の建設においてやったことは、西ヨーロッパにおける組織論的伝統を拒否して、指導者（自分すなわちレーニン）が主宰する中央委員会によって上から大衆に向かって指令してゆくことだった。私有財産の軽視といい、専制王朝との交替の方式といい、それが成功したのは、ロシアや中国のアジア的な社会的風土に由来するものであったことは明らかである。ロマノフ王朝にせよ、清の愛新覚羅氏（清の帝室の氏族）にせよ、いずれもモンゴルのチンギス・ハーンの後継者であるが、二〇世紀に起こったことは、まさにこれら帝政がロシア共産党や中国共産党による党政に変装した交替であった。

にもかかわらず、二〇世紀の革命が世界の知識人をたぶらかしたのは、彼らのイデオロギーが西ヨーロッパの伝統の中で一人のユダヤ人によって創造されたマルクス主義という外貌をまとっていたからである。それ故、このたぶらかしを維持するためには、ある程度のマルクス主義的な証明が必要となる。レーニンの党組織論はツァーの治安警察と闘うためという言い訳でしのぐことができたが、一九一七年、ロシア共産党は多数の議席を取れなかった憲法制定議会を暴力的に追い散して権力を奪取した。そして土地を農民へ！という公約を反故にして国有化し、専制的な体制を構築しはじめると、ロシアを世界の情況から切断しなければならなくなる。それが一九二五年に打ち出される「一国社会主義論」なるものであった。すなわち、マルクス主義によるならば、本来社会主義は世界的次元で建設されるべきものであるから、一九二四年の暮れに出版されたスターリンの『レーニン主義の基礎』第一版ではロシアの社会主義も世界の社会主義の一部であると説明されていたが、その翌年の第二版においては、一転して、ロシア一国における社会主義の建設は可能であると主張したのである。

二〇世紀の知識人の恥辱は、この共産主義ロシア、中国から漏れてくるニュースにもかかわらず、スターリンや毛沢東を信仰して、真相を見ようとしなかったことである。一九三〇年代のいわゆるモスクワ裁判にともなう「大粛清」、あるいは一九六六年に始まる毛沢東による「文化大革命」なるものは、明の太祖、朱元璋による大量粛清と同じ性格のものである。しかし、朱元璋は胡惟庸の事件（一三八〇年）で一万五〇〇〇人を殺し、藍玉の事件（一三九四年）で同じく一万五〇〇〇人を殺しているが、ロシアや中国の共産党の粛清はそれをはるかに上回る桁違いなものであった。大粛清後はさすがにかなりの人がこれらの体制を見かぎったものの、それでも少なからずの知識人はなおもロシアや中国の社会主義に執着していたのである。いまにして見れば、あの知性の人メルロー＝ポンティにして、モスクワ裁判を弁護した『ヒューマニズムとテロル』（一九四七年、邦訳一九六五年）の著作があることは驚きであるが、もう一つ、二〇世紀の知識人の思想状況を理解するための証言をあげておこう。それは一九六〇年代末頃に書かれた杉森久英の太宰治の伝記の一節である。（『苦悩の旗手・太宰治』）

「実際のところ、昭和初年に日本の知識階級を襲った共産主義のすさまじさは、それを経験した者でなければわからないだろう。それはいくらか、戦後数年間日本の若者たちを支配した共産革命必至の信念に似ている。中国では人民解放軍が政権を取り、日本でも人民政府が樹立されることは疑いないとされた。それと同様に、昭和初年においても、日本のプロレタリヤはおそかれ早かれ、世界の労働者農民の協力によって、天皇制を顚覆し、理想社会を実現するだろうという《歴史的必然》は、ほとんど宗教的な感激をもって唱えられた。なにしろ、ロシア革命から十年余りしか経っていないころである。この革命がつぎつぎに波紋を起し、やがて地球を覆ってしまうだろうことは、誰の目にも疑いないように見えた。

その立場から見ると、すべて革命に役立つものは善であり、それをさまたげるものは悪である。革命家は正義の士であり、それに追随できない者は卑怯者であり、背徳漢である。卑怯者は正義の士の前に頭を垂れて、その罪を謝せねばならない……そういう気分が一般を支配していた時代であった。」（六一ページ）

福祉国家の夢とその崩壊

以上のことは、未来社会に対する知識人の考察を眼前のロシアや中国の現状追認、現状正当化に堕させて、その余波を受けて、現実へのこだわりのない分析とそこから発見しうる大胆な新しい課題への設定を不可能にしたことを意味した。そしてそれにともなう諸概念の歪曲と低俗化にはひどいものがあった。特にひどかったのは、国家所有の美化である。国家所有とは部族制のもとにおける共同体的所有を勝利した部族共同体が収奪したものであり、いわば私的所有の一形態、しかもその本源的な形態なのである。それが古代専制国家の公地公民制というものであって、眼前の社会主義国で行われていることも、まさにそのものでしかなかったのだが、ほとんどの知識人はそれを見抜くことができなかった。

いわゆる社会主義国を盲目的に信じたいわゆる進歩派は、これらの国における徹底した国家管理を美しいものと見て、人民の楽園であると錯覚したのである。時はまた、一九三〇年代であった。大恐慌によって市場経済は惨憺たる状態に置かれており、大衆は急進派の煽動にのって沸き立っていた。こうした状態の中では一切は資本主義体制の責任であって、この体制を代表する国家にその責任をとらせるべく、強く要求してもおかしくない時代であった。そしてその頃に、イギリスではすでにロイド・ジョージの経験があっただけに、国民全体の福祉の向上のために政府はより積極的な役割を果たすべきだという思想が定着しやすかったわけである。かくて「福祉国家」という言葉が生まれ、国是の地位にのぼりつめるのである。

この用語のもともとは、一八八〇年のビスマルクによる社会保険を柱とする政治体制を指すものとして生まれたとされている。これはドイツ流のパターナリズム（温情主義）の表現であって、彼のドイツ社会に対する透徹した認識の表現であろう。しかしながら、この「福祉国家」というスローガンが世界へと拡大してゆく発祥の地となったのは、イギリスである。ロイド・ジョージの経験も単に彼の思想から生まれたものではない。この国の「福祉国家」思想は、アダム・スミス以来の「夜警国家」説、資本主義勃興期におけるセルフ＝ヘルプ（神は自らを助くる者を助く）といった峻厳な自己責任との葛藤の中から受け入れられたところに、その迫力があったのである。すでに一つの流れとして、例えばJ・ベンサムの功利主義やウェッブ夫妻のナショナル・ミニマム論が存在していたが、「福祉国家論」論はこの葛藤の中でいっきょに労働党のみならず保守党さえも是認する国家的ヴィジョンとなったのである。

イギリスで「福祉国家」という言葉が最初に現われたのは、一九三〇年代末のアルフレッド・ジーマンからだといわれている。彼があえてこの用語を使った背景には、共産主義国家とナチズム国家の存在がある。ヒトラーのナチズム国家は明らかに共産主義に対抗するためのものであり、民族社会主義労働者党の党名が示すように独自の社会政策体系を持った民族共同体の構想に基づくものであった。そのため、ジーマンはこれに対抗し、ヒトラーの権力国家とは違った福祉国家を提唱せざるをえなかった。そしてこの時代のダイナミックスの中で、第二次世界大戦勃発後、チャーチルはW・ベバリッジに依頼して戦争目的を正当化するための国家ヴィジョンを作成するよう求める。こうしてできあがったのがベバリッジ報告である。これは完全雇用政策を前提とし、失業保険、年金保険、国営保健サーヴィス、家族手当、国民扶助などを体系化することで、貧困の解消を国家の責任において行うことを謳ったものであった。

かくして、「揺りかごから墓場まで」、政府が面倒を見てくれる社会が実現したのである。社会主義者も民主主義を取り入れて社会民主主義者となり、資本主義も社会主義を取り入れて混合経済体制ができあがった――、理論家たちはこう言ってはしゃいだ。それは共産主義の脅威に対するもっとも賢明な対抗策であるとされたのである。

彼らによれば、「福祉国家」の第一の目標は、貧困の解消である。それは、貧困の責任は個人にあるとする思想に反対する。国家は、理由を問わず貧困の解決を保障する生存権の思想を提起したのである。

第二の目標は、生活水準の安定である。この世にはさまざまなリスクが満ち満ちている。国家は社会保険や社会サーヴィスによって国民の危険に対抗し、さらには公共政策によって不確実性を圧縮しなければならないというのである。

第三の目標は富や所得の平等化と社会の平等化である。富や所得が不平等ならば、単に経済の問題だけでなく、政治的、社会的権力の面でも過度の集中をもたらす危険がある。ただし、これらの平等化は完全な均等を求めるものではない。完全な均等化はむしろ社会的不公正をもたらし、人間の努力の意欲を減退させてしまうから、富と所得の分布の両端における不平等の幅を是正しようというのである。さらにこの目標の中に、機会の均等化のために義務教育の普遍化と、就業保障を意味する完全雇用政策を盛り込んだのである。

第四の目標は、国民福祉の極大化である。最低生活水準の保障や機会の均等など、私的な部分の充実の次には、アンバランスな生活環境、自然環境などの公共的部分の立ち遅れを是正し、クオリティ・オブ・ライフ（生活の質）の向上を国家に求めたのである。

このオンブにダッコを国家の責任とする政策がいずれ破綻することは眼に見えていることであった。当初から非マルクス主義経済学者からの批判的意見はあったし、ベバリッジ自身も、福祉国家の真の目的は福祉国家なしで済ますことを人びとに教えることにあるとすら書いている。彼は、個人の企業家精神や民衆の相互扶助を活性化させれば国家の役割を減らすことができるし、そうしなければならないと考えていたのである。あえて歴史的アナロジーを求めるならば、このオンブにダッコ政策はすでに述べた古代ローマ帝国における「パンとサーカス」（無料の食糧と大衆娯楽の提供）の政策の再現であり、何よりも人間のエネルギーを枯渇させるものであったのである。

イギリス病とそれを治癒させる力

「福祉国家」政策は、第二次世界大戦後の貧しい水準からの出発と復興事業との絡みあいや、「社会主義国家」の世界征服へ向けての攻勢が近代社会に緊迫した使命感を与える中で、ともかく、その実現の期待に楽観的であったと言うことができよう。しかし、一九五〇年代に復興の時期を終えると、そこから発生してくるものが見えてきたのである。それは第一に、「福祉国家」においては、一切が政府の責任とされることによって、多様を極める諸領域をすべてカバーする政策が必要とされたことである。それは限りなく膨張する政府の組織とこれらを統制するための中央集権的官僚制の肥大化をもたらし、やがて政府が国民よりも大きくなり、国民を圧しつぶすおそれがでてくるまでになっていった。

第二に、国家が最低保障と機会均等を絶対の義務とすることによって、国民が努力の目標を見失い、政府への依存心を強めてしまったことである。政府による所得の再配分政策によって国民の多様なニーズにそれぞれの予算をつけて対応することになったため、一方では国民の非経済的サーヴィスへの関心が低下し、他方では国民の経済的権利への要求がますます強まってゆき、国民としての義務意識が弱められていったのである。これでは、国民のニーズが実現すればするほど、国民が政府に求めるものも膨らみ、かつ不満も膨らむこととなる。

この問題については、すでに一九六〇年にA・ピーコックの『福祉社会』において実証的にその回答が出されていた。それによれば、第一に、イギリスの一九〇〇年と一九六〇年の政府福祉予算支出を比較すると、実質的には約五倍、一人当たりでは約四倍、対GNP比率では九％から三五％に増加している。第二には、勤労者人口における公務員の割合は一八九一年から一九五〇年までに三・六％から一四％に膨張している。これらの数字が教えるものは、単にイギリスについてだけ当てはまるものではない。

アメリカ合衆国であれ、日本であれ、多かれ少なかれ「福祉国家」の理念に影響を受けた国においては共通に言えることである。かくして、経済の停滞が始まる一九七〇年代から、福祉のあり方が論争され、地方分権が叫ばれ、「大きな政府」か「小さな政府」かが論議されるようになったのである。

俗にイギリス病といわれた「福祉国家」の病弊への対策については、市場経済の尊重、自己責任の原理と地方分権、国営事業の民営化、非政府組織（NGO）や地域集団・職域集団の活用、非営利組織（NPO）の成長、ボランティアの再評価、その他多くの措置がとられ、提供されている。これらはいずれも大事なことであり、それぞれ実行されなければならないものである。しかし、これらの措置はいかにもバラバラであり、一つの焦点にしぼり込む思想的エネルギーの面では欠けているところがあると言わざるをえない。いま必要なのは強力なヴィジョンなのである。そこで、どうしても思い至ることになるのが、カール・ポランニーの思想である。

ポランニーは一九四四年に『大転換――現代の政治的、経済的起源』（原典に関する重要な注解が付けられたのは一九五四年のアメリカ版）を出版した。すでに一言した本書は「産業革命」の社会的結果を分析した史書ということになっているが、実は市場経済が成立したにもかかわらず、経済が社会から遊離する過程に歯止めがかかっていること、つまり社会が底辺に生きていて、経済を支えていることを明らかにしたものである。彼がこの本を書いた背景には、一九三〇年代のロシアの「社会主義」、ドイツの「ナチズム」、アメリカの「ニューディール」が三つ巴で旋風を巻き起こし、世界を揺るがしていた状況があった。彼によれば、それは市場経済に抑圧された社会が耐えかねて、反乱を起こし、表面をひっかきまわしている姿であった。言うまでもなく、彼が主張したかったことは、社会に正常な位置を与えること、いわば経済を社会の中に埋め戻すことであったのである。彼は『大転換』の巻末に、原典に関する注解をつけているが、その項目は次の通りである(邦訳三六七―三七二ページ)。

a. 利益動機は人間にとって《自然な》ものではない。
b. 労働に対する報酬の期待は人間にとって《自然な》ものではない。
c. 労働を必要最小限にとどめることは人間にとって《自然な》ことではない。
d. 労働への誘因は、通常、利益ではなく、互恵、競争、仕事の喜び、社会的承認である。
e. 人間は太古以来変わらない。
f. 経済システムは原則として社会的諸関係の中に埋め込まれている。物財の分配は非経済的動機によって保障される。
g. 自分自身と家族のための個人的な食料採取は、初期の人類生活の一部を成していない。
h. 互恵および再配分は未開小共同体にだけでなく、広大で富裕な帝国にも妥当する経済行動の原理でもある。

しかしながら、今日、アメリカ発の市場経済の台風がグローバリズムの名において、地球上で猛威を振るっている。これは一九七〇年代のイギリス、アメリカにおける「福祉国家」理念への批判がもっぱら市場原理と自己責任の再評価・高揚に向けられていることの現われである。しかも、このグローバル化はそれまでの、とりわけ二〇世紀のいわゆる社会主義や「福祉国家」論で抑圧されてきたさまざまなエネルギーを総結集したものであるだけに、これと正面衝突することは玉砕のみである。いや、いまやこれにいささかなりともブレーキをかけることさえ難しいであろう。とりわけ党の指令するスローガン(「農業集団化」「人民公社」!)によって疑似共同体を押しつけられたいわゆる旧社会主義国の人たちは、このブレーキに疑わしげな眼差しを向けるだろう。

それでもなお、現実においてはポランニーの語った人間のコミュニティが、グローバリズムの暴風をよそに、いや、暴風が吹き荒れているからこそ、ひそやかにさまざまなところで育ちはじめている。その一つは、ヒューマン・サーヴィス(教育、医療、介護、福祉、環境など人間に関わるサーヴィス)をめぐってである。これは営利第一主義の巨大な旋風がその荒っぽいエネルギーの通った跡に取り残したエアポケットである。もう一つは、世界資本主義の台風によって、その国の人口の四分の一から三分の一を吹きよせた第三世界の首都の陰の部分であるスラムの中の、電気も上下水道もないようなバラックの密集地帯の人びとの間においてである。いま市場経済は、崩壊した「福祉国家」の廃墟を埋めるために拡大を続けている。これは社会の必然の流れ、為されねばならぬことで、決して批判されるべきことではない。しかし、貨幣化されるサーヴィスの激増は、その足下に、ちょうど物像が大きく育つにつれてその影を大きく長くしているように、ビジネスだけでは埋め合わすことのできぬ間隙をも生み出しているのである。この影はいつか埋められねばならないものであろう。

高齢化とその影響

この状況を日本において特に切実なものとしているのは、何よりも人間の生物的な変化＝高齢化である。長い間、人間のライフ・サイクル、とりわけ労働を中心とするライフ・サイクルは五〇年を標準として考えられてきた。ギルドにおける徒弟→職人→親方の序列にせよ、日本の商家における丁稚→手代→番頭の序列にせよ、五〇歳を限界として形づくられたリズムであった。近代文明においても、この約束はこの間まで守られてきた。しかし、二〇世紀における急速な寿命の長期化は、いまや平均寿命を八〇歳に近づけようとさえしている。これはさまざまな問題を引き起こす。企業の立場よりするならば、この人間の高齢化に比例して勤務期間を延ばすことができるであろうか。確かに、二〇年前から定年年齢はほぼ五〇歳から六〇歳へと引き上げられた。しかし、今後、六〇歳から六五歳へ、六五歳から七〇歳へと引き上げるだけで問題は片づくであろうか。それは職場のリズムとの乖離をますますひどくするに違いない。いまや人生のリズムを変えなければならない時期に来ているのである。

職場のリズムを守るために、一部の人間が職場を変えられること（天下り、「第二の職場」など）はこれまでも行われてきた。しかしこれからは、人生において誰でも比較的容易に職業を変えうるシステム（例えば、人生二毛作）を生み出すことの方が、人間にとって積極的な意味を持つように思われる。青年期の学歴によって規定される最初の就業を一生の宿命だと受けとる必要は毛頭なく、しかも実行するしないは別として、もう一つのチャンスを持つことは極めて大きな成果——例えば、視野の拡大、もう一つの経験——を生み出すだろう。また、このシステムを利用するかどうかは別として、一人一人の個人がものごとに適確に対応できる能力を身につけるには、生涯教育というものも一つの有用な手段となりうるだろう。いわゆる最終学歴で終わるのではなく、いかなるときにも、いかなるテーマに対しても挑戦できなければならない。そして新しい関心を持つためには、狭い体験にとじこもるのではなく、共同知というコモンズ（共同地）を積極的に利用し、その時代の最新の知的世界の見取り図を自分で構成できることが望ましい。その際には、文字、絵画、映像、音声といった媒体による知識の吸収が不可欠であるが、特に旅行やコレクション、博覧会によって現物にふれること、そしてそれを再編集したミュージアムを活用することも印象的なインパクトを与えるに違いない。いずれの意味においてもコミュニティの役割は大きくならざるをえない。

人間の高齢化という生物学的変化にともなって避けられぬことのもう一つは、多くの人において死に至るまでの病臥期間が長くなること、つまり身体が不自由なままで長期にわたる生存期間ができることであろう。介護保険の誕生はそれへの対応である。しかし現在、これによって経済的にカバーしうるものは必要最低限度のものでしかなく、一人一人の一人きりの人生の最後の局面を意義あらしむるためには、これで充分であるなどとは到底いえないだろう。のみならず、人間の究極の人格的尊厳に関わる介護の仕事が単なる報酬をインセンティヴとする労働だけによっているのも充分な対応とはいえない。かつて、それがもっぱら行われたのは家族、縁者によってであり、そこでは〈孝〉が文明において倫理の徳目となっていた。しかし、家族労働にすべてを期待することができなくなった時代において浮かび上がってくるのがボランティア活動であることは、これまでの長い歴史においても言いうることであった。

市場経済の台風が地球をかけめぐり続けている現代においても、人間が寄り集まって、そこに作られるのは新しいコミュニティではなかろうか。そこでは人間の自発性と共同性が共同知というコモンズ（共同地）を仲立ちとして結合してゆくのである。しかし、それを単なるいわゆる善意のみによって持続的に支え、拡げてゆくことは難しい。それをマネージするためのシステムが不可欠である。例えば、ボランティア活動もシステム化されることが望ましい。コーディネーターのみならず、いまそのための手段の一つとして注目されつつあるもの、それはエコ・マネー、あるいはレッツと呼ばれるものであろう。

　エコ・マネーとはコミュニティに埋め込まれたマネーということであろう。レッツとは地域的交換取引システムという意味の英語の頭文字である。市場社会の空気に慣れきった人にとって、ボランティア活動はきわどいものである。初心においては、はにかんだものであり、馴れすぎると、押しつけがましいものとなる。このきわどさをあえて突破させるものは、人間の内面からこみあげてくる感覚であるが、これを一人の内的葛藤にとじ込めておくのではなく、地域的なネットワークに外化させるものの一つがエコ・マネーであると思われる。

　エコ・マネーを考えるときの原点は、このマネーの本質が、抽象的＝一般的な労働による一般目的貨幣ではなくて、具体的＝個別的な労働による特定目的貨幣であるという認識である。あえてこの原点にこだわらなければならないのは、エコ・マネーが価値を生み出す労働によって生み出されることは間違いないからであり、さらに交換の際に一般化が起こることも間違いないからである。そうなると、交換されるものは容易に流通の流れに乗せられるおそれがある。この流れに何らかの歯止めをかけないかぎり、マルクスが価値形態論で明らかにした次のような貨幣生成の論理にエコ・マネーも従わされてしまうだろう。すなわち、（1）個別的な、または偶然的な価値形態↓（2）全体的な、または展開された価値形態↓（3）一般的価値形態↓（4）貨幣形態、ということになってしまうだろう。この展開の論理は、一般目的貨幣であるかぎり、今日のように貨幣の形態が金《ゴールド》という実体を失って単なる記号（例えば、電子マネー）となっていてさえ、生きているのである。

ロバート・オーウェンの経験

興味深いことは、このエコ・マネーの発想がすでに市場経済が爆発的に膨張する画期となった「産業革命」、一九世紀の初頭において現われていたことである。それは「労働貨幣」の試みである。すなわち、労働者が惨めな立場にあることの原因は、労働者のただ一つの売りもの（労働）を売る際に労働者が資本家に搾取されるところにあるから、労働の売買を公正にするためにこの「労働貨幣」を用いようというものである。労働時間を基準にして「労働貨幣」を発行し、これによって「労働取引所」においで労働の生産物の交換を行い、搾取のない社会を実現しようとしたのである。しかし、いくつかの試みがなされたものの、いずれも実現しなかったか、実現しても失敗に終わった。それは、一つには、売れ残った生産物を大量の在庫として「労働交換所」が抱え込んでしまったためである。もう一つには、「労働貨幣」の他の貨幣との交換・流通を認めたために、商人たちに利用されて利益を吸い上げられてしまったためである。

この「労働貨幣」の試みについては、実行に至らなかったプルードン（フランスの社会主義者、一八〇九―六五年）のそれが知られているが、本書との関係において特に興味深い試みをあげるならば、それはロバート・オーウェン（一七七一―一八五八年）の仕事である。彼の八八年の生涯はヒューマン・サーヴィスに対する関心で貫かれていた。彼はイギリスの北ウェールズ地方の山間部に生まれたが、一〇歳でロンドンに出て、一〇代の大半を店員として生活した。やがて繊維関係の卸売および小売の仕事のほとんどを直接に体験した彼は、一七八九年、一八歳のときにマンチェスターに出て、ジョーンズという人物と小さな合資会社を作り、紡績機械の製造工場を経営するのである。おりから、一七七九年、クロンプトンがミュール紡績機を発明していた。そして一七九一年、二〇歳のとき独立して、三人の労働者を雇い入れて紡績工場を作るのである。この事業がわずかであれ利益を上げたので、その実績を認められ、一七九二年、二一歳のときにマンチェスターの大工場、ドリンクウォーターの大紡績工場の支配人に抜擢されることとなる。この工場はワットの蒸気機関を使い、機械のみならず、オーウェン自身の監督で照明、換気、衛生の面で当時としてはもっとも進歩した設備を持っていたのであるが、ここでも彼の経営の才能は工場を成功させた。そして一七九六年、二五歳のとき、合資会社としてコールトン紡績工場を設立、これまた大成功して、その名声によって一七九八年、二七歳のとき、スコットランドにニュー＝ラナーク紡績会社を設立、翌年その総支配人となったのである。

オーウェンはこのニュー＝ラナークに一八二五年までの約二八年間とどまり、彼の理念をつぎつぎと実行してゆくのである。彼の生産管理、財務管理、労務管理の能力にはすばらしいものがあった。しかも、作業の能率化による労働時間の一〇時間半への短縮のほか、低賃金を補うための福利厚生施設の充実、例えば労働者の日常必需品を販売する生活協同組合の原型の創出など、さまざまな形で労働者をうるおすことができた。とりわけ特筆されなければならないのは、彼が教育というものを極めて重視していたことである。彼は人間の性格は特に幼年時の環境によって形成されるという思想を持っていた。そこで、彼はペスタロッツィ（スイスの教育改革者）よりも早く世界で最初の幼稚園を創設し（一八〇九年）、さらに生産労働と密着した青少年成人教育を実行し、勤労者文化の高揚を図ったのである。しかも彼の企業は充分な利益を生み出すことができたので、「社会改良者オーウェン」および社会改良のモデルとしてのニュー＝ラナークの存在は、ともに有名になったのである。

社会的にも、労働条件改善のための運動を主唱し、一八一九年には婦人・児童労働を保護するための工場法を成立させている。もっとも彼の実践がより大胆に、また彼の盛名がより高くなるとともに、彼への風当たりもより強くなってゆく。そのため会社資本構成を三度も変更しなければならなかった。特にキャンベルとの紛争（一八一〇―二二年）は彼を破産寸前にまで追い込んでいる。しかし、彼の思想は年齢を重ねるごとにより急進的となり、例えば、一八一七年の「一致と共同の村」プラン（搾取も支配もない平等のコミュニティの見取図）は、痛烈な体制批判を含んでいたので、とりわけ反発を買うこととなった。その彼の社会改革案の一部に先の「労働貨幣」のプランが含まれていたのである。そして、ついに一八二五年、オーウェン五四歳のとき、彼は全財産を投じて、アメリカ合衆国インディアナ州に土地を購入し、理想のコミュニティ、ニュー・ハーモニーの建設に踏みきったのである。

しかし、この自給自足、互助共学を中心とする平等人のコミュニティはわずか四年で破綻した。一八二八年、五七歳のときにコミュニティの四年間の経験に対する痛烈な批判的総括を行い、失敗を自認し、自己清算を行ったのである。結局、この実験で彼は全財産の五分の四に当たる二〇万ドルを失った。これ以後の彼は思想家、運動家としての道を歩む。まず彼は協同組合運動にのめり込んでいる。次に一八三二年、六一歳から「労働貨幣」を実際に発行し、ロンドンに「全国衡平労働交換所」を創業、翌年にはバーミンガムにもこれを開いている。六三歳の一八三四年には「全国労働組合大連合（グランド・ナショナル)」の指導者にまつりあげられている。しかし、「大連合」も半年で崩壊し、それ以後、彼は運動の第一線から退いた。そして一八五八年、八七歳で帰郷し、その死を迎えるまで精神革命の伝道者として晩年を過ごしたのである。

エコ・マネーとコミュニティ・ビジネス

このオーウェンの波瀾に満ちた人生は、今日コミュニティの復権を願望する人が、何をしていいか、何をしてはいけないか、その結果はどうかについて、あたかも一つの実験のように教えてくれるように思われる。とりわけ市場社会との正面衝突は決して良い結果を生み出すものではないことを示唆しているように思われる。エコ・マネーやレッツにしても、それはあくまでもボランティア労働の活性化のためのシステムという限界にとどまるというのが一つの考え方であろう。現在、レッツは慎重にこの限界を超えぬよう、気をつけているようである。レッツはその本質において地域的なものであるだけに、さまざまな試みが許されてよいところだが、次は細内信孝の紹介している一例である。

(1)まず参加したい者は、自分が提供できる財やサーヴィスのリストと、自分が欲しい財やサーヴィスのリストを名簿に登録する。
(2)自分の提供できる財やサーヴィスにレッツの単位で価格をつける。
(3)参加者はリストを見て、欲しい財やサーヴィスを見つけたら、直接に相手に電話をする。会う時間を決め、必要なら値段の交渉もする。

（4）こうして参加者は財やサーヴィスを提供したり、購入したりするのであるが、その際に支払ったり、支払われたりするのは、通常の貨幣ではなく、レッツという、その地域だけで通用する特殊な貨幣である。しかし、この貨幣は帳簿にだけ存在するもので、支払いは小切手で行われる。その小切手はレッツの会計に送られて、支払った人にはマイナス、支払われた人にはプラスがレッツの単位で口座に記入される。
（5）月末には小切手のやり取りが帳簿において決済されるが、その際の赤字は他の貨幣によって埋められることはない。レッツの黒字と赤字はレッツによってのみ相殺される。
（6）レッツにはその貸借において利子はつかない。といって、赤字が累積したとしても、ペナルティはつかない。

レッツは一九九九年末現在で、世界中で一五〇〇カ所、イギリスでは約五〇〇カ所で導入されているが、日本でもぼつぼつ各地で生まれつつある。（本書の校正中、テレビで東京の多摩ニュータウンでのレッツの試み、〈コモ〉の紹介を見た。）このレッツさえあれば、失業して賃金を受けとることができない者でも、財やサーヴィスを購入することができるのである。

もとより購入できるものはレッツのリストに登録されているものだけであるという限界はある。この限界はレッツがレッツである限り越えることができないものである。しかし、越えたいというニーズが生まれないわけではない。このニーズに応えうるものの一つがコミュニティ・ビジネスであるように思われる。

コミュニティ・ビジネスは通常の貨幣を使用するビジネスであるから、市場経済の一部であって、国民経済の一端を担うものである。したがって、その動機が利潤であることは間違いないが、それだけではないところに特徴があるといえよう。細内の著書によって、その大要を紹介すると次のようになる。

コミュニティ・ビジネスといっても、その企業形態は特に変わったものではなく、したがって従来からあるさまざまな形態がそのために使えるという。例えば、株式会社、有限会社、協同組合、NPO法人、公益法人、任意団体等、何でも良いという。従来の中小零細企業、市民事業、協同組合、自治会の一部などに特定されるものではない。事業分野にしても、福祉、環境、情報、観光=交流、食品加工、まちづくり、商店街の活性化、伝統工芸など八つを細内は想定し、人の顔が見える関係(対面性)の中での地域コミュニティで小ビジネスを考えている。提供するものも製品、労働サーヴィス(役務)、情報サーヴィス(ノウハウ)などで特に変わったものがあるわけではない。細内が紹介している「コミュニティ・ビジネス・スコットランド」(グラスゴー市とエディンバラ市の中間のウェスト・カルダー)では、電気製品や家屋の修繕、レストラン、児童・学童保育、映画館、コミュニティ新聞、コミュニティ施設の運営、工房、製造業、高齢者・障害者の介護、印刷業、共同事務所(ワーク・スペース)の運営、小売業、観光、法律相談の専門サーヴィスなどを行っているという。

これらにはいささかも変わったところはない。しかし、これらをコミュニティ・ビジネスとして成立させているものは、まさに起業の目的と事業主体にある。企業の目的の第一は、「自己実現を目指す」ことである。「自分起こし」と言ってもよい。それは人間の生きがい、働きがいを満たすことによる人間性の回復と言うこともできるだろう。第二は、「その地域特有の社会問題の解決」である。それは雇用の創出かもしれない。あるいは地域経済の活性化、地域における社会サーヴィスの提供、地域の街並みや自然環境の改善、地域内の交流や活動の活発化など、いろいろあるはずである。第三は、「経済的基盤の確立」で、地域にその問題解決のための新しい経済的基盤を確立し、そのための社会関係や協働関係を作り出してゆくことである。そして第四は、「地域の文化の継承と創造」である。それは共同知の濃密化と向上といってもよいかもしれない。地域のアイデンティティの確立といってもよいだろう。少子化＝高齢化が進むことは、例えば、地域の祭りを維持することができなくなり、生活文化、伝統芸能を継承することができなくなるおそれがある。このようなとき、コミュニティ・ビジネスは地元のクラブ活動と地元の企業を結びつけて、エネルギーを沸きあがらせることもできるわけである。

これらを目指すのは、言うまでもなく人間である。ここで労働する人びとは単なる賃労働者がいてもよいし、それが必要な場合も多いだろう。安定した利益を確保することは事業の存続のための条件でもある。しかし、経営者の仕事となると、それだけであってはならない。その利益の使い方は企業の立場にだけ立ってはならない。それは直接、間接の何らかの形でコミュニティに奉仕する側面を備えていなければならない。しかもそれは、何よりも自発的な活動でなければならないが、それを支えるには、普通のビジネスの世界にはいない人たちが必要である。その第一はパトロンであって、コミュニティ・ビジネスに寄付してくれる人である。その第二はパートナーであって、この経営に積極的に参画し、投資や出資をしてくれる人である。その第三はバンカーで、事業の意味を理解して融資してくれる人である。その第四はサポーターで、ボランティアとして事業に参加する人たちである。これが細内のまとめである。

始まった埋め戻し

以上が人間をコミュニティに埋め戻すために始まったばかりの活動のほんの一部である。それはイギリス、アメリカ合衆国において一九七〇年代から始まり、日本人にも関心が持たれはじめている活動である。（他方、第三世界においてその国の人口の三分の一すら集めた巨大首都のスラムにも、新しいコミュニティの成立が認められるはずであるが、資料不足からここではふれない。）

もちろん、これらは人間らしさを回復するための活動の一つのレヴェルに関わるものである。現代人はこれ以外にマクロなレヴェルの課題を背負っている。その一つは社会を自然に埋め戻すことで、そのポイントは化石エネルギーの使用を圧縮し、できればやめることだろう。もう一つは経済を社会に埋め戻すことで、そのポイントは南北問題を解決し、生活水準の格差の拡大を抑えることだろう。崩壊したコミュニティを復権して、新しい（人間的）コミュニティを形成することは、これらとともに着手しなければならない緊要な課題なのである。

文献ノート

本書はコミュニティの形成に関する筆者の考えを展開するために書かれたものであって、新しい事実を発見しようとしたものではないから、その材料はまず本書のテーマの一つである共同知の宝庫を自由に使わせていただいた。それは端的にいえば和洋の百科全書（特に平凡社大百科事典とブリタニカ百科事典）に大きく依拠しているということであるが、その出典についてはあまりに煩瑣になるので、省略させていただいたけれども、第一にその執筆者の方がたに感謝したい。とはいえ、それだけで全篇を叙述できるはずもないから、いまだ共同知とはいえない材料を中心に、根拠と出典を明らかにするために以下ノートしておく。なお、引用の際、若干、綴りや字体を替えてあるところがあるが、文章を読みやすくするためで、他意はない。お許しをこう。

【まえおき】

＊マッキーヴァの著書は、中久郎・松本通晴監訳『コミュニティ』（ミネルヴァ書房、一九七五年）。

＊テンニスの著書は、杉之原寿一訳『ゲマインシャフトとゲゼルシャフト』（上下、岩波書店、一九五七年）。

＊本書の理論的背景は、ウェーバーの世良晃志郎訳『都市の類型学』（創文社、一九六四年）。

＊筆者のウェーバー理解でまとまったものは、拙著『官僚制の史的分析』（御茶の水書房、一九七一年）を見よ。

＊文明の中心・周辺・亜周辺の概念については、拙著『世界史の想像力』（新評論、増補新版一九九六年）を見よ。

【第1章】

＊人類の人口史については、拙著『文明の人口史』（新評論、一九九九年）を見よ。

＊原始社会については、C・メイヤスー、川田順造・原口武彦訳『家族制共同体の理論』（筑摩書房、一九七七年）およびM・サーリンズ、山内昶訳『石器時代の経済学』（法政大学出版局、一九八四年）。

＊農民については、エリック・ウルフ、佐藤信行・黒田悦子訳『農民』（「現代文化人類学」第一巻、鹿島出版会、一九七二年）。

＊全章にわたる都市の通史としては、ウォルフ・シュナイダー、志鎌一之訳『ウルからユートピアまで――都市発達の物語』（時事通信社、一九六一年）、ルイス・マンフォード、生田勉・森田茂介訳『都市の文化』（上下、丸善出版部、一九五五年）、同じくマンフォード、生田勉訳『過去の都市・未来の都市』（新潮社、一九六九年）、建築学大系編集委員会『都市論・住宅問題』（「建築学大系」第二巻、彰国社、一九七九年）の伊藤鄭爾「西洋都市史」、クリストファー・ヒッバート、芦原初子・渡辺真弓訳『歴史の都の物語』（上下、原書房、一九九二年）をとりあえずあげておく。

＊個別問題では、モスタファ・エル＝アバディ、松本慎二訳『古代アレクサンドリア図書館』（中公新書、一九九一年）、I・モンタネッリ、藤沢道郎訳『ローマの歴史』（中公文庫、一九七九年）、Michail Rostoffzeff, *Die Gesellschaft und Wirtschaft im Römischen Kaiserreich*, Heidelberg, Band I, 1931. 若山滋『ローマと長安』（講談社現代新書、一九九〇年）、M. Clavel et P. Lévêque, *Villes et structures urbaines dans l'Occident romain*, Paris, A. Colin, 1991.

【第2章】

＊イスラーム都市のみならず、イスラーム一般についてももっとも便利なのは、板垣雄三・後藤明編『事典・イスラームの都市性』（亜紀書房、一九九二年）である。これ一冊で、簡単ではあるが、イスラームについてのほとんどすべてのことがわかる。

＊イブン・バットゥータの旅行については、前嶋信次『三大陸周遊記』（角川文庫、一九六〇年）。

＊ワクフその他については、遠峰四郎『イスラーム法入門』（紀伊國屋書店、一九六四年）。

＊坂本勉の発言の出典は、三木亘・山形孝夫編『都市民』（「講座・イスラーム世界の人びと」第五巻、東洋経済新報社、一九八四年）。

＊コルドバの記述は、前島信次『イスラームの蔭に』（「生活の世界歴史」第九巻、河出書房、一九七五年）。

＊中世都市については、まず何よりもH・ピレンヌ、佐々木克巳訳『中世都市』（創文社、一九七〇年）とN・オットカール、清水広一郎・佐藤真典訳『中世の都市コムーネ』（創文社、一九七二年）。

＊修道院については、とりあえずD・ノウルズ、朝倉文市訳『修道院』（平凡社、一九七二年）。

＊マルク・ブロックの土地制度の分析については、後出の拙著『フランス土地近代化史論』より。

＊その他、鯖田豊之『ヨーロッパ中世』（「世界の歴史」第九巻、河出書房新社、一九八九年）、同『ヨーロッパ封建都市』（創元社新書、一九五七年）。

＊フィレンツェについては、アントネッティ『フィレンツェ史』（白水社、一九八六年）。

＊なお、西ヨーロッパ中世の位置づけは、前出の拙著『世界史の想像力』で展開している。

【第3章】

＊テンニスの引用は、前出『ゲマインシャフトとゲセルシャフト』より。

＊大塚久雄の共同体論は、大塚久雄『共同体の基礎理論』（岩波書店、一九五五年）。
＊『ゲマインシャフトとゲゼルシャフト』の第四・五版、一九二二年の序文よりの引用は、森博『現代社会論の系譜』（誠信書房、一九七〇年、二〇四ページ）より。
＊パリの歴史は、マルセル・ラヴァル、小林善彦・山路昭訳『パリの歴史』（白水社、一九五七年）。
＊革命以前のフランス経済については、アンリ・セー、宮崎洋訳『一八世紀におけるフランスの社会構造』（法政大学出版局、一九七一年）。
＊フランスにおける農村共同体とその解体については、拙著『フランス土地近代化史論――近代化と共同体』（木鐸社、一九八一年）。
＊フリーメーソンについては、L・ヌフォンテーヌ、吉村正和訳『フリーメソン』（創文社、一九九六年）。その他として、湯浅慎一『フリーメイソンリー――その思想、人物、歴史』（中公新書、一九九〇年）およびスティーブン・ナイト、岸本完司訳『知らざるフリーメーソン』（中公文庫、一九九〇年）。
＊アンリ・セーの引用は、H. Sée : La Franc-Maçonnerie et les origines de la Révolution Française (H. Sée : *Science et philosophie de l'Histoire*, Paris, Alcon, 1930 所収)。
＊アメリカの秘密結社については、綾部恒雄『アメリカの秘密結社』（中公新書、一九七〇年）。
＊株式会社については、大隅健一郎『新版株式会社変遷論』（有斐閣、一九八七年）。
＊パブについては、小林章夫『パブ――大英帝国の社交場』（講談社現代新書、一九九二年）。コーヒー店については、菊盛英夫『文学カフェ――ブルジョア文化の社交場』（中公新書、一九八〇年）。ロイズについては、木村栄一『ロイズ』（日本経済新聞日経新書、一九八一年）。
＊ミュージアムについては、川成洋編『世界の美術館』（丸善ライブラリー、一九九七年）および『世界の博物館』（丸善ライブラリー、一九九九年）。

＊ポランニーの最初の大著『大転換――現代の政治的、経済的起源』は、吉沢英成・野口建彦・長尾史郎・杉村芳美訳『大転換――市場社会の形成と崩壊』（東洋経済新報社、一九七五年）より。

＊近代イギリスの社会経済史の史料は、浜林正夫・篠塚信義・鈴木亮編訳『原典イギリス経済史』（御茶の水書房、一九六五年）。

【第4章】

＊中国文明の特徴については、拙著『日本を開く歴史学的想像力』（新評論、一九九六年）および拙著『日本近代史の総括』（新評論、二〇〇〇年）を見よ。

＊第二次世界大戦以後の日本の中国社会研究は信頼できないものが多いが、その中で例外的なのは岡田英弘の業績である。岡田には多くの著作があるが、その中でもっともコンパクトにまとめられたものとして『世界史の誕生』（筑摩書房、一九九二年）を取り上げておく。

＊稲葉君山の引用は、稲葉君山『支那社会史研究』（大鐙閣、一九二二年）より。

＊中国の国家機構の営利的性格については、拙著「営利機構としての国家――中国を典型として」（『比較法史研究』第五号、未来社、一九九〇年）。

＊宋の真宗の勧学歌の邦訳は、宮崎市定『科挙』（中公新書、一九六三年）より。

＊中国の村落については、市島謙吉『支那の家族と村落の特質』（文明協会、一九一九年）、福武直『中国村落の社会生活』（弘文堂教養文庫、一九四七年）、村松祐次『中国経済の社会態制』（東洋経済新報社、一九四九年）。

＊ジャン・シェノーの引用は、Jean Chesneaux (ed.), *Les sociétés secrètes en Chine*, Paris, Julliard, 1965, p. 6 より。

＊フィーリング・デイヴィスよりの引用は、Feiling Davis, Le rôle economique et social des sociétés secrétes, dans J. Chesneaux (ed.), *Mouvements populaires et sociétés en Chine*, Paris, PUF, 1972, p. 64.

＊李大釗の論文については、M・メイスナー、丸山松幸・上野恵司訳『中国マルクス主義の源流』（平凡社、一九七一年）。
＊毛沢東の論文は、『毛沢東選集』（第一巻、三一書房、一九六五年、四一ページ）。
＊仁井田陞の引用は、仁井田陞『中国の伝統と革命』（平凡社、一九七四年、二八ページ）。
＊長安については、佐藤武敏『長安』（近藤出版社、一九七一年）。
＊日本の土地制度、社会制度の理解は、滝川政次郎『日本法制史』（上下、講談社学術文庫、一九八五年）。
＊堺についての記述と引用は、主に角山栄『堺——海の都市文明』（PHP新書、二〇〇〇年）。
＊茶道については、桑田忠親『茶道の歴史』（講談社学術文庫、一九七九年）および村井康彦『千利休』（日本放送出版協会、一九七七年）。
＊日根野荘と惣村の大要は、永原慶二『下剋上の時代』（「日本の歴史」第一〇巻、中公文庫、一九七四年）。
＊町衆についての大要は、林屋辰三郎『京都』（岩波新書、一九六二年）。
＊城下町については、菊池利夫『日本歴史地理概説』（古今書院、一九八四年）および藤岡謙二郎・南出真助・出田和久・野間晴雄『新訂歴史地理』（大明堂、一九九〇年）。
＊横井時敬の文章は、坂野潤治『近代日本の出発』（「大系日本の歴史」第一五巻、小学館ライブラリー、一九九三年）より。
＊柳田国男『明治大正史・世相篇』第五章は、講談社学術文庫の一九七六年版、一六八—一九六ページより。

【第五章】

＊メルロー＝ポンティ、森本和夫訳『ヒューマニズムとテロル』（現代思潮社、一九六五年）は、メルロー＝ポンティですら時代の思想的ファッションに逆えないこと、しかし彼は冷徹な知性の人であったから、このことのやま

しさを七転八倒の苦闘のすえ、倒錯的な理論で処理していることを教える。しかもそれも二、三年しか維持できず、『弁証法の冒険』(みすず書房、一九七二年)を書かざるをえなかったのであるが、今日までのメルロー＝ポンティ研究や現代思想史研究がこの問題の重大性を回避したがっているかに見えるのは残念である。
＊国家所有・共有・共用占有・共通占有の問題は、広西元信のいまだまとめられていない諸論文。
＊杉森久英の『苦悩の旗手・太宰治』(角川文庫、一九七二年)は、一九六〇年代に雑誌に連載されたもの。
＊ポランニーの『大転換』については前出。
＊ロバート・オーウェンについては、『オウェン・サン＝シモン・フーリエ』(中公ブックス、一九八〇年)の五島茂・坂本慶一の解説。
＊価値形態論については、マルクス『資本論』第一巻。
＊特定目的貨幣と一般目的貨幣というポランニーの貨幣論は、拙著『文明の〝血液〟』(新評論、一九八八年)。
＊エコ・マネーについては、ネクスト・コミュニティ研究会『ニュースレター』(第一号、二〇〇〇年七月一日)所収の諸論文、特に河野正史のペーパー「エコ・マネー」。
＊コミュニティ・ビジネスについては、細内信孝『コミュニティ・ビジネス』(中央大学出版部、一九九九年)。
＊なお、現代のコミュニティ問題全般については、金子郁容・松岡正剛・下河辺淳ほか『ボランタリー経済の誕生——自発する経済とコミュニティ』(実業之日本社、一九九八年)。

あとがき

いま人類は大きく方向転換しようとしている。すでに経済は、これまで自然からの採取↓製造↓流通↓消費で終わったモノの流れに廃棄物を自然に調和的に回帰させる回路をつけようとしている。エネルギーも化石燃料の使い放題の時代は終わって、原子力や核融合をつなぎとしても、ここ一〇〇年ぐらいのうちに太陽光線や風力といった自然エネルギーに回帰できる見通しがつかなければ、人類の未来はないといえよう。

これは自然から浮き上がった社会を自然に埋め戻すということだが、この課題は単にモノの分野だけではない。今日の貨幣の暴走を見るとき、ポランニーが言ったように、浮き上がった経済を社会に埋め戻す必要を多くの人に気づかせ、さらにまた浮き上がった人間をコミュニティに埋め戻さなければならなくしているのである。

これまで近代社会は立ちふさがる障害をなぎ倒しながら、前進を続けてきた。その巨大な成果は否定すべくもない。しかしその前進の原動力はコミュニティを食いつぶして手に入れたものである。いかなるビジネスも実は底辺のボランティア活動、シャドゥ・ワークなど人間の単なる貨幣経済的ではない活動によって支えられてきたのである。したがって、成熟社会が活力を取り戻す鍵は、これまで只乗りしてきた地域社会に積極的にコミュニティを形成することではなかろうか。

本書はこのような立場から、文明におけるコミュニティの歴史を整理したものである。なかでも従来の近代史はコミュニティ解体の過程として書かれてきたが、あえて視点を変え、解体され、バラバラにされたコミュニティの諸契機である自発性、共同知、共同性の歩みを確認し、市民社会を下支えするコミュニティに再統合する論理をさぐった。特に共同知は、いまやコミュニケーションの進歩によって多様多彩に展開して、現代人の個性的なライフ・スタイルのニーズに応える重要な条件になっていると思う。

筆者は修士論文がフランスの共同体を取り扱ったものであるように（『フランス土地近代化史論——近代化と共同体』木鐸社、一九八一年にまとめられる）、最初からコミュニティの問題に関心を持っていた。しかし今日の問題意識に眼を開くことができたのは、ボランニー理論ならびに金子郁容・松岡正剛・下河辺淳ほか『ボランタリー経済の誕生』（実業之日本社、一九九八年）から学んだ展望とともに、多くの人たちとの出会いのおかげである。一九九六年に新潟大学を定年退職するまでの約一〇年、新潟県の職業安定課の方がたと毎年、地域振興のため全県をかけめぐった。これと併行して、新潟運輸局の方がたには局管内の特に過疎地を案内していただいた。また経済学部に大学院を作るため県内の自治体の方がたのお世話になったが、その中でも特に新発田市の方がたと親しくさせていただき、地方都市に対する認識を深めることができた。大学院にも学生を派遣していただいたが、なかでも土田雅穂さんや大山康一さんにはいまも資料などいただいている。また、本書の後半三分の一は現在の職場（常磐大学コミュニティ振興学部、大堀哲学部長）に通勤しながら書かれたものだが、大学の図書館を利用することができたばかりでなく、同僚の皆さんとの日々の接触から有益な刺戟をいただくことができた。さらにエコ・マネーについては、ネクスト・コミュニティ研究会の河野正史先生から貴重なペーパーを頂戴した、等々。これら多くの方がたとの出会いがなかったら、本書は生まれなかったろう。この場をかりて厚く御礼申し上げたい。

末筆になったが、本書もまた取り上げてくださった（株）新評論に感謝申し上げたい。特に、編集を担当され、おそるべき未整理の原稿を整理してくださった山田洋さんに心より御礼申し上げたい。

二〇〇〇年八月

湯浅赳男

マ　行

ヤ　行

ラ　行

サ　行

タ　行

ナ　行

ハ　行

索　引

ア　行

カ　行

著者紹介

湯浅赳男（ゆあさ・たけお）

1930年、山口県岩国市生まれ。

1953年、東京大学文学部仏文科卒業。約９年間のサラリーマン生活ののち大学院に帰り、東京大学大学院経済学研究科MC修了。新潟大学名誉教授。現在、常磐大学コミュニティ振興学部教授。比較文明史、環境経済学、経済人類学、コミュニティ論など多様な分野に関心を持ち、既成の学問領域にとらわれない創造的な研究・著述活動を行っている。

著書に『第三世界の経済構造』（新評論、1976）、『経済人類学序説』（新評論、1984）、『文明の歴史人類学』（新評論、1985／『増補新版　世界史の想像力』新評論、1996）、『ユダヤ民族経済史』（新評論、1991）、『環境と文明』（新評論、1993）、『日本を開く歴史学的想像力』（新評論、1996）、『増補新版　文明の「血液」』（新評論、1988／1998）、『文明の人口史』（新評論、1999）、『日本近代史の総括』（新評論、2000）ほか多数。訳書にK・A・ウィットフォーゲル『オリエンタル・デスポティズム』（新評論、1991）等がある。

コミュニティと文明
——自発性・共同知・共同性の統合の論理　（検印廃止）

2000年９月30日初版第１刷発行

著　者　湯浅赳男
発行者　武市一幸

発行所　株式会社　新評論

〒169-0051　東京都新宿区西早稲田3—16—28
http://www.shinhyoron.co.jp

TEL 03（3202）7391
FAX 03（3202）5832
振替 00160-1-113487

定価はカバーに表示してあります
落丁・乱丁本はお取り替えします

装幀　山田英春
印刷　新栄堂
製本　河上製本

INBN4-7948-0498-9 C0036

Printed in Japan